I0044905

Karl Gürs • Evolution und Zivilisation

Karl Gürs

Evolution und Zivilisation

Der Weg der Menschheit

FOUQUÉ PUBLISHERS NEW YORK

Copyright © 2012 by Fouqué Publishers New York
Originally published as *Evolution und Zivilisation, 2005*
by Fouqué Literaturverlag

All rights reserved,
including the right of reproduction,
in whole or in part,
in any form

First American Edition
Printed on acid-free paper

Library of Congress Cataloging-in-Publication Data
Guers, Karl
[Evolution und Zivilisation / Karl Guers]
1st American ed.

ISBN 978-0-578-10306-8

Inhaltsverzeichnis

Zusammenfassung.................................. 9

1 Evolution als Gegenstand menschlicher Erkenntnis .. 11

2 Leben in der heutigen Zeit

2.1 Leben wir artgerecht?.............................. 17
2.2 Leben in Zivilisationen............................. 21
2.3 Fehlentwicklungen nach Konrad Lorenz.................. 26
2.4 Technische Zivilisation 31

3 Der Mensch als Ergebnis der Evolution

3.1 Die drei Aspekte der menschlichen Existenz.............. 41
3.2 Der Mensch als Individuum
   3.2.1 Sexualität 44
   3.2.2 Abtreibung und Pille 48
   3.2.3 Homosexualität............................. 53
   3.2.4 Die Rolle der Geschlechter 56
   3.2.5 Die Monogamie aus der Sicht der Evolution........ 61
   3.2.6 Die Familie in unserer Gesellschaft.............. 64
   3.2.7 Die Kinder in der Gesellschaft................. 70

3.3 Der Mensch als soziales Wesen
   3.3.1 Der Mensch in der Gemeinschaft 79
   3.3.2 Die Grundlage unserer Moral 83
   3.3.3 Gewissen, Moral und Gesellschaft.............. 87
   3.3.4 Angeborene Moral und geschriebene Gesetze 94
   3.3.5 Grenzen der angeborenen Moral................ 96

3.4 Der Mensch in der Gruppe und sein Verhalten
gegenüber fremden Gemeinschaften

3.4.1 Von der Horde zum Kollektiv 99

3.4.2 Wertegemeinschaften 103

3.4.3 Wettbewerb und Existenzkampf 110

3.4.4 Intergruppenaggression 113

3.4.5 Angeborene Aggressionsbereitschaft und
auslösende Reize 118

3.4.6 Aggression mit religiösem Hintergrund 121

3.4.7 Aggression nationaler und ideologischer
Gemeinschaften 124

3.4.8 Aggressionsauslösende Befindlichkeiten 128

3.4.9 Territorialität 130

4 Grundfragen und aktuelle Bereiche der Philosophie
aus der Sicht der Evolutionslehre

4.1 Die Freiheit des Menschen

4.1.1 Willensfreiheit 133

4.1.2 Freiheit im Verhältnis der Menschen
untereinander 142

4.2 Kampf der Kulturen 147

4.3 Ritus und Fundamentalismus 155

4.4 Die offene Gesellschaft

4.4.1 Historizismus und Psychologismus bei Popper 160

4.4.2 Geschlossene und offene Gesellschaft 165

4.5 Der Sinn des Lebens 169

5 Moderne Gesellschaften

5.1 Amerika als Einwanderungsland........................... 171
5.2 Einwanderung nach Deutschland
5.2.1 Einwanderung früher und heute 176
5.2.2 Sozioökonomische Aspekte der Einwanderung 181
5.2.3 Risiken der Einwanderung............................ 184

5.3 Die deutsche Gesellschaft
5.3.1 Die deutsche Gesellschaft als offene Gesellschaft 196
5.3.2 Probleme unserer Gesellschaft........................ 201
5.3.3 Wirtschaftlicher Niedergang 206
5.3.4 Zerfall unserer Kultur 213

6 Bezüge zur aktuellen Politik

6.1 Der Wahlbürger in einer komplexen Gesellschaft....... 217
6.2 Aspekte der Kernenergienutzung 220
6.3 Genforschung und Gentechnik........................ 225
6.4 Finanzielle Aspekte der Familienpolitik................. 228
6.5 Steuern... 231
6.6 Evolution und Gerechtigkeit........................... 235
6.7 Europäische Türkei oder türkisches Europa?.............. 242

7 Die Evolution betreffende Erkenntnisse und Folgerungen

7.1 Die Einheiten der Selektion............................ 245
7.2 Kultur und Evolution................................. 251
7.3 Innerartliche Selektion bei Tieren und Selektion durch den Menschen 255

8 Die aktuelle und zukünftige Entwicklung der
  Menschheit

8.1 Der Mensch als Produkt natürlicher und innerart-
    licher Evolution.. 259

8.2 Einbahnstraße und Sackgasse 263

8.3 Überlebenschancen durch die technische
    Herausforderung? 275

Literatur 279

Zusammenfassung

Der Mensch ist ein Ergebnis der Evolution. Diese Einsicht ist seine größte Verstandesleistung. Er lebt aber heute nicht mehr in der Kontinuität der Verhältnisse, unter denen die Evolution stattgefunden hat. Sein Leben ist daher nichts weniger als artgerecht; dies gibt Anlaß zu Fehlentwicklungen. Mit der Zunahme der Bevölkerung und der Verbesserung der Kommunikationstechnik (Erfindung des Buchdrucks usw.) hat die Menschheit ein gemeinsames Gedächtnis und einen kollektiven Verstand ausgebildet. Das Resultat sind ungeahnte naturwissenschaftliche Erkenntnisse und eine extrem leistungsfähige Technik.

Die genetische Disposition des Menschen ist von den aktuellen Entwicklungen seiner Lebensverhältnisse noch unbeeinflußt, enthält aber bereits Elemente der innerartlichen Evolution. Insgesamt hat die Evolution dem Menschen eine Mittelstellung zugewiesen: Er ist zu Teilen Individuum als auch Angehöriger einer Gemeinschaft. Auf dieser Position zwischen den Extremen beruht seine Überlegenheit in der Natur. Zu seiner Eigenschaft als Individuum gehören seine Sexualität und Existenz als Teil einer Familie. Nur in der eigenen Gemeinschaft ist der Mensch ein moralisches Wesen; die Moral ist genetisch in ihm angelegt. Fremden Gemeinschaften gegenüber neigt er zu territorialem Verhalten, d.h., er wahrt Distanz und zeigt Aggressionsbereitschaft, die von den Anführern der Gemeinschaften abgerufen werden kann. Der vernunftbegründete „ewige Friede" Kants ist eine gefährliche Utopie.

Die Evolutionslehre liefert neue Einsichten in Grundprobleme und aktuelle Bereiche der Philosophie (Kampf der Kulturen, Offene Gesellschaft usw.): Das Erlebnis von Freiheit kann als genauso real angesehen werden wie die Einsicht in die Determiniertheit unserer Handlungen; die Evolution hat uns nicht

mit einer einheitlichen, konsistenten Vorstellung des Phänomens Freiheit ausgestattet. Ein System vorgeschriebener ritueller Handlungen festigt die Einbindung in eine Gemeinschaft
und fördert den Fundamentalismus. Der Sinn des Lebens liegt
in seiner Erhaltung.

Als moderne Gemeinschaften werden die US-amerikanische
und die deutsche Gesellschaft betrachtet, zuvorderst unter dem
Aspekt der Einwanderung. In Amerika sind der Integrationsdruck groß und die Gesellschaft vergleichsweise repressiv. Die
deutsche Gesellschaft ist eine labile und derzeit offene Gesellschaft. Ihre besonderen Probleme hängen mit einem Evolutionsdruck zusammen, der aus der geographischen Lage Deutschlands in der Mitte Europas folgt. Als offene Gesellschaft
befindet sich die deutsche Gesellschaft im wirtschaftlichen und
kulturellen Niedergang, und sie steht in absehbarer Zeit vor
dem Aussterben. Verschiedene Aspekte der aktuellen Politik (Wahlverhalten, Kernenergienutzung, Genforschung und
-technik, Familienpolitik, Steuer) werden aus der Sicht der
Evolution neu bewertet. Gerechtigkeit als Maxime der Politik
war zu allen Zeiten ein Herrschaftsinstrument und ist es auch
heute.

Auf die Behandlung allgemeiner Fragen der Evolutionslehre,
z.B. nach den Einheiten der Selektion und dem Zusammenhang
von Kultur und Evolution, folgen Betrachtungen betreffend den
Unterschied zwischen natürlicher und innerartlicher Evolution.
Hieraus ergeben sich Wahrscheinlichkeitsaussagen über die Zukunft der Menschheit. Es bestehen begründete Zweifel an der
Fähigkeit zu weiterer Höherentwicklung allgemein und der län-
gerfristigen Existenzfähigkeit moderner Zivilisationen im besonderen.

1 Evolution als Gegenstand menschlicher Erkenntnis

Die Evolution sollte nichts als eine Theorie, ein
System, eine Hypothese sein? ... Keineswegs! Sie
ist viel mehr! Sie ist die allgemeine Bedingung,
der künftig alle Theorien, alle Hypothesen, alle
Systeme entsprechen müssen, sofern sie denkbar und
richtig sein wollen. Ein Licht, das alle Tatsachen
erleuchtet, eine Kurve, der alle Linien folgen
müssen: Das ist die Evolution!

Teilhard de Chardin (209)

In seinem Buch „Die Rückseite des Spiegels" entwickelt der
Arzt, Biologe, Psychologe und Verhaltensforscher Konrad Lorenz, Nobelpreis 1973, eine biologische Erkenntnistheorie.
Nach ihr ist unser Gehirn, als Sitz des Verstandes und in seiner
Funktion als „Weltbildapparat", das Ergebnis der Evolution und
entstanden durch ständige Anpassungen an die Umwelt. Von
dem Begründer der Evolutionslehre schreibt er: Der einzige
große Entdecker, der je das von ihm gefundene Erklärungsprin-
zip unterschätzt hat, war Charles Darwin. Noch direkter formuliert Teilhard de Chardin seine Überzeugung von der Bedeutung der Evolutionslehre, und wir haben sein Bekenntnis
diesem Abschnitt vorangestellt.
Tatsächlich ist das Prinzip der Evolution nicht ein Denksche-
ma, eine Möglichkeit der Betrachtung, es ist eine Denknotwen-
digkeit, eine Evidenz. Ganz ohne die Möglichkeit eines Zweifels,
allein schon in Ansehung seiner Vielgestaltigkeit, wissen wir,
daß das Leben über die Generationen hinweg nicht identisch
weitergegeben wird, sondern daß gelegentlich kleine Veränderungen stattfinden, hervorgerufen durch Mutationen und
selbstregulierende Vorgänge im Erbgut. Auch wer auf die christ-

11

lich-jüdische Schöpfungslehre eingeschworen ist, kann nicht die Unterschiede übersehen, die sich zwischen den Menschen auf der Welt seit Adam und Eva herausgebildet haben. Heute beweist auch die Genforschung, daß es, vielleicht abgesehen von eineiigen Zwillingen, keine zwei Personen mit identischen Erbanlagen gibt. Vergleicht man die Abfolge der etwa drei Milliarden Nukleotidbausteine des genetischen Programms von zwei Menschen, so unterscheidet sich diese im Mittel an etwa drei Millionen Stellen. Rund fünf Prozent dieser Variationen liegen in den Genen und bestimmen die Individualität des Menschen.

Ebenso ist der zweite der beiden Teilaspekte des Evolutionsprinzips eine schiere Selbstverständlichkeit: Daß nämlich zufällig neu entstandene Eigenschaften sich bevorzugt erhalten und mit dem Erbgut weitergegeben werden, wenn sie dem Träger Überlebensvorteile bieten oder ihn bei der Fortpflanzung begünstigen. Auf diese Weise kommt eine Höherentwicklung zustande, im Sinne einer besseren Fähigkeit zum Überleben und zur Arterhaltung.

Bei soviel Evidenz stellt sich die Frage, welche Aufmerksamkeit die Evolutionslehre bisher gefunden hat. Gewiß, in der Fachwelt wird sie von niemand mehr in Frage gestellt. Dennoch, im öffentlichen Leben spielt sie so gut wie keine Rolle. Dies sollte verwundern angesichts der umfassenden Information über menschliches Verhalten, die sie für den Bürger und die Gesellschaft bereithält. Ganz ohne Kosten für Meinungsforschungsinstitute und Werbeagenturen vermittelt sie Einsichten in das Wahlverhalten der Bürger, deren politische Verführbarkeit, den Radikalismus von Links und Rechts, eine richtige Familienpolitik und vieles andere. Diese Einsichten werden nicht zur Kenntnis genommen, und die Gesellschaft treibt immer schwereren Krisen entgegen.

Wenden wir uns zunächst der Frage zu, warum die Evolutionslehre nur den Fachmann überzeugt hat, aber in der Öffentlichkeit noch kontrovers diskutiert wird. Die Evolution hat den Menschen tüchtig gemacht zur Lebensbewältigung, nicht primär zur Selbsterkenntnis. Der natürliche Selektionsdruck wirkt immer nur in Richtung einer besseren Fähigkeit zum Überleben in der Umwelt, wozu die Reflexion des Menschen über seine eigene Entwicklung in der Vergangenheit kaum etwas hätte beitragen können. Tiere haben dementsprechend auch keine Fähigkeit zur Selbstbetrachtung. Beim Menschen dürfte sie entstanden sein auf dem Weg der Wahrnehmung anderer als Wesen der gleichen Art und Übertragung der Beobachtungen auf die eigene Person. Nach Schopenhauer (Band 6, Seite 60) ist „das Selbstbewußtsein nur ein sehr beschränkter Teil unseres gesamten Bewußtseins, welches, in seinem Innern dunkel, mit allen seinen objektiven Erkenntniskräften ganz nach außen gerichtet ist". Tatsächlich ist die Erkenntnis seiner eigenen Entwicklung und Existenz die größte Verstandesleistung des Menschen. Das heißt aber auch, daß die Einsicht in die Evolutionslehre weder vordergründig in uns angelegt noch selbstverständlich ist.

Außerdem hat die Evolution selbst uns mit einer Eigenschaft ausgestattet, die uns wenig aufgeschlossen macht für neue oder fremde Lehren, über diese Eigenschaft wird noch ausführlich zu sprechen sein. Sie hängt damit zusammen, daß der Mensch bei Anschluß an eine Gemeinschaft oder Zugehörigkeit zu ihr gewissermaßen Eintrittsgeld bzw. Mitgliedsbeitrag bezahlt. Er erkauft sich die Wärme und Sicherheit einer Gemeinschaft durch Verzicht auf eigene Gedanken, schließt sich den in der Gruppe herrschenden Meinungen an und verteidigt sie schließlich gegen alle Anfechtungen.

Neue nicht zu leugnende Erkenntnisse aus der Naturwissenschaft wurden zum Teil auf absurde Weise in das bestehende

Weltbild eingepaßt. Ein Musterbeispiel ist das Buch des englischen Zoologen Philip Gosse aus dem Jahr 1857 mit dem Titel: „Omphalos, an attempt to untie the geological knot." In jener Zeit waren geologische Befunde bekanntgeworden, die auf ein hohes Alter der Erde schließen ließen, sehr viel größer jedenfalls als z.B. von dem englischen Erzbischof James Usher (1580–1656) durch wortgetreue Auslegung der Bibel ermittelt wurde. Die Erschaffung der Welt wurde von Usher verbindlich auf das Jahr 4004 v.Chr. datiert. Außerdem lagen Fossilien von Meerestieren vor, die in tiefen Gruben, auf hohen Bergen und weit von den Küsten entfernt an Land gefunden wurden. Das Wort „Omphalos" bezog sich auf Adams Nabel, der eher auf eine Geburt aus dem Mutterleib als eine Erschaffung durch Gott hinwies. Gosse rettete das alte Weltbild durch die Hypothese, daß Gott die Welt vor ca. sechstausend Jahren geschaffen hat, und zwar einschließlich aller Spuren und Beweise für ein noch viel höheres Alter. Wozu diese Täuschung gut sein sollte, wurde allerdings nicht hinterfragt.

Gosses Buch (1857) ist vor Darwins Werk „Die Entstehung der Arten (1859)" erschienen. Jedoch könnte dergleichen auch heute noch fast 150 Jahre nach Darwin geschrieben werden. Verschiedene Religionsgemeinschaften bis hin zu den Zeugen Jehovas halten an der Vorstellung fest, daß Gott die Arten in ihrer heutigen Form erschaffen hat. Einem Schweizer Chemiker und Schriftsteller gelingt eine erstaunliche Synthese. Nach Muntwyler (78) sind alle Arten das Ergebnis von Gott geleiteter „Entwicklungsprogramme". Ausgestorbene Arten wie auch die Frühmenschen hält er für Versuchsmuster Gottes und Vorlagen für verbesserte Schöpfungen.

Auch der sympathische Denker Teilhard de Chardin konnte, bei aller Wertschätzung der Evolutionslehre, nicht freikommen von seiner geistigen Prägung als Mitglied des Jesuitenordens. In die Erkenntnis von der Höherentwicklung der Menschheit durch Überlebensvorteile der besser angepaßten Individuen mischt er nichtrationale affektbeladene Ideen von einer auf einen Zweck ausgerichteten Evolution. Seine Vorstellung von der Konvergenz der Evolution hin auf einen im Christentum verwirklichten Endpunkt „Omega" trägt scholastische Züge. Entscheidend für uns ist die Tatsache, daß auch ein auf das Christentum eingeschworener Philosoph nicht mehr an der Evolutionslehre vorbeikommt und nur versuchen kann, sie in sein Weltbild einzupassen.

Wir fassen zusammen, daß sich die Wahrheit des Evolutionsprinzips, so überzeugend sie auch sein mag, dem Menschen nur schwer erschließt und daß die Evolution selbst im Menschen ein Überlebensprinzip angelegt hat, daß ihn zunächst fremden Vorgaben aus dem gesellschaftlichen Umfeld und nicht der Wahrheit verpflichtet. Wer sich aber ausdrücklich um die Wahrheit bemüht, kommt durch die Evolutionslehre zu überlegenen Einsichten, die er z.B. im politischen Wettbewerb nutzen kann.

2 Leben in der heutigen Zeit

2.1 Leben wir artgerecht?

Ja! Diesem Sinne bin ich ganz ergeben,
Das ist der Weisheit letzter Schluß:
Nur der verdient sich Freiheit wie das Leben,
Der täglich sie erobern muß.

Goethe, Faust II

Von großem Einfluß auf unser Verhalten und von besonderer Bedeutung für die Erkenntnisse, die wir aus der Evolutionslehre gewinnen können, sind unsere heutigen Lebensverhältnisse. Wir sind Bürger eines hochindustrialisierten Landes und genießen die „Segnungen" einer technischen Zivilisation. Unsere Lebensumstände unterscheiden sich fundamental von den Bedingungen, unter denen die Evolution des Menschen stattgefunden hat. Nur unter diesen Bedingungen aber, in der Kontinuität der Evolution, war das Leben artgerecht.

Gemessen an geologischen Zeiträumen und dem Zeitbedarf für wesentliche Änderungen im Erbmaterial war die technische Entwicklung die Sache eines Augenblicks. Man geht heute davon aus, daß sich unsere Gene seit Auftreten des Homo sapiens nicht wesentlich verändert haben. In geschichtlicher Zeit hat es keine wahrnehmbaren Verbesserungen unseres Erbguts gegeben. Größeren und schließlich beherrschenden Einfluß auf unser Leben hat der technische Fortschritt dagegen erst seit weniger als 200 Jahren. Zeit für eine Anpassung unseres Erbguts an die veränderte Umwelt war daher nicht vorhanden. Wir leben inzwischen weitgehend außerhalb der Evolution und daher nichts weniger als artgerecht.

17

Keinesfalls dürfen artgerechtes und angenehmes Leben gleichgesetzt werden. Auch der überfütterte Schoßhund und das gut genährte Raubtier im Gehege leben angenehm, aber nicht artgerecht. Mehr eine Äußerlichkeit, aber doch symptomatisch, ist die Tatsache, daß das Leben in modernen Wohnsilos durchaus an die Käfighaltung von Hühnern erinnert.

Artgerecht ist das Leben, das in Auseinandersetzung mit der Natur stattfindet, nicht jedoch die Existenz in zentralgeheizten oder klimatisierten Räumen mit gleicher Temperatur im Sommer wie im Winter, mit vorbereitetem Essen, z.B. aus der Büchse, nach dem Prinzip „add hot water and serve". Nicht artgerecht ist das allzu gleichförmige Leben, mit täglich den gleichen Arbeitszeiten, auch die Arbeitsteilung und das Spezialistentum im heutigen Umfang, ferner das Leben in Städten unter großen Menschenmassen. Absolut nicht artgerecht ist das Leben ohne Risiko.

Die letzte und vielleicht schönste Vision eines artgerechten Lebens in der großen Literatur finden wir in Goethes Faust, dort formuliert als Lebensweisheit und Vermächtnis für die Nachwelt. Kurz vor seinem Tod will Faust mit Mephistos Hilfe Land urbar machen: „Eröffn' ich Räume vielen Millionen, nicht sicher zwar, doch tätig-frei zu wohnen ...", und wenig später spricht Faust die Worte, die wir diesem Abschnitt als Motto vorangestellt haben. Eine ähnliche Weisheit über das Leben vermittelt uns auch der 90. Psalm, dort allerdings ohne den unentbehrlichen Aspekt der Freiheit: „... und wenn es köstlich gewesen ist, ist es Mühe und Arbeit gewesen".

Eindeutig haben Mühe, Arbeit und Risiko über Jahrhunderttausende die Menschen während ihrer Evolution begleitet. Sie sind die Merkmale artgerechten Lebens und nicht Wohlstand, Sicherheit und soziale Netze. Arbeit, Freiheit und Risiko waren der Weg, der die Menschen geformt hat, Wohlstand und Sicherheit das Ziel. Seit das Ziel weitgehend erreicht ist, verlassen uns unsere Instinkte, und wir werden orientierungs- und hilflos. Soweit das Leben nicht artgerecht ist, stellt es Fragen, auf die uns die Evolution nicht vorbereitet hat, und wir wissen keine Antwort. Dies ist die Stunde von Ideologen, Sektenführern und politischen Demagogen.

Zunächst der Hinweis, daß wir uns nicht einbilden, der Weg der Menschheit sei umkehrbar. Zurück zur Natur wollen viele, aber keiner zu Fuß. Wir sind da in der gleichen Situation wie Arthur Schopenhauer bei Abfassung seiner Aphorismen zur Lebensweisheit. Sie enthalten Anweisungen, wie man sein Leben glücklich gestalten kann, in der Hoffnung auf dessen „endlose Dauer". Gleichzeitig verweist er darauf, daß seine Philosophie die Möglichkeit eines solchen Daseins ausschließt.

Das Regelwerk, das die Evolution in uns angelegt hat, stammt aus den Zeiten lange vor der Entwicklung unserer Zivilisation. Gegen diese Regeln kann man auch heute nicht ungestraft verstoßen. Soweit unser Körper betroffen ist, werden die Schäden durch die Fortschritte in der Medizin überkompensiert. Nicht zu kompensieren sind die psychischen Schäden, das seelische Unglück vieler Menschen, z.B. von Kindern, die der „Selbstverwirklichung" ihrer Eltern zum Opfer fallen.

Angesprochen wird das Problem nicht artgerechten Lebens in der Volksweisheit „Nichts ist schwerer zu ertragen als eine Reihe von guten Tagen". Hinzuzufügen ist die Einsicht, daß wir von den materiellen Gegebenheiten her nur noch gute Tage erleben. Vor Darwin und ohne Kenntnis der Evolutionslehre hat Jean-Jacques Rousseau schon das Leben seiner Zeit (18. Jahrhundert) in Frage gestellt und einen glücklichen naturhaften Urzustand der Menschheit propagiert. Tatsächlich war das Leben der früheren Menschheit hart und gefährlich, aber es hat nicht an Lebensmut gefehlt. Heute sind Lebensangst, Unlust und Überdruß weit verbreitet, mit Folgen bis hin zum Selbstmord. Soweit Suizidversuche nicht zum Tode, sondern zu einer schweren Behinderung führen (Erblindung, Lähmung) wird bezeichnenderweise der Versuch fast nie wiederholt. Vielmehr wird die neue größere Herausforderung angenommen, und die Menschen führen oft ein zufriedenes Leben (Lorenz 1989, 237).

Wir verweisen noch auf die Möglichkeit einer differenzierteren Betrachtung, der wir uns später zuwenden. Dabei unterscheiden wir zwischen der natürlichen Evolution, bei der sich der Mensch in Natur und Umwelt bewähren muß, und der innerartlichen Evolution, die die Entwicklung des Menschen in Auseinandersetzung mit anderen Menschen zum Gegenstand hat. Nur ein kleiner Teil unseres Erbguts ist Ergebnis der innerartlichen Evolution, wie sich aus dem Vergleich mit dem Erbmaterial insbesondere der Menschenaffen folgern läßt. Aber gerade dieser Teil ist wesentlich für das Verhalten des Menschen zu anderen Menschen und fremden Gesellschaften.

2.2 Leben in Zivilisationen

Zivilisation ist die Tendenz der menschlichen Spezies,
sich selbst zu vernichten.

Hans Brändli

Der Zusammenschluß von Menschen zu Gemeinschaften ist eine Überlebensstrategie. Dem Vorteil des Zusammenlebens entspricht ein Evolutionsdruck, der die Hinwendung zu Gruppen und Gesellschaften zu einem genetisch in uns angelegten Bedürfnis gemacht hat: Alle Menschen leben in Gemeinschaften; auch Eremiten brauchen den Kontakt mit der Gesellschaft.

Die Existenz der Gemeinschaft wird nach innen gesichert durch eine angeborene Moral; sie sorgt für ein weitgehend konfliktfreies Zusammenleben der Mitglieder, siehe Kap. 3.3. Nach außen besteht die Bereitschaft, sich für die Gemeinschaft einzusetzen. Das schließt Verteidigungs- und eventuell Aggressionsbereitschaft ein (Kap. 3.4). Ebenso angeboren ist die Neigung, die Regeln und Wertevorstellungen der eigenen Gemeinschaft nicht in Frage zu stellen (Abschnitt 3.3.1).

Daher fühlen sich eingeschworene Mitglieder ihrer Gemeinschaft auf Dauer verpflichtet. Sie können deren Existenz nicht einfach dadurch gefährden, daß sie sich von ihr abwenden. Treue ist ein Element der angeborenen Moral. Allenfalls kann eine Gefahr ausgehen von Außenseitern, Unterprivilegierten oder allgemein von Menschen, die durch die Gemeinschaft benachteiligt oder ausgegrenzt werden. Ansonsten werden Gemeinschaften von außen durch fremde Gemeinschaften bedroht. Religionen werden mit Feuer und Schwert verbreitet. Sieger zwingen die Besiegten, deren Wertevorstellungen anzunehmen. Auch kann der Schock einer Niederlage, einer Katastrophe oder eigenen Versagens zum Hinterfragen der eigenen

Wertevorstellungen führen. Nicht selten erliegen aber auch die Sieger der Faszination der Kultur einer besiegten Gesellschaft und passen sich ihr an. Dies alles sind Facetten wahrscheinlichen oder möglichen menschlichen Verhaltens, wie sie in geschichtlicher Zeit beobachtet wurden; sie existierten aber sicher auch schon vorher in zeitgerechter Form und gehören zur menschlichen Natur.

Nicht in diesen Rahmen paßt eine andere Gefahr, die den Bestand von Hochkulturen und Zivilisationen bedroht. Nach Oswald Spengler zerfällt eine Kultur immer dann, wenn sie das Entwicklungsstadium der Hochkultur erreicht hat. Spengler sah darin eine Gesetzmäßigkeit und glaubte an einen natürlichen Alterungsprozeß, an dessen Ende die Auflösung der Kultur steht. Konrad Lorenz machte pathologische Vorgänge, also Krankheiten, für den Untergang der Kulturen verantwortlich. Das ließ immerhin die Möglichkeit offen, daß man diese Krankheiten bekämpfen und die betreffende Kultur wie auch unsere eigene retten kann. Wir glauben, daß Kulturen und Zivilisationen generell in ihrer Existenz bedroht sind aufgrund der nicht artgerechten Lebensweise der Menschen allgemein bzw. der sie tragenden Schichten. Zivilisation und nicht artgerechtes Leben sind synonyme Begriffe.

Die Menschen werden als Individuen in Familien hinein geboren. Mit zunehmendem Alter entfällt der Schutz durch die Eltern. Es entsteht das Bedürfnis, zu einer größeren Gemeinschaft zu gehören. Handelt es sich dabei um eine Zivilisation, so verschieben sich die Aufmerksamkeit und Wertschätzung von den kreatürlichen Belangen zu zivilisatorischen Ansprüchen, die oftmals miteinander in Wettbewerb stehen. Zwischen der Aufzucht von Kindern und der Hinwendung zur Zivilisation, zwischen vollen Windeln und großen Kulturereignissen besteht ein Antagonismus. Zum Teil läßt sich das Problem mit Hilfe von Kindermädchen und Babysittern lösen. Nicht zu vermeiden sind gegebenenfalls die allgemeinen Beschwerden der Schwangerschaft, die in einem Umfeld mit hohen zivilisatorischen Ansprüchen besonders spürbar werden, die abnehmende Teilhabe an den Segnungen der Zivilisation, sobald Kinder geboren werden und der Verlust von Ressourcen, die für die Nachkommen bereitzustellen sind: Kinder kosten Zeit und Geld.

Leider honoriert die Gesellschaft größeren Wohlstand mit höherem Ansehen. Dies führt zu einer Geringschätzung der Familien besonders mit mehreren Kindern, die ihr Einkommen für die Kinder benötigen; und Geringschätzung führt zur Benachteiligung: In unserer Zivilisation werden die Ausgaben für die Kinder zu einem großen Teil über die Einkommensteuer belastet, was einer mit dem Einkommen der Eltern progressiv steigenden Kindersteuer gleichkommt; hinsichtlich der weiteren Benachteiligungen siehe Abschnitte 3.2.6 und 3.2.7.

Bei der Wahl zwischen der Freude an Kindern, aber Armut oder vergleichsweise geringem Wohlstand und den Annehmlichkeiten der Zivilisation entscheiden sich die Menschen daher häufig für die Zivilisation. Oftmals geht es dabei nicht um eine bewußte und endgültige Entscheidung: Man möchte Kinder, aber nicht jetzt. Über dem Warten läuft die biologische Uhr ab, bis sich der Kinderwunsch nicht mehr erfüllen läßt. Hinsichtlich der besonderen Probleme in der modernen Gesellschaft verweisen wir auf Kapitel 3.2.

Eine Zivilisation hat Bestand, solange sich genügend Menschen zu ihr bekennen. Sie stirbt, wenn ihre Menschen aussterben. Aus der Sicht der Evolution kann man dann in der Tat von einer Krankheit sprechen. In diesem Sinne sind auch unsere heutigen technischen Zivilisationen krank, wie die Statistik ausweist: Ein Grenzfall sind die USA. Die relativ hohe Fruchtbarkeitsrate von 2,1 Geburten pro Frau (2001, siehe Fischer Weltalmanach) ist jedoch nicht repräsentativ für die gesamte Bevölkerung, sondern aufgebessert durch eine große Kinderzahl bei ethnischen Teilgruppen (z.B. 3,1 bei den Latinos). Im übrigen reicht in keinem der hochindustrialisierten Länder die Zahl der Geburten aus, um die Bevölkerungszahl auf dem gegenwärtigen Stand zu halten. Von den außereuropäischen Industrie-nationen liegen Japan, Kanada und Australien mit 1,4 bzw. 1,5 und 1,8 Geburten je Frau im unteren bis oberen Mittelfeld. Vergleichsweise hohe Geburtenraten haben Irland, Frankreich (1,9), Dänemark und Norwegen (1,8). Es folgen Großbritannien und Finnland (1,7). Besonders niedrige Werte gelten für Spanien, Italien und Tschechien (1,2). Niedrig ist auch der Wert für Deutschland (1,4). Diesen Zahlen in den Industrieländern stehen Geburtenraten gegenüber zwischen 2,9 und 3,5 z.B. für Algerien (2,9), Indien (3,0), Ägypten (3,2), und Libyen (3,4) bis hin zu Werten zwischen 5 und 7 für Äthiopien (5,6), Kongo (6,0), Uganda und Jemen (6,1), Somalia (7,0) und Niger (7,2). Durchgängig findet man besonders niedrige Geburtenraten in den Industriestaaten mit entsprechendem materiellem Wohlstand, eine die Bevölkerungszahl sichernde oder zu leichtem Wachstum führende Geburtenrate in den Schwellenländern und hohe bis sehr hohe Fruchtbarkeitsraten bei den Ländern ohne vergleichbare Industrialisierung.

Wir halten fest: Industrialisierung und Wohlstand sind tendenziell mit einer Schwächung der Zivilisation durch Bevölkerungsschwund verbunden. In den Ländern mit einer überwiegend ursprünglichen Lebensweise findet dagegen eine ungebremste Vermehrung statt. Zu dem Problem der inversen Alterspyramide in den Industrieländern kommt daher noch global das Problem einer inversen Wohlstandspyramide: Einer abnehmenden Zahl von Menschen in Ländern mit hoher Wertschöpfung steht eine zunehmende Bevölkerung in armen Ländern gegenüber, soweit nicht Sondereinflüsse wie Bürgerkrieg oder AIDS (HIV) das Schema durchbrechen. Das Problem wird verschärft durch die Hilfen der reichen Länder. Sie sorgen für eine besonders schnelle Zunahme der Zahl der Hilfsbedürftigen. Statt Mittel für den Lebensunterhalt, sollte man solche für die Familienplanung zur Verfügung stellen.

Auch in früheren Zivilisationen bzw. Hochkulturen lebte die herrschende Klasse, Kaste oder Schicht nicht artgerecht. Quelle für deren Reichtum und Luxus waren Kriegsbeute, Steuern, die Arbeit von Sklaven oder Untertanen. Heute vervielfachen Maschinen den Ertrag der Arbeit, und die Technik garantiert allgemeinen Wohlstand.

Der Überlebenswille einer Gemeinschaft regt sich erst bei einer spürbaren Bedrohung. Der Selbstmord einer Zivilisation durch Aussterben ist aber schmerzlos, bis sich fremde oder Parallelkulturen auf Kosten der Mitglieder dieser Zivilisation um das Erbe streiten. Dann ist es aber zu spät. Die Frage nach dem Fortbestand der Menschheit allgemein und besonders der technischen Zivilisationen wird in den beiden letzten Kapiteln (7 und 8) dieses Buches abschließend diskutiert. Vorab befassen wir uns noch nachfolgend mit den Vorstellungen von Konrad Lorenz zu diesem Thema.

2.3 Fehlentwicklungen nach Konrad Lorenz

Jede Gefahr verliert viel von ihrem Schrecken,
wenn ihre Ursachen erkannt sind.

Konrad Lorenz (1973 b, 9)

Für Konrad Lorenz ist die Bedrohung unserer Kultur vergleichsweise multikausal, er spricht von „Acht Todsünden der
zivilisierten Menschheit". Alle genannten Sünden sind aber
Symptome unserer heutigen nicht artgerechten Lebensweise.
Sie sind nicht gleichermaßen bei früheren Hochkulturen anzutreffen; d.h. eine einheitliche Erklärung für den Zerfall von Zivilisationen muß von einem anderen Ansatz ausgehen: Kern unserer Deutung ist der Einfluß der Zivilisation auf das generative
Verhalten der Menschen. Möglicherweise tragen auch einige
der genannten Todsünden zum biologischen Absterben unserer
heutigen Zivilisation bei. Dies sollte jedoch gezeigt und erklärt
werden.
Für Lorenz reicht der detaillierte Hinweis auf die Anzeichen
unserer nicht artgerechten Existenz schon aus, den Untergang
der Menschheit zu postulieren. Endgültig ist aber nur das Aussterben selbst, nicht das Leben unter veränderten Bedingungen.
Sein Standpunkt ist vorwiegend emotional. Sehen wir uns deshalb die acht „Vorgänge" an, die nach Lorenz die Existenz der
Menschheit bedrohen:

1. Ohne Zweifel ist die Überbevölkerung der Erde ein ver-
    gleichsweise neues Phänomen und nicht artgemäß. Undiffe-
    renziert betrachtet wäre die wachsende Bevölkerung aber
    eher ein Gegenbeweis gegen die behauptete Abnahme der
    Überlebensfähigkeit der Menschheit. Zur Zeit der Abfas-
    sung des Buches von Konrad Lorenz war noch nicht er-

26

kennbar, in welch großem Umfang unsere Gesellschaft unter Geburtenschwund leiden wird. Heute nimmt, wenn wir Zuwanderung und Erhöhung der Lebensdauer herausrechnen, die Bevölkerung in den Ländern mit hoher technischer Zivilisation in einem Umfang ab, der pro Generation den Verlusten eines großen Krieges entspricht. Unsere Zivilisation droht auszusterben, nicht an Überbevölkerung zu ersticken.

2. Die Verwüstung des natürlichen Lebensraums ist eine große Belastung, mit der die Menschheit aber fertig werden kann. Wir erinnern daran, daß die Lüneburger Heide das Ergebnis einer gigantischen Umweltzerstörung ist. Im Mittelalter wurden dort die Wälder gerodet, u.a. weil Holz für den Schiffbau benötigt wurde, um Holzkohle herzustellen und Salinen zu bauen. Heute gilt die Heide als Naturdenkmal; der Zeitpunkt der Heideblüte wird öffentlich bekannt gemacht, und viele zehntausend Städter, z.B. aus Hamburg und Hannover, suchen und finden dort jährlich Erholung.

3. Wir leben in einer technischen Zivilisation. Um in ihr zu bestehen, müssen wir unsere geistigen Fähigkeiten voll ausschöpfen. Dazu gehört auch vertieftes Nachdenken über auftretende Probleme. Es kann daher keine Rede davon sein, daß uns die Entwicklung der Technik „die Zeit nimmt, der wahrhaft menschlichen Tätigkeit der Reflexion zu obliegen". Sollte sich Lorenz bei dem Begriff Reflexion nur das Selbstbewußtsein und das Nachdenken über uns selbst vorgestellt haben, so wird das Augenmerk durch Gen- und Hirnforschung wieder verstärkt auf dieses Gebiet gelenkt.

Falls die von Lorenz zu Recht gefürchtete intra-spezifische Selektion (Kap. 7 und 8) langfristig eine Verstärkung unserer technischen und wissenschaftlichen Fähigkeiten zur Folge hätte, so könnte dies nur zu noch mehr und besserer Technik führen. Zwar kann der Ausbau unserer technischen Zivilisation das generative Verhalten der Menschen weiter verändern und die Zivilisation dem Untergang näherbringen. Bei Konrad Lorenz finden wir aber keinen derartigen Bezug.

4. Der Schwund starker Gefühle, der Verlust der Fähigkeit, Freude beim Überwinden von Hindernissen zu empfinden und als Folge ein Leben in Langeweile sind in der Tat beklagenswert. Wir fügen hinzu, daß die Kapitulationsschwelle inzwischen auch bei unseren Kindern sehr niedrig liegt und zu den bekannten schlechten Lernergebnissen führt (PISA-Studie). Eine relevante Schlußfolgerung zieht Lorenz aber nicht. Wir finden sie angedeutet und vorweggenommen bei Schiller. In den „Räubern" klagt Karl Moor über unser Zeitalter, in dem „Bierhefe den Menschen fortpflanzen helfen muß".

5. Für den postulierten genetischen Verfall sehen wir Anhaltspunkte, wobei wir aber weniger an die von Konrad Lorenz aufgeführten sozialen Verhaltensweisen denken. Es braucht keinen neuen Selektionsdruck, um angeborene soziale Normen am Leben zu halten. Ein Evolutionsdruck zur Beseitigung dieser Normen ist nicht zu erkennen. In bezug auf die Verschlechterung unseres Genpools siehe Kap. 8.

6. Abreißen der Tradition und Schwierigkeiten bei der Identitätsfindung sind allgemeine Probleme moderner Zivilisationen aber besonders ausgeprägt in Deutschland (Kap. 5.3). Sie sind die Ursache für Orientierungslosigkeit und provozieren Aussagen der Art, daß man in diese Welt keine Kin-

der setzen kann. Sie tragen damit in der Tat direkt zum drohenden Aussterben unserer Zivilisation bei.

7. Der Mensch hat das Bedürfnis, sich einer Gemeinschaft anzuschließen und deren Wertevorstellungen anzunehmen. Dies ist Voraussetzung für das Entstehen und die Ausbreitung z.B. von Ideologien und Religionen. Insofern ist Indoktrinierbarkeit genetisch in uns angelegt. Ob sie heute, im Zeitalter moderner Massenmedien, zugenommen hat, scheint uns zweifelhaft. Die hierzulande viel beklagte Politik- und Parteienverdrossenheit lassen vermuten, daß mit der Beeinflussung auch die Skepsis wächst und der Manipulation Grenzen gesetzt sind. Dies gilt für pluralistische Gesellschaften. Wenn Informationsmöglichkeiten vorenthalten werden (in einer Diktatur), können die Medien allerdings sehr wohl zur Gleichschaltung der Menschen mißbraucht werden.

8. Die Aufrüstung in der Welt mit Kernwaffen macht Angst. Dies allein schon schadet unserer Zivilisation. Darüber hinaus weiß niemand, ob Diktatoren vor dem eigenen Untergang nicht alle verfügbaren Mittel gegen ihre Feinde einsetzen, auch die, die den Untergang jeglicher Zivilisation auf der Erde bedeuten könnten. Wenig tröstlich ist die Möglichkeit, daß bei geeigneter Vorsorge unsere technischen Mittel ausreichen dürften, einigen Menschen das Überleben auch in und nach einem Atomkrieg zu sichern. Danach wäre ein Neubeginn für die Menschheit möglich, der ohne Zivilisation wieder unter artgerechten Bedingungen stattfinden könnte.

Wir fassen zusammen: Die acht „Todsünden" nach Konrad Lorenz sind Symptome unseres nicht artgerechten Lebens, auf das die in modernen Zivilisationen lebende Menschheit nicht mehr verzichten kann. Als Hinweise auf den drohenden Untergang der zivilisierten Menschheit sind sie nicht zwingend.

2.4 Technische Zivilisation

Vieles Gewaltige lebt, und
Nichts ist gewaltiger als der Mensch.

Sophokles

Eine technische Zivilisation wie die jetzige hat es noch nie zu-
vor gegeben. Großraumflugzeuge für mehrere hundert Personen
bringen die Menschen in weniger als einem Tag in die entfern-
testen Länder der Erde; mittels Raketentechnik erforschen wir
unser Sonnensystem. Das Satellitenfernsehen läßt uns Kriege
auf anderen Kontinenten im heimischen Wohnzimmer miterle-
ben. Weltraumteleskope erlauben die Messung der Abstände
der uns umgebenden Sterne (bis zu 35 Millionen Fixsterne).
Medizinische Großgeräte liefern Einblicke in den lebenden
Körper. Im Falle von Krankheiten eröffnen sie Heilungschan-
cen, wo man früher dem Sterben nur hilflos zusehen konnte.
Ereignisse wie die Mondlandungen, die Nutzung der Kernenergie und der Aufbau eines weltumspannenden Nachrichtennet-
zes sind Leistungen der Menschheit, für die es in der Vergangenheit keine Parallelen gibt. Heute erst findet der oben zitierte
Spruch seine offensichtliche Rechtfertigung. Zur Zeit des
Sophokles vor fast 2 500 Jahren war die Aussage gewagt und
vielleicht nur als Ausdruck eines Lebensgefühls zu verstehen.
Die Existenz und Entwicklung unserer technischen Zivilisation
muß daher hinterfragt werden: Wieso ist die Menschheit überhaupt zu einer derartigen Leistung fähig und warum gerade jetzt
in den letzten 200 Jahren? Zu keiner Zeit in unserer früheren
Vergangenheit hätte eine Ahnung oder Kenntnis der wissenschaftlichen Grundlagen unserer heutigen Technik irgendwelche Überlebensvorteile geboten. Der Evolutionsdruck wirkte
viel unmittelbarer in Richtung einer Verbesserung der Fähigkei-

ten zur Befriedigung unserer Grundbedürfnisse, als da sind: Beschaffung von Nahrung und Kleidung, Konservierung von Nahrung, Auffinden oder Bauen möglichst sicherer Unterkünfte (Höhlen und Hütten) und Verteidigung gegen Feinde.

Erst in geschichtlicher Zeit gab es Ansätze einer bescheidenen Technik, z.B. in Form der Anwendung von Hebelwerkzeugen bei der Errichtung der Pyramiden, der Berücksichtigung statischer Überlegungen beim Bau von Tempeln und Kirchen oder der Entwicklung von Waffen. In Hinblick auf die Evolution war die Dauer dieser Aktivitäten zu kurz und ihre Breite zu gering, als daß unsere genetische Programmierung davon hätte profitieren können. Offenbar ist unsere Technikbegabung ohne zusätzlichen spezifischen Evolutionsdruck entstanden, gewissermaßen als Nebenprodukt der Verbesserung unserer Fähigkeiten zur allgemeinen Lebensbewältigung.

Nach Kant ist das „Ding an sich" grundsätzlich nicht erkennbar: Wir sehen nur, wie die Außenwelt uns erscheint und nicht, wie sie wirklich ist. Konrad Lorenz hat dagegen deutlich gemacht, daß unser Gehirn als „Weltbildapparat" in beständiger Anpassung an die Natur entstanden ist und diese darin durchaus ihre Entsprechung findet. Unsere Ausführungen erlauben den weitergehenden Schluß, daß der Grad der Anpassung unseres Erkenntnisapparates an die Umwelt nicht begrenzt ist durch unsere jeweiligen subjektiven Bedürfnisse und den davon ausgehenden Evolutionsdruck. Die Evolution verfährt hier nicht mit der ansonsten in der Natur üblichen Sparsamkeit, möglicherweise, weil die Gesetze der Natur eine Einheit bilden: Wer einen Zipfel davon erwischt, kann allmählich das ganze Regelwerk „begreifen".

Vom Menschen her gesehen gilt eine entsprechende Aussage: Die Methode der naturwissenschaftlichen, insbesondere physikalischen Weltbetrachtung ist qualitativ die gleiche für einfache wie für komplexe Vorgänge. In allen Fällen werden die Gesetze der Natur in mathematische Formeln gefaßt. Dies veranlaßt gelegentlich Mathematiker zu der Aussage, die Physik sei für Physiker zu schwer; der Physiker kontert mit dem Fachwitz, daß die Mathematik klüger ist als der Mathematiker. Tatsächlich ist die Mathematik als kollektive Leistung der Menschheit der Fähigkeit des einzelnen überlegen.

Die beiden vorigen Absätze sollen nicht so verstanden werden, daß unserem Erkenntnisvermögen keine Grenzen gesetzt sind. In der Mathematik gibt es die gedankliche Konstruktion der sogenannten „Flatlander". Das sind kleine zweidimensionale Wesen auf einer gekrümmten Fläche in einem dreidimensionalen Raum. Diskutiert wurde die Frage, ob diese Wesen den dreidimensionalen Charakter ihrer Umgebung erkennen können. Ganz ähnlich sind wir in eine Welt eingebettet mit möglicherweise mehr geistigen Dimensionen als uns bewußt sind. Wie sagt der Erdgeist zu Faust: „Du gleichst dem Geist, den du begreifst, nicht mir."

Durch die Evolution haben wir direkten Zugang nur zu unserem Teil der Welt, in unseren Abmessungen von Raum und Zeit. Unsere Einsicht nimmt ab, wenn wir zu immer kleineren und immer größeren Abmessungen vorstoßen. Wir verweisen auf die Schwierigkeiten in der Elementarteilchenphysik und der Kosmologie. Ähnliches gilt, wenn wir uns mit dem Anfang des Universums (Urknall?) und dessen Ende beschäftigen.

Wie begrenzt unsere Einsicht in „die Welt an sich" auch sein mag; sie ermöglicht den Menschen, sich in ihr auf erstaunliche Weise zurechtzufinden. Wir leben auf dem Wasser, im Wasser und in der Luft, besiedeln die Erde bis zur hundertsten Etage, und wir haben Zugriff auf die ultimaten Energien der Atomkerne. Ohne Zweifel hat die Evolution diese Möglichkeiten in uns angelegt, und das schon seit Tausenden von Jahren.

Wieso aber kann der Mensch diese Möglichkeiten erst jetzt nutzen? Natürlich braucht jede zivilisatorische Entwicklung ihre

Zeit. Jeder Fortschritt baut auf Bestehendem auf. Dies geschieht mit Verzögerung, weil die weitergehende Lösung erst gefunden werden muß und auch, wie Konrad Lorenz (1973 a, 292) gezeigt hat, eine Neigung zum Festhalten an erprobten und bewährten Konstruktionen besteht. Dennoch wäre die Antwort zu einfach, daß der zeitliche Ablauf durch einen natürlichen Reifungsprozeß vorgegeben wurde.

In geologischen Zeiträumen gedacht ist unsere technische Zivilisation blitzartig entstanden. Es liegt daher nahe, von einer Fulguration zu sprechen, zumal Konrad Lorenz selbst diesen von ihm eingeführten Begriff zur Erklärung des Entstehens von Hochkulturen heranzieht. Es gelingt jedoch nicht, im Sinne von Konrad Lorenz, langsam entstandene Systemeigenschaften zu finden, durch deren Zusammenwirken sich „plötzlich" die Voraussetzung zur Entwicklung einer Hochtechnologie ergeben hätte.

Wir finden die Begründung für das Entstehen unserer technischen Zivilisation in einem anderen Umstand: Laut Brockhaus lebten vor 9 000 Jahren ca. zehn Millionen Menschen auf der ganzen Erde, das sind z.B. nur zwei Drittel der heutigen Einwohner des Großraums Kairo. Die Bevölkerungszahl hat sich damals in 2 500 Jahren verdoppelt. Die Verdoppelungszeit ging dann zurück auf 2 000, in der Folgezeit auf 1 500, 1 000, 900 und 800 Jahre. Ein entscheidender Schritt war in den Jahren zwischen 1700 und 1850 die Verdoppelung der Weltbevölkerung von 600 auf 1 200 Millionen in nur 150 Jahren. Bis 1950 erfolgte eine Vermehrung auf 2,5 Milliarden und in nur 36 weiteren Jahren auf fünf Milliarden. Im Oktober 1999 wurde die Sechs-Milliarden-Grenze überschritten. Die Bevölkerungszunahme in nur zwei Jahren beträgt heute ca. 160 Millionen und ist damit etwa genauso groß wie die gesamte Weltbevölkerung zur Zeit von Christi Geburt. Entsprechend hat sich auch die Bevölkerungsdichte vergrößert. Mit dem engeren Zusammenleben wuchs die Kommunikation, die Verbreitung von Neuigkeiten, aber auch die Nachfrage nach Büchern. Dies gab den Anstoß, über die mechanische Vervielfältigung von Schriftstücken (Büchern) nachzudenken und führte zur Erfindung des Buchdrucks mit beweglichen Lettern.

Die Vernichtung der berühmten Bibliothek von Alexandria mit 700 000 Buchrollen durch Feuer im Jahre 47 vor Christi Geburt war noch eine Katastrophe für die Menschheit, weil die meisten der handschriftlichen Bücher Unikate waren und unwiederbringlich verlorengingen. Ähnliches gilt für manche Bibliotheken des Mittelalters. Auch starben technische Fähigkeiten mit der Kultur aus, in der sie entwickelt wurden. Noch heute kann man nicht nachvollziehen, mit welchen Mitteln die Pyramiden in vergleichsweise so kurzer Zeit erbaut werden konnten. Alle sieben Minuten wurde ein tonnenschwerer Steinquader an seine Position gebracht. Erfindungen fanden keine Verbreitung und wurden Jahrhunderte später unabhängig an anderer Stelle wiederholt (Porzellan, Schießpulver), und Entdeckungen z.B. Amerikas durch Leif Erikson um das Jahr 1000 blieben unbekannt oder unbeachtet. Das heliozentrische Weltbild basierte auf antiken Überlieferungen, ohne sich damals oder danach durchzusetzen. Selbst nach seiner Neubegründung durch Kopernikus im Jahre 1510 fand es keine allgemeine Anerkennung, sondern blieb noch 200 Jahre umstritten. Ebenso ging man in Griechenland schon gegen Ende des fünften vorchristlichen Jahrhunderts von der Kugelgestalt der Erde aus, ohne daß sich diese Vorstellung in den folgenden 2 000 Jahren allgemein durchsetzen konnte.

Bis zum Erreichen einer bestimmten Schwelle der Bevölkerungsdichte gab es Normen, Regeln und Glaubenssätze nur durch den Staat und die Religion, die oftmals eine Einheit bildeten. Alle übrigen Leistungen menschlichen Denkens wurden isoliert erbracht, waren unverbindlich und gingen häufig wieder verloren.

Erst ab dieser Bevölkerungsdichte konnte sich eine allgemeine säkulare wissenschaftliche Kommunikation entwickeln. Sie war verbunden mit dem Wunsch nach authentischer, d.h. schriftlicher Information, der in der gegebenen Breite nur durch Druckerzeugnisse in entsprechender Auflage erfüllt werden konnte. Es schmälert die Leistung Gutenbergs nicht, wenn wir sagen, daß zu seiner Zeit, infolge der Vermehrung der Weltbevölkerung auf ca. 500 Millionen bzw. einer entsprechend vergrößerten Bevölkerungsdichte in Deutschland und Europa, die Zeit reif war für die Erfindung des Buchdrucks. Kein anderes Ereignis aus dieser Zeit um das Jahr 1500, nicht die Wiederentdeckung Amerikas, nicht die Reformation, auch nicht die Etablierung und zunehmende Akzeptanz des heliozentrischen Weltbilds, markieren den Beginn der Neuzeit so deutlich wie eben die Erfindung der Buchdruckerkunst.

Fast fünfhundert Jahre lang waren Bücher, Zeitungen und andere Druckerzeugnisse die unumstrittenen Informationsträger. Ihre Verbreitung führte zu einer extremen Zunahme des Wissens. Das Wissen konnte man nutzen, vermehren oder in Frage stellen. Durch Kritik wurde die Qualität des Wissens verbessert. Der große Umfang des Wissens zwang den einzelnen Bürger im Berufsleben zur Beschränkung auf Spezialgebiete.

Als einen der letzten großen Universalgelehrten kennen wir Gottfried Wilhelm Freiherr von Leibnitz. Er hat von 1646 bis 1716 gelebt und war Philosoph, Theologe, auch Psychologe, Mathematiker, Physiker, Jurist, politischer Schriftsteller, Geschichts- und Sprachforscher sowie Techniker, alles in einer Person. In seiner Eigenschaft als Techniker konstruierte er die erste Rechenmaschine mit Staffelwalze. Heute arbeiten weltweit allein 15 000 Wissenschaftler und Techniker nur an der

Entwicklung und Verbesserung von Autoreifen; weitere 25 000 befassen sich mit technischen Problemen auf diesem Gebiet.

Vor 300 Jahren gab es somit noch den Universalgelehrten. Sein umfangreiches Wissensgebiet teilte sich bald in viele Disziplinen; eine davon war die Naturwissenschaft. Durch weitere Aufteilung wurde die Physik ein selbständiges Fachgebiet, mit wiederum verschiedenen Ausrichtungen. Greifen wir davon die Optik heraus, so gehört zu ihr der Teilbereich Laserphysik. Die Zahl der wissenschaftlichen Veröffentlichungen allein auf dem Lasergebiet liegt inzwischen bei über 200 000 weltweit. Das sind bei weitem mehr als ein einzelner Wissenschaftler noch überblicken könnte. So kam es zu einer weiteren Unterteilung. Unter anderem entstand der Bereich Laserspektroskopie, der sich wiederum aufteilte. Als vorläufig letztes Glied in der Reihe sukzessiver Spezialisierungen können wir z.B. die Laser-Raman-Spektroskopie herausgreifen. Verschiedene Labors bzw. Institute in der Welt betätigen sich ausschließlich auf diesem Teilgebiet. Die Wissenschaftler in diesen Labors sind hoch spezialisiert aber repräsentieren den am weitesten fortgeschrittenen Wissensstand.

Eine solche Spezialisierung kann nicht isoliert erfolgen, sondern ist nur möglich als Teil eines Gesamtsystems. Tatsächlich gibt es noch eine universelle Gelehrsamkeit, die aber nicht mehr in Einzelgehirnen gebündelt ist. Heute arbeiten Millionen Gehirne an dem großen Gebäude der Wissenschaft und Technik, und fast immer benötigen die Wissenschaftler Hilfsmittel, die in anderen Teilbereichen entwickelt wurden. Ganz offenkundig wird die gegenseitige Abhängigkeit, wenn wir an komplexe technische Produkte denken: vom Reifen bis zum Lack auf dem Dach, moderne Autos repräsentieren Spitzentechnologie aus Dutzenden von Einzeldisziplinen. Berücksichtigen wir auch die Satellitennavigationssysteme, so ist sogar die Weltraumtechnik eingebunden. Alle Teildisziplinen arbeiten zusammen; bildlich gesprochen sind die Gehirne aller beteiligten Personen vernetzt.

Dies ist die Erklärung für das Entstehen einer so extrem leistungsfähigen technischen Zivilisation: Sie wurde möglich durch Überwindung der Leistungsgrenzen, die unseren Einzelgehirnen während der Dauer unseres Lebens gesetzt sind. Sie ergab sich aufgrund Spezialisierung und Zusammenarbeit der Spezialisten, d.h. durch das Entstehen eines kollektiven Verstandes. Die Menschheit denkt mit einem gemeinsamen Gehirn, das durch Vernetzung vieler auf spezielle Aufgaben ausgerichteter Einzelgehirne entstanden ist.

Voraussetzung für die Vernetzung ist ein gemeinsames Gedächtnis und eine lückenlose Kommunikation, d.h. die weltweite Verfügbarkeit von Druckerzeugnissen mit entsprechend hoher Auflage, speziell von Fachbüchern und Fachzeitschriften. Der Buchdruck nach Gutenberg hat diese Voraussetzung erfüllt; neue Techniken (Rotationsdruck, Photosatz, Mikrofilme) stellen eine Ergänzung oder Verbesserung dar. Weitere große Schritte in Richtung auf eine schnellere, billige und lückenlose Information sind die Computertechnik mit ihren Speichermedien und die Einrichtung des Internets.

Generell kann eine technische Zivilisation nur entstehen, wenn die zu ihrer Entwicklung nötige geistige und körperliche Anstrengung das in der betreffenden Bevölkerung vorhandene Potential nicht überfordert. Modern ausgedrückt, hängt eine technische Entwicklung außer von den Prioritäten auch davon ab, ob sie bezahlbar ist. Das Problem ist allseits bekannt und zeigt sich besonders deutlich z.B. bei Projekten der Weltraumforschung.

Ist unsere Hochtechnologie eine Folge der Zunahme der Weltbevölkerung, so hilft sie auch, die vermehrte Bevölkerung zu ernähren, allerdings nicht unbeschränkt. Wenn wir auch die Grenzen des Wachstums nicht so eng sehen wie der Club of

Rome, so sind die Gefahr einer Überbevölkerung und die damit verbundenen Probleme dennoch nicht zu leugnen. Sie werden aber nicht gelöst, sondern vergrößern sich noch, wenn die Bevölkerung in den Industrieländern schrumpft, aber in den Entwicklungsländern eine ungebremste Vermehrung stattfindet.

Wie beim Gehirn der Einzelpersonen nicht alle Möglichkeiten genutzt werden, so liegen auch beim kollektiven Gehirn der Menschheit viele Kapazitäten brach. Nur in begrenztem Umfang einzugliedern sind Menschen, die sich in einer spezialisierten Welt schwer zurechtfinden. Um möglichst viele Personen einbinden zu können, muß daher auf Bildung und Ausbildung ein immer größerer Wert gelegt werden.

3 Der Mensch als Ergebnis der Evolution

3.1 Die drei Aspekte der menschlichen Existenz

Horch, Kind, horch, wie der Sturmwind weht
und rüttelt am Erker!
Wenn der Braunschweiger draußen steht,
der faßt uns noch stärker.

Ricarda Huch
Wiegenlied aus dem Dreißigjährigen Krieg

Die für die Entscheidung bei demokratischen Wahlen wichtigen Kriterien des Eigennutzes und der Sympathie (Abschnitt 6.1) korrespondieren mit zwei Eigenschaften des Menschen. Er ist sowohl Individuum und als solches auf seinen persönlichen Vorteil bedacht als auch ein soziales Wesen, ein Teil einer Gemeinschaft.

Diese Zweiteilung, ein Ergebnis der Evolution, ist Voraussetzung für die beherrschende Stellung des Menschen in der Natur. Als isolierte Individuen, ohne Zugehörigkeit zu einer arbeitsteiligen Gesellschaft, hätten wir heute einzelnlebende Raubtiere als Nahrungskonkurrenten und müßten mit ihnen um unsere Existenz kämpfen. Als Herdentieren würde uns die Fähigkeit zu individuellen schöpferischen Leistungen fehlen, die wir in die Gemeinschaft einbringen und auf die wir in unserer technischen Zivilisation angewiesen sind.

Die Evolution hat den Menschen einen Platz in der Mitte der belebten Natur zugewiesen, ohne Spezialisierung auf ökologische Nischen oder Überlebensstrategien, die an ein gegebenes begrenztes Umfeld angepaßt sind. Gelegentlich wird in der besonderen Entwicklung des Großhirns beim Menschen eine Spezialisierung gesehen. Diese Betrachtungsweise ist jedoch nicht zweckmäßig. Spezialisierung sollte verstanden werden als Beschränkung auf ausgewählte Möglichkeiten der Existenzsicherung, verbunden mit einer Erweiterung der Fähigkeiten auf diesem Gebiet. Ein Beispiel ist der Koala-Bär in Australien, der sich ausschließlich von Eukalyptusblättern ernährt. Um diese reichlich angebotene, aber schwer verdauliche Nahrung nutzen zu können, hat er einen besonders langen Darm und bereitet den Inhalt mit Hilfe bestimmter Bakterien auf. Bei Umstellung der Jungen von Muttermilch auf Blätterkost scheidet das Muttertier Darminhalt aus, den der Nachwuchs aufnimmt und sich so die erforderlichen Bakterien zuführt.

Fehlende Spezialisierung bzw. Mittelstellung des Menschen in der belebten Natur heißt, daß der Mensch in seinen rein körperlichen Leistungen jeweils von den entsprechend angepaßten Tieren übertroffen wird, daß er andererseits aber überall in der Welt aufgrund seiner universellen Fähigkeiten sein Überleben sichern kann. Vielleicht abgesehen von Insekten ist nur der Mensch überall zu Hause, am Polarkreis, in gemäßigten Breiten, in Regenwäldern, der Savanne, der Wüste und auf Inselarchipelen.

Nach Trennung der Entwicklungslinien von Mensch und Menschenaffen vor ca. sechs Millionen Jahren hat der Mensch zunehmend überlegenere Fähigkeiten entwickelt, mit deren Hilfe er sich in der Natur behaupten und auch gegen Tiere durchsetzen konnte. Im Laufe der Zeit traten die Gefahren aus der Natur in den Hintergrund, und der Mensch lernte, vorzugsweise die eigene Art zu fürchten. Kaum besser kann dies verdeutlicht werden als durch das „Wiegenlied aus dem Dreißigjährigen Krieg" von Ricarda Huch, dessen Anfang wir oben zitiert haben.

Der von der eigenen Art ausgehende Evolutionsdruck führte keineswegs zu Auflösungserscheinungen innerhalb der bestehenden Gemeinschaften (Gruppen, Horden, Stämme), sondern förderte im Gegenteil deren Zusammenhalt. Zusätzlich zu den Vorteilen bei der Jagd und allgemein bei der Lebensbewältigung in der Natur boten die Gemeinschaften Schutz gegen Angriffe anderer Gruppen und hinderten diese, die eigene Existenzgrundlage zu beeinträchtigen. Gleichzeitig mit der Hinwendung und Festigung der Bindung zur eigenen Gemeinschaft entwickelten sich Wachsamkeit und Mißtrauen gegenüber fremden Gruppen. Die Moral teilte sich in eine für die eigene Gruppe und eine andere gegenüber Fremden, siehe Kap. 3.4.

Nur für die eigene Gruppe ist der Mensch ein soziales Wesen. Nur für sie sind ein verbindlicher Wertekanon und Moralgesetze definiert. Diese Einschränkung gilt ungeachtet der Tatsache, daß man auch in anderen Gruppen nach ähnlichen Regeln lebt. Zwischen den Gruppen gilt aber im Konfliktfall eine andere Moral als innerhalb der Gruppen. Zusätzlich zu den zwei Teilaspekten der Existenz des Menschen als Individuum und als soziales Wesen gibt es somit noch eine dritte Existenzform. Bei ihr fühlt sich der Mensch als Angehöriger eines Kollektivs, das sich von fremden Gemeinschaften distanziert, in Konkurrenz zu ihnen lebt und sich bedroht sieht.

3.2 Der Mensch als Individuum

3.2.1 Sexualität

Wir kennen bisher keine Menschengruppe,
die ohne eheliche Dauerpartnerschaft lebt.

Eibl-Eibesfeldt (1997, 322)

Über die vorherrschende Rolle der Sexualität im Leben der Menschen ist von kompetenter Seite schon genug gesagt und geschrieben worden, so daß sich ein weiterer allgemeiner Beitrag zu diesem Thema erübrigt. Notwendig erscheint es aber, die Sexualität in den Zusammenhang der Evolution zu stellen: Der Fortbestand einer Art hängt von der Überlebensfähigkeit der Individuen und deren Reproduktionsvermögen ab. In der Tierwelt findet man verschiedene Überlebensstrategien. Vor allem große Tiere wie Elefanten, Nashörner und Wale brauchen keine natürlichen Feinde zu fürchten. Sie leben lange und haben nur wenige Nachkommen. Dagegen wird der Bestand vieler kleiner Säuger wie Kaninchen und Mäuse durch große Vermehrungsraten gesichert. Der Mensch nimmt auch hier eine Mittelstellung ein. Zwar bringen Frauen im allgemeinen jeweils auch nur ein Kind zur Welt. Nur gut 1 % der Geburten sind Zwillingsgeburten. Mehrlingsgeburten sind noch wesentlich seltener. Jedoch war der Mensch in vorgeschichtlicher Zeit in seiner Umwelt generell und insbesondere in seiner Jugend ein verletzliches Wesen, und seine Reifezeit bis zur Zeugungs- und Gebärfähigkeit ist lang. Viele Kinder erreichten nicht das fortpflanzungsfähige Alter. Zur Arterhaltung waren die Menschen daher auf eine schnelle Geburtenfolge angewiesen. Noch heute liegt die mittlere Fruchtbarkeitsrate in den Entwicklungsländern bei fünf bis acht Geburten je Frau. Johann Sebastian Bach hatte von zwei Frauen zwanzig Kinder; nur neun davon überlebten ihn. Die Kaiserin Maria Theresia brachte 16 Kinder zur Welt. Dies dürfte allerdings nur möglich gewesen sein, weil die Kinder von Ammen gesäugt wurden.

Wesentlich für die im Prinzip große Fruchtbarkeitsrate des Menschen ist der starke Sexualtrieb. Hinzu kommt, daß die Reproduktionsfähigkeit nicht wie bei Tieren auf kurze Zeiten im Rahmen von Brunstzyklen begrenzt ist. Abgesehen von Zeiten regelmäßigen Stillens kann eine Frau normalerweise in Abständen von 28 Tagen schwanger werden, mit einer Empfängnisbereitschaft von jeweils einigen Tagen. Beim Mann besteht eine annähernd gleichbleibende sexuelle Dauerbereitschaft. Sexuelle Aktivitäten und Phantasien beanspruchen ihn zuzeiten in einem Umfang, daß seine Fähigkeit zur Lebensbewältigung darunter leidet.

Ergebnis der Evolution ist in jedem Fall eine Veranlagung, die zwischen den beiden Extremen ungehemmter sexueller Aktivität, verbunden mit mangelnder Lebenstüchtigkeit, und einer so gut wie ausschließlichen Konzentration auf die individuelle Existenzsicherung liegt. In den früheren Zeiten einer artgerechten Lebensweise (Abschnitt 2.1) dürfte diese Disposition ausgewogen und optimal auf die Arterhaltung ausgerichtet gewesen sein. Dabei hat eine Rolle gespielt, daß sich die Sexualität den Lebensumständen anpaßt und in den Zeiten der Not, der Gefahr und des Risikos zurückgedrängt wird. Heute und in unserer Gesellschaft ist die materielle Existenz jedes Menschen gesichert, auch wenn er sich selbst dazu nicht anstrengt. In der Folge, als Ergebnis unserer nicht artgerechten Lebensweise, beobachten wir eine sich immer stärker ausbreitende Hypersexualisierung, verbunden mit einer abnehmenden Bereitschaft zum Aufziehen von Kindern.

Parallel zum Entstehen permanenten sexuellen Verlangens beim Mann hat sich bei der Frau eine auf Lust ausgerichtete sexuelle Bereitschaft auch außerhalb der Tage vor und unmittelbar nach dem Eisprung entwickelt, an denen eine Befruchtung stattfinden kann. Insoweit dient der Geschlechtstrieb beim Menschen nicht ausschließlich der Zeugung. Verlangen und Befriedigung, auch wenn sie nicht zur Reproduktion führen, haben dennoch ihre Funktion: Sie stärken die Partnerbindung. Aus Mann und Frau wird eine Dauergemeinschaft, als Vorstufe zur Familie. Das heißt, daß der Geschlechtstrieb in seiner ganzen Breite der Arterhaltung dienlich ist.

Über die sexuelle Bindung hinaus hat die Evolution uns mit der Fähigkeit zur Liebe ausgestattet. Liebe schließt Treue ein, ebenso Vertrauen und Verläßlichkeit. Unsere Kunst und insbesondere die Literatur haben sich dieses Themas in besonderem Maße angenommen. Dennoch ist Liebe kein Ergebnis unserer kulturellen Entwicklung. Als wichtige Voraussetzung für den Bestand der Familie und damit für eine optimale Versorgung der Kinder, für deren Erziehung durch Vater und Mutter, wurde sie stammesgeschichtlich in uns angelegt.

Prinzipiell könnte sexuelle Befriedigung auch bei wechselnden Partnern gesucht werden. Der Schaden für die Kinder wäre eminent. Tatsächlich könnte eine Gesellschaft auf dieser Basis und ohne Liebe nicht existieren, und sie gibt es auch nicht; siehe das Zitat am Anfang dieses Abschnitts. Wer die promiske Gesellschaft propagiert, reduziert das Geschlechtsleben des Menschen auf seinen tierhaften Anteil.

Einen großen Beitrag zu den gesellschaftlichen Fehlentwicklungen einschließlich des drohenden Aussterbens unserer Kultur und Gesellschaft leistet die heutige Sexualerziehung. Vielerorts wird in den Schulen der Bereich Sexualität nur unter dem Gesichtspunkt einer wirksamen Empfängnisverhütung problematisiert. Möglichst viel Lust, in welcher Form auch immer, ist die Devise, und bitte ohne Verantwortung. Wen kann es da wundern, wenn die Schüler das Gelernte mit ins Leben nehmen und auf eine Partnerschaft ohne Kinder oder mit allenfalls einem Kind zusteuern, und wenn die Tendenz zum Zweitauto die zum Zweitkind überwiegt. Lieber mit dem Auto in die Werkstatt als mit dem Kind zum Arzt, ist die Einstellung des in seinem Gefühlsleben verkümmerten Teils der für den Fortbestand unserer Gesellschaft verantwortlichen Generation.

Die von sogenannten fortschrittlichen Kräften propagierte Sexualkunde erfüllt bisweilen den Tatbestand der Körperverletzung; Schamempfindung wird ignoriert und als Unreife denunziert. Sie ist jedoch natürlich und notwendig, und es gibt kein Volk, das nicht Schamempfindungen kennt und Reizbezirke bedeckt hält. Soweit das Klima bei bestimmten Naturvölkern eine Kleidung überflüssig macht, kann die „Bedeckung" aus einer Lendenschnur bestehen. Aber auch dann empfinden die Trägerinnen das Ablegen der Schnur als Entblößung. Scham tritt bei Pubertierenden von selbst auf, auch wenn die Eltern sexuelle Freizügigkeit vorleben (Eibl-Eibesfeld 1997, 342). Eine isolierte Sexualkunde unter Ausklammerung der Bereiche Verantwortung, Partnerschaft, Liebe und Familie sollte es in unseren Schulen nicht geben. Sinnvoll wäre ein Fach „Erziehung zur Partnerschaft", falls damit die Lehrer nicht überfordert würden.

3.2.2 Abtreibung und Pille

In römischer Zeit kannte man bereits 200 Abortiva,
von denen 90 % als recht wirksam einzuschätzen sind.

Robert Jütte (41)

Von allen Aktivitäten des Menschen läßt sich sein Geschlechtsleben am wenigsten durch den Verstand kontrollieren. Jenseits aller Planung sorgte der Sexualtrieb für den Fortbestand der Menschheit. Ohne die Verbindung von sexueller Lust und Zeugung wäre die Menschheit schon lange ausgestorben. Primär ist dabei das Verlangen nach Lust, nicht der Wille zum Kind. Der Lustgewinn ist mit dem Vollzug des Geschlechtsakts verbunden. Er hängt kaum davon ab, daß bereits das Entstehen eines Kindes antizipiert wird. Erst mit dem Heranwachsen des Fötus erfährt das Kind zunehmende Beachtung und steht dann nach der Geburt im Mittelpunkt.

Wir können daher das durch die Evolution in uns angelegte Sexualprinzip als indirekt bezeichnen: Der Mensch will Lust und kriegt Kinder. Offenbar war ein solches Prinzip in der Kontinuität der Entwicklung vom Tier zum Menschen einfacher zu realisieren und effektiver als die direkte Kopplung des Geschlechtstriebs an den Wunsch auf Nachkommen; und wir können davon ausgehen, daß damit in den Zeiten einer naturhaften artgerechten Existenz der größtmögliche Fortpflanzungserfolg erzielt wurde. Damals gab es noch nicht die Möglichkeit, Empfängnis, Zeugung und das Entstehen eines Menschen zu manipulieren.

In geschichtlichen Zeiten mit nicht artgerechter Lebensweise, speziell in Hochkulturen, war die indirekte Form des Sexualprinzips schon immer eine Gefahr für das Leben. Für Plato und auch Aristoteles war eine möglichst früh vorzunehmende Ab-

48

treibung das geeignete Mittel, um die Bevölkerungszahl konstant zu halten (Jütte 30).

Moderne Autoren sehen in der exzessiven Abtreibungspraxis bzw. mangelnden Gebärfreudigkeit der Frauen sogar eine wesentliche Ursache für den Untergang des römischen Reiches. Vor der Gefahr der Abtreibungspraxis für den Staat hatte bereits Cato maior gewarnt; und Kaiser Augustus versuchte, durch Gesetze Druck auszuüben und Anreize zu schaffen. Auf der Grundlage zweier Gesetze aus den Jahren 18 vor und 9 nach Chr. entstand das „ius trium liberorum" (Dreikinderrecht). Danach wurde römischen Eltern von mindestens drei Kindern (bei Freigelassenen vier, bei nicht Italikern fünf) umfangreiche Privilegien eingeräumt; jedoch war der Erfolg gering (Keller 22).

Empfängnisverhütung und Abtreibung ermöglichen, das beherrschende Bedürfnis nach Lustgewinn zu befriedigen, ohne gegebenenfalls einen Beitrag zum Fortbestand der Menschheit zu leisten. Gemessen in geologischen Zeiträumen könnte sie dazu führen, daß unsere Zivilisation blitzartig von der Weltbühne verschwindet.

In noch früheren, in vorgeschichtlichen Zeiten wären Schwangerschaftsabbrüche mit akuter Lebensgefahr für die Frauen verbunden gewesen, auch fehlten die Kenntnisse für solche Eingriffe. Wir gehen davon aus, daß sie damals generell unterblieben sind. In den langen Zeiten der natürlichen Evolution spielten sie somit keine Rolle, wie auch Tiere dergleichen nicht kennen. Daher gab es keinen Selektionsdruck mit Benachteiligung von Gemeinschaften, in denen Abtreibungen üblich waren und Überlebensvorteilen für Gruppen mit entgegengesetztem Verhalten. Mangels Abtreibung und Abtreibungs-gegnern konnte sich eine ablehnende Einstellung auch nicht verfestigen und zur Ausbildung einer entsprechenden angeborenen Moral führen.

Der Sprachgebrauch vom Fötus als werdendem Leben ist falsch. Es handelt sich um Leben vor der Geburt, ähnlich wie wir zum geborenen Leben gehören. Seine Beendigung ist eine Tötung. Nur weil sie aus den genannten Gründen nicht deutlich so empfunden wird und vor dem Hintergrund ideologischer Verbohrtheit kann es zu bestürzenden Aussagen wie die folgende einer deutschen Politikerin kommen: „Eine Frau mit weniger als drei Abtreibungen hatte kein befriedigendes Geschlechtsleben." Wenn es aus den genannten Gründen auch kein Moralempfinden gibt, das sich unmittelbar gegen Abtreibungen richtet, so ist die Nähe zur Tötung geborenen Lebens dennoch offensichtlich. Sie wird deutlich an den Abwehrreaktionen des Fötus während des Eingriffs oder wenn man sich den zerteilten Fötus ansieht: Man erkennt z.B. Gliedmaßen, Hände und Füße. Bezeichnenderweise wird eine solche Betrachtung im allgemeinen vermieden und könnte auch nur geschehen und die beteiligten Personen beeinflussen, wenn der Eingriff schon vorbei ist. Dennoch, Abtreibungen stellen häufig eine schwere moralische und psychische Belastung für die Frau dar.

Nicht so der Gebrauch der Pille. Ohne Zweifel bedroht ihre Verfügbarkeit und Anwendung unsere Zivilisation. Bei einer gleichbleibenden Fruchtbarkeitsrate von nur 1,3 wie derzeit würde sich die angestammte Bevölkerung in 200 Jahren auf einen marginalen Rest von 6% reduzieren. Schon wesentlich früher wären wir in unserem eigenen Land in der Minderheit und unsere Kultur wäre in die Bedeutungslosigkeit zurückgefallen. Die Zuwanderung deutschstämmiger Aussiedler aus dem Osten oder von Ausländern aus unserem Kulturkreis kann das Problem nicht lösen, weil diese sich in ihrem generativen Verhalten alsbald den Gepflogenheiten im Aufnahmeland anpassen. Lediglich bei den Moslems erhält sich mit der anderen Kultur eine hohe Geburtenrate.

Vordergründig stellt sich die Pille als harmlosere Alternative zur Abtreibung dar. Sie ist jedoch ein extremer Eingriff in das Naturgeschehen. Sie zerstört den existentiellen Zusammenhang von Sexualität und Arterhaltung, d.h. sie erlaubt eine Abkopplung der Sexualität von deren Zweck, dem der Zeugung und Reproduktion. Anders als manche glauben möchten, die Lust der Sexualität war nie Selbstzweck.

Äußerungen der Art: „Es habe schon immer Zeiten mit geringen Geburtenzahlen gegeben, später seien dann wieder mehr Kinder auf die Welt gekommen", gehen fehl. Seit es die Pille gibt, ist nichts mehr so wie es immer war.

Besonders in der linken Szene wird die Pille sogar gerühmt als Mittel zur „sexuellen Befreiung". Alles soll erlaubt sein, nur nicht die Zeugung von Kindern. Der Spruch von der sexuellen Befreiung ist ein Verrat am Leben und erinnert fatal an die Äußerung der Gertrud Stauffacher in Schillers Wilhelm Tell: „Ein Sprung von dieser Brücke macht mich frei." Diese Freiheit bringt um, bei Schiller tötet sie das Individuum. Pille und sexuelle Befreiung beseitigen die menschliche Gesellschaft, sie sind Mittel und Weg für eine Art Völkermord bzw. Selbstmord.

Alle maßgebenden gesellschaftlichen Gruppen in diesem Land haben entweder den Zeitgeist selbst kreiert oder sich ihm angepaßt. Einzig die katholische Kirche tritt vorbehaltlos für das Leben ein. Es zählt zu den Besonderheiten der Geschichte, daß sie damit Fehlentwicklungen der Kultur bekämpft und den Erkenntnissen der Evolutionslehre Rechnung trägt, obwohl diese ohne die christliche Schöpfungsgeschichte auskommt. Zwar mag die katholische Kirche auch Gründe für ihre Haltung haben, die sich aus dem eigenen Selbstverständnis herleiten lassen. Zwingend sind sie jedoch offenbar nicht, wie der Streit zwischen Modernisierern und Konservativen innerhalb der Kirche zeigt. Auch nimmt die Bibel logischerweise nicht zur Pille Stellung.

Die evangelische Kirche liegt voll im gesellschaftlichen Trend, bisweilen ist sie sogar Trendsetter. Unter Hitler hat die evangelische Kirche gegen den Zeitgeist Widerstand geleistet. Wo sind die bekennenden Christen heute?

3.2.3 Homosexualität

Der Trieb, unser Geschlecht fortzupflanzen,
hat noch eine Menge anderes Zeug fortgepflanzt.

Georg Christoph Lichtenberg

Die Evolution führt zur Entwicklung arterhaltender Eigenschaften. Deren Stärke kann bis an eine Grenze wachsen, bei der sie andere förderliche Eigenschaften beeinträchtigen und die Bilanz negativ wird. Unter Umständen ist die Grenze optimaler Ausprägung nur zu erreichen, wenn bei einzelnen Individuen auch abweichendes Verhalten in Kauf genommen wird.

Dies trifft zu auf die neben der Existenzsicherung wichtigste arterhaltende Eigenschaft, den Geschlechtstrieb. Etwa 4 % der Männer und 1 % der Frauen haben eindeutig homosexuelle Neigungen. Nicht berücksichtigt sind dabei gelegentlich auftretende vorübergehende homoerotische Phasen Jugendlicher und Ausnahmesituationen wie in Gefängnissen. Die Ursache der Homosexualität sind Reifungsstörungen vor oder nach der Geburt, z.B. zu geringe Androgenerzeugung in den embryonalen Hoden gegen Ende des ersten Schwangerschaftsdrittels, wodurch die Ausprägung des Gehirns beeinflußt wird oder Fehlformen der Mutter-Kind-Beziehung.

Völlig absurd ist die von bestimmten Ideologen verbreitete Meinung, die Evolution habe uns mit verschiedenen gleichwertigen Formen der Sexualität ausgestattet, sozusagen mit verschiedenen Spielarten. Abweichende Arten des Sexualtriebs entstehen nur als pathologische Formen des normalen Geschlechtstriebs, weil die Evolution sie nicht verhindern kann. Als eigenständige „normale" Veranlagung hätte sie der Selektionsdruck längst zum Verschwinden gebracht. Oder anders ausgedrückt: Die Homosexualität wäre ausgestorben, weil Homosexuelle sich nicht vermehren.

Homosexuelle sind oftmals unglücklich über ihre Andersartigkeit und suchen die Hilfe eines Therapeuten. Soweit es sich um eine Veranlagung handelt, sollte ihnen kein Nachteil entstehen, und sie sollten nicht diskriminiert werden; zumal nicht in einer Gesellschaft mit allgemein großer Rücksichtnahme auf Behinderte. Die sexuelle Neigung einzelner sollte überhaupt kein Thema für die Öffentlichkeit sein. Nicht angemessen ist daher, wenn Politiker mit ihrer homosexuellen Neigung prahlen und für ihre Offenheit einen Ehrlichkeitsbonus erwarten.

Ferner ist Privatsache, in welcher Form Homosexuelle zusammenleben. Aus der Einstufung der Homosexualität als einer pathologischen Abart des normalen Geschlechtstriebs und in Ansehung der biologischen Funktion der Ehe folgt allerdings, daß die Registrierung homosexueller Partnerschaften mit einer weitgehenden Angleichung an die Rechtstellung der Ehe im Erbrecht und Steuerrecht ein ideologischer Irrweg ist. Selbst die Betroffenen empfinden das so und machen nur selten davon Gebrauch.

Auch wenn sich die Verfechter der Ehe zwischen gleichgeschlechtlichen Partnern als Avantgarde und Vorkämpfer auf dem Weg zur sexuellen Befreiung und Gleichstellung von Minderheiten fühlen, ein Urheberrecht an dem Begriff und der Institution der Homo-Ehe haben sie nicht, wie die Geschichte beweist. Und so wie ihre Vorgänger wird diese Einrichtung wieder verschwinden. Berühmtester Vorgänger und Partner in Homo-Ehen war der römische Kaiser Nero (54–68 n. Chr.). Im 15. Buch der Annalen des Tacitus, Abschnitt 37, erfahren wir wörtlich, daß „... Nero einige Tage später einen Lustknaben, er hieß Pythagoras, in einer richtigen Hochzeitsfeier heiratete. Der Imperator wurde in einen Brautschleier gehüllt und Vogelschauer wurden geschickt (zum Zwecke der Weissagung). Man sah die Mitgift, das Ehelager und die Hochzeitsfackeln".

Auch ansonsten nahm Nero den heutigen Zeitgeist vorweg. Pythagoras war für ihn nur ein „Lebensabschnittspartner", wie wir der Kaiserbiographie Neros, Abschnitte 28 und 29, des Historikers Sueton entnehmen können: Zu anderer Zeit heiratete Nero einen jungen Mann namens Sporus. Ihm gegenüber spielte Nero den Bräutigam. „Er ließ ihn entmannen und versuchte sogar, eine Geschlechtsumwandlung vorzunehmen. Er stattete ihn mit einer Mitgift aus, ließ ihm den roten Brautschleier umlegen und vollzog mit ihm feierlich die Hochzeitszeremonien. Dann ließ er ihn in prächtigem Zug in seinen Palast geleiten und hielt ihn dort wie seine Gemahlin. Er kleidete ihn in den Ornat der Kaiserinnen und ließ ihn in einer Sänfte herumtragen. Auf den Festversammlungen und Messen in Griechenland und bald auch in Rom auf dem Kunstmarkt hatte er ihn bei sich und tauschte immer wieder zärtliche Küsse mit ihm."

Später vermählte Nero sich mit einem Freigelassenen namens Doryphoros, wobei er wieder die Rolle der Braut übernahm und „sogar das Schreien und Wehklagen vergewaltigter Jungfrauen nachahmte".

3.2.4 Die Rolle der Geschlechter

Den Unterschied bei Mann und Frau
sieht man durchs Schlüsselloch genau.

Joachim Ringelnatz
Kinderverwirrbuch

Irrtum, Herr Ringelnatz alias Hans Bötticher. Was man da eventuell sieht, ist der literaturbekannte, viel zitierte und mit Recht so genannte „kleine Unterschied". Den eigentlichen, wesentlichen Unterschied erkennt man nicht durch Hinsehen am FKK-Strand. Er liegt in der Psyche und Begabung von Mann und Frau.

Beide, Psyche und Fähigkeiten, wurden durch die Evolution derart in uns angelegt, daß wir die uns durch die Natur zugewiesenen Aufgaben optimal erfüllen können. Unzweifelhaft bringen die Frauen die Kinder auf die Welt. Wie heute noch in den Entwicklungsländern kann die mittlere Fruchtbarkeitsrate in den früheren Zeiten der Evolution zu sechs bis acht Kindern angenommen werden, eine entsprechende Lebensdauer vorausgesetzt. Berücksichtigt man die Fälle ungewollter Unfruchtbarkeit, dann mag die individuelle Geburtenrate bei befriedigenden Lebensverhältnissen noch höher gewesen sein. Allerdings war die Lebenserwartung im allgemeinen kürzer als die Zeit bis zur Menopause, und viele Kinder starben vor Vollendung ihrer Reifezeit.

Wie heute noch bei den Naturvölkern dürften in den maßgebenden Zeiten der Evolution die Mütter ihre Kinder drei bis vier Jahre lang gestillt haben, und noch einige weitere Jahre waren die Kinder auf die Betreuung durch die Mutter angewiesen. Die ganze Lebensspanne der Frauen nach Kindheit und früher Jugend war ausgefüllt mit Zeiten der Schwangerschaft, des Stillens und der Kinderbetreuung. Daraus folgt eine eindeutige Ausrichtung auf die Familie und Aufzucht der Kinder.

Die moderne Gesellschaft benachteiligt Familien mit Kindern; sie fördert die Angleichung des Verhaltens von Mann und Frau und weist den Frauen gleiche Betätigungsfelder zu. Sie sagt Gleichberechtigung und betreibt Gleichmacherei. Niemand fragt, ob diese Art der Gleichheit der Psyche der Frau angemessen ist oder die Frauen unglücklich macht.

Ergebnis der Evolution und damit artgerecht ist eine partnerschaftliche Gesellschaft, in der die Frauen in größerer Abhängigkeit leben. Zu den Kindern besteht eine wechselseitige Abhängigkeit. Die Kinder sind auf die Mütter angewiesen, und die Mütter müssen sich nach den Lebensbedürfnissen der Kinder richten.

Da die Mütter durch die Kinder in Anspruch genommen werden, fällt dem Mann die Aufgabe des Ernährers zu. Er hat sie früher in großem Umfang als Jäger erfüllt, meistens in der Gruppe, und war dabei oftmals mehrere Tage unterwegs.

Diesen unterschiedlichen Aufgaben sind die Psyche und Physis von Mann und Frau bestmöglich angepaßt. Männer müssen länger vorausdenken, einen Jagdzug planen, neue Jagdgründe erkunden und dabei in die Überlegung Fragen der Unterbringung (Höhlen, Hütten) und Sicherheit einbeziehen. Sie müssen schließlich den Ortswechsel veranlassen, wenn das bisherige Jagdgebiet keine ausreichende Beute mehr hergibt. Leicht läßt sich dieser Aufgabenkatalog in die heutige Zeit übertragen, wenn man Jagd mit Berufsleben und Beute machen mit Gelderwerb gleichsetzt.

Die Frau hängt vom Mann und seinem Jagderfolg ab. Schönheit, weibliche Tugenden und List setzt sie ein, um den Mann ihrer Wahl zu gewinnen. Im Vordergrund ihres Interesses steht die Fähigkeit des Mannes als Versorger, soweit sie diese abschätzen kann. Hinweise findet sie im Auftreten, erkennbarer

Klugheit, früher in seiner Kraft, heute eher in der Ausbildung. Der Mann schaut mehr auf die Attribute der Weiblichkeit, als Anhaltspunkt für ihre Fähigkeit, gesunde Kinder zu gebären. Dies gilt instinktiv auch dann, wenn er gar nicht an Kinder denkt.

Die Frau investiert in eine Beziehung erheblich mehr als der Mann. Wenn Kinder unterwegs oder schon geboren sind, wird das ihr Leben langfristig beeinflussen. Der Mann könnte sich leichter aus der Beziehung lösen. Die Evolution hat die Frau auf ihre Abhängigkeit eingestellt. Anpassung an den Mann empfindet sie selten als Zumutung. Häufig wechseln heute junge Frauen mit dem Freund auch ihre politische Überzeugung.

Wenn der Mann auf der Jagd sein Leben verlor, mußte die Frau allein versuchen, die Kinder am Leben zu halten. Dies war früher ungleich schwerer als heute für alleinerziehende Mütter. Frauen waren und sind zäher als die Männer, ihre Leidensfähigkeit ist größer. Ähnlich formuliert Goethe in „Hermann und Dorothea" nach Aufzählung der Belastungen, denen die Frau ausgesetzt ist: „Zwanzig Männer verbunden ertrügen nicht diese Beschwerde, und sie sollen es nicht; doch sollen sie dankbar es einsehen." Dabei hatte Goethe noch nicht die Belastungen vor Augen, die z.B. hochintellektuelle Frauen, Ärztinnen und Juristinnen, heute in fundamentalistischen islamischen Ländern ertragen müssen. An westliche Freiheiten gewöhnt, wird ihnen der Schador aufgezwungen, eine Ganzkörperverhüllung mit Sehgitter oder -schlitzen.

Möglicherweise werden Männer von ihren Frauen genauso häufig tyrannisiert wie Frauen von den Männern mißhandelt. Untersuchungen scheinen dies zu belegen. Jedenfalls ist die Dunkelziffer bei den Männern ungleich größer, weil die Gesellschaft mißhandelte Frauen bedauert, die Männer aber außer dem Schaden auch Spott ertragen müssen. Was Frauen bisweilen erdulden, dem würden sich die Männer allerdings entziehen. Nur in bezug auf Körperkräfte sind Männer das stärkere Geschlecht. Wenn es um das Überleben geht, auch unter schwierigsten Bedingungen, sind die Frauen den Männern weit voraus. Trotz zusätzlicher Risiken durch typische Frauenkrankheiten ist die Lebenserwartung neugeborener Mädchen hier und heute mit 81 Jahren um 8 % größer als die der Jungen (75 Jahre, altes Bundesgebiet). In den neuen Bundesländern ist der Unterschied mit über 9 % noch etwas größer.

Wenn Kinder Hunger haben, kann eine Frau nicht langfristig planen. Sie muß schwierige Zeiten überbrücken, z.B. früher, wenn der Mann auf der Jagd war und sein Fernbleiben länger dauerte als erwartet. Eine Frau denkt unmittelbarer, im Kampf ums Dasein denkt sie taktisch, der Mann strategisch.

Daß damit nicht eigentlich ein Verlust an Macht und Einfluß verbunden sein muß, ist Gegenstand eines sehr treffenden Witzes: Er handelt von einem Mann, der seine Ehe lobt, weil er in ihr alles Wichtige und seine Frau nur das Unwichtige entscheidet. Auf die Bitte, zu definieren, was wichtig und unwichtig ist, erklärt er: Wichtig ist z.B., ob Deutschland in den Sicherheitsrat der Vereinten Nationen aufgenommen werden soll, und unwichtig, wie das Geld im Haushalt ausgegeben wird. Ähnlich wie die Frau vom Mann ist der Staat vom Steuerzahler abhängig. Dennoch liegt die Macht beim Staat.

In Zusammenhang mit der Betreuung der Kinder, bevorzugt durch die Mutter, hat sich eine Neigung und Eignung der Frauen für soziale und Pflegeberufe ausgebildet. Sie ist erkennbar auch im Verhalten von Sekretärinnen, die ihren Chef abschirmen und bemuttern.

Frauen sind ohne Zweifel auch das Geschlecht mit größeren kommunikativen Fähigkeiten. Diese dürften zurückzuführen sein auf die Zeiten der Evolution, in denen die Männer auf die Jagd gingen oder in den Kampf zogen und die Frauen im Sozialverband mit anderen Frauen, ihren Kindern und ihrer Angst zurückblieben. Kommunikation, gegenseitige Hilfe und Zuspruch waren überlebenswichtig. Bei den Männern auf der Jagd genügten Zurufe. Einiges spricht dafür, daß die Frauen durch Ausbildung einer differenzierteren Sprache einen besonderen Beitrag zur Höherentwicklung der Menschheit geleistet haben.

Schließlich noch einmal der Hinweis, daß Frauen mehr in eine Partnerschaft investieren als Männer; sie sind ein halbes Leben lang an ihre Kinder gebunden. Männer können ihre Sexualität ausleben, ihre Gene weitergeben und sich dann zurückziehen. Sie tun das im allgemeinen nicht, weil die Evolution sie mit Eigenschaften wie Liebe, Treue oder auch nur Verantwortungsgefühl ausgestattet hat. Nach einer neueren Umfrage erwarten 78 % der Mädchen in Deutschland von ihrem Ehemann absolute zukünftige Treue. Leider geht der Zeitgeist in die umgekehrte Richtung, er fördert sexuelle Freizügigkeit. Wenn Frauen auf Emanzipation und sexuelle Gleichberechtigung setzen, sind sie die Verlierer. Den Schaden haben natürlich auch die Kinder, wenn sie als Folge einer solchen Einstellung mit nur einem Elternteil groß werden müssen. Zur Frage der „Verhütung" von Kindern siehe den vorletzten Abschnitt.

Erschwerte Lebensumstände für Alleinerziehende sind aber nur die eine Seite moderner, nicht artgerechter Lebensweise. Die Folgen für die Psyche der Frauen sind oft noch schwerwiegender. Die Industriegesellschaft ist eine Männerwelt. Eine zwangsweise volle Eingliederung der Frauen in diese Welt, genannt Gleichberechtigung, stellt keine Errungenschaft, sondern eine Form der Vergewaltigung dar. Dementsprechend gelingt es auch nur wenigen Frauen, sich z.B. als Unternehmerin durchzusetzen. Mehr noch als die Männer sind Frauen auf eine langfristige Partnerschaft angewiesen und eingestellt. Sexuelle Freizügigkeit mag den polygyn veranlagten Männern entgegenkommen. Die Frauen belastet sie, und sie verursacht psychische Schäden.

60

3.2.5 Die Monogamie aus der Sicht der Evolution

Auch in den polygynen Gesellschaften sind die
Männer zumeist nur mit einer Frau verheiratet.

Eibl-Eibesfeldt (1997, 322)

Wie schon zitiert, kennen wir weltweit keine Menschengruppe, die ohne eheliche Dauerpartnerschaft lebt. Das schließt nicht aus, daß in verschiedenen Zivilisationen Partnerschaften existieren, an denen mehr als ein Mann und eine Frau beteiligt sind. Nach Murdock and White lebt in seltenen Fällen (1 %) eine Frau mit zwei oder mehreren Männern zusammen. 68 % der Ehen sind monogam oder nur gelegentlich polygyn (17 bzw. 51 %). Gelegentliche Polygynie kommt z.B. in Kulturen vor, in denen der Mann die Witwe seines Bruders versorgen und heiraten muß. Auch in den Kulturen mit üblicherweise polygynen Ehen (31 %) hat der Mann selten mehr als zwei Frauen. Die Zahlen belegen eine polygyne Neigung des Mannes, die in Zusammenhang steht mit seiner größeren reproduktiven Potenz. In den westlichen Kulturen ist die Monogamie gesetzlich verankert. Auch bei den Mormonen als ehemals polygyner Gemeinschaft hat sich etwa um 1890 die Einehe durchgesetzt.
Die polygyne Neigung der Männer hängt natürlich nicht von der Gesellschaftsform ab. Sie ist auch in monogamen Kulturen vorhanden und zeigt sich dort in Gestalt außerehelicher Beziehungen oder einer Art abschnittsweiser Monogamie mit Scheidung, Wiederverheiratung usw.. Eine solche sequentielle Monogamie ist besonders problematisch, wenn Kinder geboren werden und diese mit der Scheidung den Vater als wichtige Bezugsperson verlieren. Die polygyne Neigung ist stammesgeschichtlich in den Männern angelegt und trägt zur Arterhaltung bei. Mehr als 20 % der Lebendgeborenen heute in Deutschland

sind nichtehelich. Ohne einen entsprechenden Anteil in früheren Zeiten wäre die Menschheit vermutlich schon ausgestorben, und mehr als 1/3 der Weltbevölkerung beruht auf ungewollten Schwangerschaften.

Entscheidend für den Fortbestand der Menschheit war und ist aber die eheliche Dauerbeziehung. Unterschiede in ihrer Ausprägung bei verschiedenen Kulturen (Monogamie, Polygynie) sollten nicht zu dem Schluß verleiten, daß die Ehe ein Ergebnis unserer kulturellen Entwicklung ist. Generell brauchen Kinder während ihrer langen Reifezeit die Mutter als Betreuerin und den Vater als Versorger, und sie brauchen die emotionale Bindung an beide Bezugspersonen. Eine Vollversorgung ersatzweise durch den Staat gab es früher nicht.

In den schwierigen Zeiten der Evolution war das Überleben am besten gesichert, wenn sich jeder Mann ungeteilt nur einer, d.h. seiner eigenen Frau und den Kindern zuwenden konnte. Diesem Vorteil der Einehe entspricht ein Selektionsdruck, der die Monogamie zur artgerechten Lebensform gemacht hat. Ebenfalls stammesgeschichtlich in uns angelegt sind auch einige Empfindungen und Moralprinzipien wie Liebe, Treue, Verantwortungsgefühl und Respektierung bestehender Partnerbeziehungen, die die monogame Lebensweise gegen den Einfluß polygyner Neigungen weitgehend absichern.

Dennoch ist die Existenz von üblicherweise polygynen Gesellschaften nicht zu leugnen. Voraussetzung für ihr Bestehen ist eine ungleiche Verteilung der Ressourcen. Die Natur bevorzugt niemanden. Ungleichheit entsteht durch die Kultur, wenn die Gesellschaft hierarchisch gegliedert ist und nicht artgerecht lebt. Wenn einige über die Mittel zur Ernährung mehrerer Frauen und deren Kinder verfügen und anderen der Unterhalt für eine einzige Frau fehlt, setzt sich die polygyne Neigung der Männer durch. Umgekehrt kann auch deren polygyne Neigung die Männer veranlaßt haben, eine solche Kultur zu etablieren.

In seltenen Fällen hängt polygynes Verhalten auch direkt mit der Herrschaftsstruktur zusammen. Beispiel ist das „ius primae noctis", das vereinzelt im Mittelalter bezeugte Recht des Grundherren auf die Brautnacht mit einer neuvermählten Hörigen. Eine polygyne Gesellschaft ist schwer vorstellbar, wenn Frauen und Männer gleichberechtigt sind.

3.2.6 Die Familie in unserer Gesellschaft

Wenn die Familie in Ordnung ist,
wird der Staat in Ordnung sein;
wenn der Staat in Ordnung ist,
wird die große Gemeinschaft der
Menschen in Frieden leben.

Konfuzius

Von allen Wesen auf dieser Erde lebt der Mensch heute am wenigsten artgerecht, siehe Abschnitt 2.1. Die Folgen für Ehe und Familie sind gravierend. Nicht nur die Pille, sondern auch die Krise der Familie bedrohen die Existenz unserer Zivilisation. Die Auswirkung unserer nicht artgerechten Lebensweise auf die Familie wird erkennbar, wenn wir uns deren Urzustand und die früheren Lebensbedingungen der Eltern und Kinder vor Augen führen: Die Ausrichtung der Frauen auf die Familie war zwingend. Die Kinder wurden auf Jahre gestillt, versorgt und betreut. Technische Hilfsmittel und Maschinen fehlten. Weder gab es Konserven noch Tiefkühlkost noch irgendwelche Lebensmittel aus dem Supermarkt. Beeren, Früchte, Nüsse und Körner mußten selbst gesammelt, das Getreide mußte gemahlen und verarbeitet werden. Wenn die Männer auf der Jagd erfolgreich waren, dann wurde das Fleisch nicht in Form von Schnitzeln oder Hamburgern geliefert, sondern das Wild mußte gehäutet, mit primitiven Mitteln zerteilt und zubereitet werden. Auch Kleidung und Schuhwerk aus Pflanzenfasern und Fellen mußte hergestellt, und für das Feuer mußte Holz gesammelt werden. Durch diese Aufgaben wurden die Frauen voll beansprucht, nicht selten bis an die Grenze ihrer Belastbarkeit. Selbstverwirklichung bestand für die Frauen darin, die Kinder am Leben zu halten, bis sie eine eigene Familie gründen konnten.

Abgesehen vom Sammeln von Beeren und Früchten, das häufig gemeinsam erfolgte, war der Vater der Ernährer. Er beschaffte die Lebensmittel „in natura", und er beschützte die Familie. Seine Tätigkeit war für jeden in der Familie verständlich, seine Fertigkeiten wurden bestaunt und die Söhne versuchten, ihm nachzueifern. Die Geborgenheit bei der Mutter half den Kindern, ohne psychische Schäden groß zu werden, und durch beide Eltern wurden sie ohne Bruch allmählich in das Leben der Erwachsenen eingeführt, in ein Leben in der Tradition der Gemeinschaft. Auf diese Weise hat die Gattung „Homo" viele hunderttausend Jahre überlebt.

Heute übt der Vater im allgemeinen eine anonyme Tätigkeit aus, die sonst niemand in der Familie versteht. Das Wohl der Familie hängt wesentlich von anderen Einflüssen ab. Über die Entlohnung entscheiden Vorgesetzte, Gewerkschaften, die Konjunktur, die Wettbewerbsfähigkeit der Firma und die Politik, über die Verfügbarkeit von Ressourcen auch der Staat (Steuern). Hohe Beanspruchung im Beruf läßt dem Vater wenig Zeit, sich der Familie zu widmen. Der Vater wird zum Fremden und die Mutter fühlt sich nicht mehr eingebunden. Als Ersatzbefriedigung sucht sie, sich auf eine artfremde Weise selbst zu verwirklichen:

Auch sie sucht eine Karriere im Beruf. Nicht selten, in Anbetracht der großen materiellen Vorteile, billigt der Mann diesen Schritt. Die Arbeitsleistung hat im Berufsleben einen sehr großen, in der Familie dagegen so gut wie keinen materiellen Wert. Unsere Gesellschaft verlockt mit Segelyachten, Villen, Luxusautos und Weltreisen und ruft den Frauen, in Abänderung eines Bibelzitats, zu: Dies alles will ich dir geben, so du auf ein Leben mit Kindern verzichtest und einen einträglichen Job ausübst. Zusätzlich zum materiellen Wohlstand haben Frauen oder

Ehepaare ohne Kinder ungleich mehr Freizeit. Weder müssen sie sich dem täglichen Lebensrhythmus der Kinder anpassen noch in den Ferien nach den Bedürfnissen der Kinder richten. Sie können sich den Luxus unserer Industriegesellschaft nicht nur leisten, sondern ihn auch genießen.

Die Einheit Vater, Mutter, Kinder wurde durch die Evolution zu einer leistungsfähigen Basisgemeinschaft, die, wenn man sie nur läßt, auch mit schwierigen Situationen fertig wird. Offenbar lebt dieses Leitbild noch in den USA. Dort zahlen alle weniger Steuern, so daß die Familien mit begrenzten steuerlichen Freibeträgen auskommen. In Deutschland werden die Familien zunächst ausgeplündert durch Sozialbeiträge, diverse Verbrauchssteuern bis hin zur Ökosteuer, einkommensabhängige Beiträge und die progressive Einkommensteuer. Folgerichtig betrachtet man sie dann als Sozialfall, sobald Kinder geboren werden. Diesen gewährt man sodann eine Unterstützung, eine Art Sozialhilfe, genannt Kindergeld. Man macht die Familien abhängig vom Staat, d.h. von fremder Hilfe, nimmt ihnen damit die Selbstachtung und zerstört das Vertrauen in die eigenen Fähigkeiten. Die Folge sind Verunsicherung und Zukunftsangst. Daher entscheiden sich immer mehr Menschen gegen eigene Kinder.

Nicht so in Frankreich. Dort dürfen die Familien das Geld behalten, das sie selbst verdienen und zur Versorgung der Kinder benötigen. Anstelle des steuerlichen Ehegattensplittings in Deutschland gilt dort ein Splittingverfahren, das die Kinder einbezieht. Durch Staffelung des Splittingfaktors wird berücksichtigt, daß die Lebenshaltungskosten der Erwachsenen größer sind als die der Kinder und daß mit steigendem Splittingfaktor für jedes weitere Kind die Auswirkung auf die Höhe der Steuer nachläßt. Für die ersten beiden Kinder nimmt der Splittingfaktor um je 1/2 und für die weiteren Kinder um jeweils 1 zu. Im Ergebnis zahlen viele Familien keine oder nur geringe Steuern, auch solche mit mittlerem Einkommen, in Umkehrung der Situation in Deutschland. Nicht zuletzt durch diese Steuergesetzgebung beobachtet man in Frankreich eine vergleichsweise hohe Geburtenrate, die nach neueren Erhebungen bei über 1,9 liegt.

Einsichten in die Notwendigkeit eines Familiensplittings hat es auch bereits in Deutschland gegeben. Wir verweisen auf die Pläne der früheren finanzpolitischen Sprecher der CDU Gaddum und Häfele. Helmut Kohl hatte nach der Wahl im März 1983 in seinem Regierungsprogramm die Einführung des Familiensplittings noch bis Ende 1983 angekündigt. Offenbar haben Zeitgeist und Koalitionspartner verhindert, daß diese Absicht verwirklicht wurde.

Familiensplitting ist das Besteuern nach Leistungsfähigkeit mit Teilhabe der Kinder am beruflichen Erfolg des Vaters bzw. der Eltern. Es ist ohne Zweifel artgerechter als das in Deutschland übliche Abkassieren der Familien mit teilweiser Rückgabe des angeeigneten Geldes nach Gutdünken der jeweiligen Regierung. Die Einführung eines solchen Splittingverfahrens auch in Deutschland wäre ein erster Schritt in Richtung auf eine kinderfreundlichere Gesellschaft. Sie könnte im übrigen auch das Problem der Besteuerung Alleinerziehender lösen.

Splittingverfahren haben natürlich nur Sinn bei „progressiver" Besteuerung. Noch besser wäre ein einheitlicher linearer Steuertarif (flat tax) wie in verschiedenen Staaten Osteuropas mit gleichen Grundfreibeträgen für Eltern wie für Kinder (Kap. 6.5). In unserer Umverteilungsgesellschaft scheint die Einführung eines solchen Tarifs derzeit allerdings noch nicht möglich.

Familiensplitting oder linearer Tarif mit einheitlichen Grundfreibeträgen beseitigen allerdings nicht die materielle Unterbewertung der Tätigkeit der Hausfrauen und Mütter. Sie ist für eine technische Zivilisation unvermeidlich. Der Wert der Arbeit in der Industriegesellschaft richtet sich nach den Verkaufserlösen für die Produkte, die in ihr hergestellt werden. Kinder sind nicht verkäuflich und haben in diesem Sinne keinen Wert. Dies ist auch eine der Folgen unserer nicht artgerechten Existenz. Die an sich notwendige Korrektur könnte nur auf eine ebenfalls nicht artgerechte Weise geschehen. Sie könnte darin bestehen, daß man von Staats wegen den Kindern einen Wert beimißt und für deren Aufzucht einen Lohn zahlt. Die Geldnot des Staates sollte kein Hindernis sein, weil allein die Verwahrung in Tageskrippen noch teurer ist und das Kindergeld bzw. gegebenenfalls ein Teil der Sozialhilfe in Anrechnung gebracht werden kann. Die Monatskosten für einen Krippenplatz liegen derzeit bei 1.100 bis 1.200 EUR. Viele Mütter wären mit weniger zufrieden, zumal wenn sie Erziehungslohn für zwei oder mehr Kinder beanspruchen könnten.

Auch hier ist Frankreich Vorbild. Zusätzlich zu dem genannten Splittingvorteil und diversen Beihilfen zahlt man dort nicht nur Kindergeld bei zwei Kindern in Höhe von 115 EUR plus 147 EUR für jedes weitere Kind, sondern auch bereits ein Erziehungsgeld von 485 EUR monatlich für zwei oder mehr Kinder, wenn eines jünger ist als drei Jahre. Entgegen anderslautenden Behauptungen drängt man die Mütter nicht in die Erwerbsarbeit, sondern macht gerade zur Bedingung, daß sich ein Elternteil um die Kinder kümmert und keinem Beruf nachgeht. Der Betrag reduziert sich bei Teilzeitbeschäftigung. Entsprechend ist die persönliche Lebensplanung der Frauen in Frankreich weniger auf Beruf und Karriere, sondern mehr auf Familie und Kinder ausgerichtet.

Die Entwicklung von der Erziehung in der Familie hin zur Fremdbetreuung in Deutschland ist ideologisch begründet und sehr schädlich für die Kinder. Familiensplitting und Erziehungslohn haben mit Gerechtigkeit zu tun und sind keine Sozialleistungen, und sie sind notwendig für den Fortbestand unserer Gesellschaft.

Ein dritter wichtiger Schritt zum Erhalt unserer Gesellschaft müßte darin bestehen, das Ansehen und den Einfluß der Familie zu stärken. Kinder haben derzeit in unserem Land keine Lobby, und den Eltern gibt man kein Mandat, für sie zu sprechen. Zu fordern ist daher das Stellvertreterwahlrecht. Das Stimmrecht für Frauen war nur ein Anfang. Noch immer haben 20 % der Bevölkerung keine demokratischen Rechte. Die Folge sind Rücksichtslosigkeit und Geringschätzung der Kinder und ihrer Familien durch die Gesellschaft. Eltern mit drei und mehr Kindern erregen Mitleid bzw. werden als beschränkt, katholisch oder asozial eingestuft. Dies läßt sich nur ändern, wenn man den Eltern bei allen Wahlen eine Stimme gibt für jedes von ihnen unterhaltene minderjährige Kind.

3.2.7 Die Kinder in der Gesellschaft

Nach den jüngsten statistischen Erhebungen
besitzt heute jeder zweite Fernsehapparat eine Familie.

Ephraim Kishon

Die genannten drei Maßnahmen Familiensplitting, Erziehungslohn und Stellvertreterwahlrecht könnten ausreichen, um den Bestand der Bevölkerung zu sichern. Sie hätten jedoch nur geringen Einfluß auf die Qualität des Familienlebens, auf den Zusammenhalt der Familien und die Art der Erziehung der Kinder. Unsere Familien und mit ihnen unsere Zivilisation sind krank. Besonders notleidend sind die Kinder. Unsere Gesellschaft macht sie zu Zivilisationswaisen, mit allen negativen Folgen für die Gemeinschaft und die Kinder selbst. Kinder sind an sich psychisch belastbare Wesen. Um so mehr muß auffallen, daß Selbstmord hierzulande inzwischen nach Unfalltod zur zweithäufigsten Todesursache bei Jugendlichen wurde.

Bei Zivilisationswaisen leben die biologischen Eltern noch. Im allgemeinen kommen sie auch für den materiellen Unterhalt der Kinder auf. Emotionale Bindungen und Geborgenheit in der Familie gehen aber verloren; es kommt zur Entfremdung. Aus ihr entsteht auf Seiten der Kinder Verachtung und bei den Eltern Gleichgültigkeit und bisweilen Haß. Diese Entwicklung ist zum Teil zwangsläufig, zum anderen Folge und Symptom des Zeitgeistes.

Die nicht artgemäße Behandlung unserer Kinder beginnt bereits nach der Entbindung im Krankenhaus. Der notwendige Körperkontakt mit der Mutter wird im allgemeinen auf die Stillzeiten beschränkt. In den Zwischenzeiten erfolgt die Unterbringung reihenweise in Kinderbetten, in denen die Neugeborenen nicht den beruhigenden Herzschlag der Mutter, sondern das Geschrei von Leidensgenossen hören.

Die Distanz bleibt anschließend gewahrt, wenn das Kind nicht von der Mutter getragen, sondern im Kinderwagen gefahren wird. Im ach so schönen Kinderzimmer wächst das Kind in eine eigene Welt, in der die Eltern nur noch selten und beiläufig vorkommen. Nähe zu den Eltern erfährt es noch am ehesten im Auto, wo die Aufmerksamkeit allerdings mehr der Straße bzw. den Eindrücken aus der Umgebung gilt.

Trennung und Entfremdung zwischen Eltern und Kindern werden gefördert durch frühzeitiges Abstillen und Versorgung durch dritte Personen wie Au-pair-Mädchen, Hilfskräfte oder professionelle Betreuer, insbesondere bei Abwesenheit der sich selbst verwirklichenden berufstätigen Mutter. Später werden die Kinder in Krippe und Kindergarten verwahrt und danach in der Schule, vorzugsweise Ganztagsschule, oder im Internat vom Elternhaus ferngehalten.

Besonders gefährdet durch die Trennung von der Mutter sind Säuglinge und Kleinkinder im Alter bis drei Jahren. Etwa so lange werden die Kinder bei den Naturvölkern gestillt, unter Umständen noch etwas länger. In dieser Zeit des engen Zusammenlebens mit der Mutter liegt, als Ergebnis der Evolution, die wichtigste Phase der geistigen und seelischen Entwicklung des Kindes.

50 Prozent der strukturellen Hirnentwicklung finden im ersten Lebensjahr statt, 80 Prozent in den ersten drei Jahren. Einen ganz wesentlichen Anteil an der Entwicklung hat der präverbale Dialog, das mimetische Lernen im Blickkontakt mit der Mutter. Wenn unmittelbare Antworten auf seine Signale durch die mütterliche Bezugsperson ausbleiben, wird der Säugling frustriert. Ohne verläßliche und liebevolle Beziehungen zur Mutter gewinnt das Kind keine innere Sicherheit. Störungen z.B. im Sozialbereich und der Sprachentwicklung sind die Folge.

71

Fremdbetreuung wirkt sich auch auf die schulischen Leistungen aus. Bundesländer mit der geringsten Fremdbetreuung haben in der PISA-Studie am besten abgeschnitten. Nicht selten zeigen Krippenkinder Symptome von Hospitalismus bis hin zu unbewußten rhythmischen Körperbewegungen und Anschlagen des Kopfes an Stangen und Wände. Krippenunterbringung sollte daher nur in wirklichen Notfällen in Betracht gezogen werden. Im Alter von vier bis sechs ist ein Halbtagskindergarten angemessen. Danach folgt die bewährte Halbtagsgrundschule, die die Kinder in ihrer Leistungsfähigkeit nicht überfordert. Zwischen zwölf und 16 Jahren könnte ein allmählicher Übergang zur Ganztagsschule erfolgen.

Nach der Mutter ist auch der Vater Bezugsperson; die Eltern ergänzen einander in ihren Beziehungen zum Kind. Gemäß einer Studie aus den Vereinigten Staaten stammen 63 Prozent der jugendlichen Selbstmörder, 71 Prozent der schwangeren Teenager und 90 Prozent der Ausreißer und obdachlosen Kinder aus vaterlosen Familien. Entsprechend hoch ist auch der Anteil bei den Schulabbrechern, jugendlichen Straftätern und Drogensüchtigen. Die Tendenz ist eindeutig. Hinsichtlich der quantitativen Aussagen sind allerdings Vorbehalte angebracht. Ledige Mütter leben in den USA seltener in geordneten Verhältnissen, und die nachteilige Entwicklung der Kinder kann außer dem fehlenden Vater auch dem sozialen Umfeld zugeschrieben werden.

Parallel zur persönlichen und räumlichen Trennung der Kinder von den Eltern findet eine seelische und geistige Enteignung statt. Die Kinder werden der Zuständigkeit der Eltern entzogen und fremden Autoritäten ausgeliefert. Dies ist ein allgemeines Problem moderner Zivilisationen und keineswegs nur in Diktaturen anzutreffen. Dort ist es lediglich besonders augenfällig und als Fehlentwicklung leichter erkennbar. Hitlerjugend und Freie Deutsche Jugend konnten überwunden werden. Einrichtungen der NS-Zeit wie „Lebensborn" und die Aufforderung, „dem Führer ein Kind zu schenken", gelten heute zu recht als abartig und Sprüche wie die des NS-Reichsjugendführers Baldur von Schirach: „Jugend kann nur durch Jugend erzogen werden", wurden als Unsinn entlarvt. Weltweit sind allerdings ideologisch und religiös geprägte totalitäre Gemeinschaften nach wie vor in der Lage, absoluten Einfluß auf Kinder und Jugendliche auszuüben. Sie formen sie z.B. zu „Gotteskriegern" und Terroristen.

In demokratischen Gesellschaften war und ist die Entwicklung weniger spektakulär, aber für die Familien und die Gemeinschaft kaum weniger zerstörerisch. In Sachen Wissensvermittlung wurde schon vor Jahrhunderten der Vater ab- und der Lehrer eingesetzt. Nur wenige begüterte Familien konnten sich einen Hauslehrer leisten, der früher noch unter der Aufsicht des Hausherrn unterrichtete. Insoweit konnte die alte Rangordnung noch notdürftig aufrechterhalten werden, wenn auch bisweilen mit Komplikationen. Wir erinnern an Hölderlin und Susette Gontard und zitieren Wilhelm Busch: „Erst liebt sie ihn als Lehrer, dann immer mehr und mehrer." Aus Schulangebot wurde -pflicht und die schulische Erziehung ein Staatsmonopol. In unserer zunehmend komplexeren Welt wurde der Unterricht immer mehr die Sache von Spezialisten, die die Eltern vollends als Ignoranten enttarnten. Den Lehrern für die Muttersprache, fremde Sprachen, Mathematik und andere Naturwissenschaften, für Kunst und Sport bis hin zu Ballett, Tennis und Reiten hatten und haben die Eltern nur wenig eigene Kompetenz entgegenzustellen. Das Dilemma der Eltern wird halbjährlich bei Erteilung der Zeugnisse offenbar. Wenn sie sich nur wenig für die Noten interessieren, demotivieren sie die Kinder, und sie würdigen nicht deren Anstrengungen. Finden die Zeugnisse aber starke Beachtung, dann machen die Eltern damit deutlich, daß sie das Bildungs- und Wissensmonopol familienfremder Institutionen anerkennen. Allenfalls durch Geschenke bei guten und Strafen bei schlechten Zeugnissen gelingt es den Eltern, einen Anschein von Zuständigkeit zu wahren.

Nicht artgerecht ist auch die Aufteilung unserer Lebenszeit in eine Zeit für Schule und Beruf einerseits sowie Ferien und Freizeit andererseits. Ferien im Sommer hatten zunächst den Sinn, die Kinder als Erntehilfe freizustellen. Insoweit wurde noch auf die Belange der Familie Rücksicht genommen. Heute sind Ferien ein Massenereignis, mit Schlangen vor den Abfertigungsschaltern, Staus auf den Autobahnen, mit überfüllten Stränden und überlaufenen Urlaubsorten im Gebirge. Durch ständig neue Reize und Eindrücke wird das Wahrnehmungsvermögen der Kinder überfordert; soweit die Eltern in dem Nebel der Ereignisse und fremden Umgebungen sichtbar bleiben, erkennen die Kinder in ihnen selten bestimmende und selbständig handelnde Personen, sondern Leute, die sich nach Vorgaben und Umständen richten. Das Urlaubsgeschehen ist für die Eltern kein Heimspiel und im allgemeinen nicht geeignet, das Familiengefüge zu festigen.

Freizeit im Alltag macht die Eltern gänzlich zu Randfiguren. Vater und Mutter in der Disko, ein schrecklicher Gedanke. Begeisterung für Rock, Pop und Hip Hop kommt nur unter Gleichgesinnten auf, d.h. nur in der eigenen Generation. Sport und Spiel finden ohne die Eltern statt, und Anhänger eines Fußballvereins ist man nur in der eigenen Fangruppe. Vorbilder sind nicht mehr die Eltern, sondern, wenn es gut geht, Sportler wie Michael Schuhmacher oder Oliver Kahn, andernfalls Idole der Pop-Kultur wie Madonna oder Michael Jackson. Wenn es ganz schlecht läuft, werden die Jugendlichen zu demonstrierenden und prügelnden Polithooligans. Seit dem Niedergang der Sowjetunion und des Kommunismus haben die früheren linken Revolutionäre wie Castro, Che, Mao, Ho-Chi-Minh allerdings als Vorbilder an Reiz eingebüßt. Heute zerstört man Gleisanlagen, legt Schwellen auf die Schienen oder kettet sich an die Gleise, um Castor-Transporte zu behindern.

Schließlich das Fernsehen als Fenster zur kleinen und großen Welt. Seiner Bildkraft haben die Eltern nichts Vergleichbares gegenüberzustellen. In ihm präsentieren sich unzählige Autoritäten, nur die Eltern kommen nicht vor. Das Fernsehen ist Autorität, es beherrscht die Familie; siehe den eingangs zitierten Spruch von Ephraim Kishon.

In Zeiten artgerechten Lebens waren die Eltern natürliche Vorbilder. Die Kinder konnten sich an ihnen orientieren. Sie konnten Fehler machen, ohne Schaden zu nehmen, und daraus lernen. Die Eltern gaben den Kindern Sicherheit, Geborgenheit und Liebe. Das Bedürfnis, sich mit einer Gruppe zu identifizieren, wurde zuerst in der Familie befriedigt. Die Identität als Familienmitglied ließ Selbstbewußtsein entstehen und Kinder zu gefestigten Persönlichkeiten heranwachsen.

In unserer technischen Zivilisation wird die Rolle der Eltern immer mehr marginalisiert. Der Vater lebt in einem für die Familie fremden Beruf. Ähnliches gilt für die berufstätige Mutter oder wenn sie sich auf andere Weise „selbstverwirklicht". Selbst die „Nur-Hausfrau" ist mehr Managerin als Mutter und mit Elternbeiratssitzungen, Schulveranstaltungen, Besuch von Darbietungen, in denen sich die eigenen Kinder präsentieren, Transport der Kinder mit dem eigenen Auto zu Schule, Sport- und Turnverein, eventuell zum Ballettunterricht und zu Freunden stark in Anspruch genommen. Hinzukommen Arztbesuche mit den Kindern, Einkaufen und der übrige Haushalt sowie selten auch etwas Rücksicht auf die eigene Gesundheit.

Vor allem bei Berufstätigkeit beider Eltern bestimmen wechselnde fremde Autoritäten das Leben der Kinder, ähnlich wie in Kinderheimen. Die Kinder leben wie Waisenkinder und zeigen entsprechende Symptome: Anzeichen von Hospitalismus, Mangel an Hoffnung und Geborgenheit, Besitzgier und Mißachtung

75

der Eltern, Flucht in Subkulturen einschließlich Jugendbanden. Trau keinem über 30 und vor allem nicht den Eltern, ist die Devise. Fehlende Identität als Familienmitglied in der Jugend macht es den Menschen schwer, soziales Verhalten als Erwachsene zu entwickeln.

Nicht nur die Kinder, auch die Erwachsenen empfinden häufig den Zustand der Familien als unerträglich, ohne ihn ändern zu können oder zu wollen. Wenn sie sich dessen frühzeitig bewußt werden, verzichten sie auf Kinder; und die Pille beseitigt die Probleme mit der Sexualität. Hat die Natur sich doch durchgesetzt und es werden Kinder geboren, dann versuchen die Eltern, mit Geld ihr Versagen als Vater und Mutter auszugleichen: Für die Kinder ist nichts zu teuer. Aber die Zuneigung der Kinder läßt sich nicht erkaufen. Durch die Entfremdung fühlen sich die Eltern gekränkt und mißachtet. Sie distanzieren sich ihrerseits von den Kindern und nennen das dann antiautoritäre Erziehung.

Kinder brauchen emotionale Bindungen und Regeln; dies beweist auch die Hirnforschung. In Streß- und Angstsituationen geht vom frontalen Kortex eine destabilisierende Wirkung für das ganze Gehirn aus. In solchen Situationen übernimmt das limbische System die Aufarbeitung der Eindrücke. Der Erfolg hängt von der Existenz sicherer emotionaler Beziehungen und Leitbilder ab, die erst mit wachsendem Alter neu kombiniert, strukturiert und in eigene Orientierungen übergeführt werden können.

Ohne emotionale Bindungen und Geborgenheit, wie sie die Kinder in der Familie erfahren, sind sie den wechselnden Eindrücken aus der Umwelt gegenüber hilflos. Sie suchen ersatzweise nach äußeren Leitbildern und sind manipulierbar. In völligem Gegensatz zu den ideologischen Leitsätzen bestimmter linker Pädagogen erzieht die intakte und in bezug auf das Innenverhältnis artgerecht lebende Familie selbständige mündige

Bürger. Die antiautoritäre Erziehung ohne feste Regeln und Geborgenheit läßt dagegen die Kinder im Stich, macht sie manipulierbar und autoritätsabhängig. Alle Diktatoren wissen, daß man die Kinder am besten für die eigenen Zwecke gewinnen kann, wenn man sie aus der Familie herausnimmt.

Zwei Staatsziele müßten allen anderen übergeordnet sein. Das erste ist, die Existenz des Staates zu sichern und das Aussterben des Staatsvolkes zu verhindern. Zum zweiten müssen die physische und psychische Gesundheit der Staatsbürger hergestellt und bewahrt werden. Kriminalität und Drogenkonsum, hohe Selbstmordrate bei Jugendlichen, mangelnde Arbeitsfähigkeit der Schulabgänger – schon heute sind 10 % der Hauptschüler für den Arbeitsprozeß nicht mehr vermittelbar –, geringe Belastbarkeit und niedrige Kapitulationsschwelle bei schwierigen Aufgaben, das alles sind Symptome dafür, daß unsere Gesellschaft an der Wurzel krank ist. Hauptursache hierfür ist der beklagenswerte Zustand der Familien.

Unsere Gesellschaft wird immer wohlhabender und nimmt dennoch in wachsendem Umfang die Mütter den Kindern weg. Der Ruf nach Vereinbarkeit von Beruf und Familie auch für Frauen mit Kleinkindern ist eine Fehlleistung von historischer Dimension. Soweit Frauen infolge ihrer Bindung an die Familie nur geringer qualifizierte Berufsarbeit nachfragen, ist er sogar eine Belastung für Staat und Wirtschaft. Eine moderne Volkswirtschaft kann entsprechende Arbeitsplätze in ausreichender Zahl gar nicht anbieten; wir verweisen auf die Arbeitslosenstatistik in den neuen Bundesländern. Statt die Kinder zu ihrem Schaden und dem der Gesellschaft zu früh in Babykrippen und Tagesstätten zu kollektivieren, sollte man den Müttern ermöglichen, ihre Kinder selbst großzuziehen; siehe hierzu den vorigen Abschnitt. Viele Umfragen belegen, daß eine deutliche Mehrheit der jungen Frauen dies wünscht, und daß sie ein insoweit artgerechteres Leben führen möchten. Tatsächlich steht heute auch nur jede dritte Frau mit einem Kleinkind im Alter bis drei Jahre im Berufsleben, wobei nur 13 % in Vollzeit beschäftigt sind.

3.3 Der Mensch als soziales Wesen

3.3.1 Der Mensch in der Gemeinschaft

Nun stehst du bleich,
zur Winter-Wanderschaft verflucht,
dem Rauche gleich,
der stets nach kältern Himmeln sucht.

Friedrich Wilhelm Nietzsche
Aus dem Gedicht „Vereinsamt"

Das Leben in Gruppen oder Gemeinschaften bietet rational er-kennbare Vorteile; wie z.B. früher bei der Jagd, bei der Verteidi-gung gegen Feinde, im Kampf gegen Unterdrückung, wir formu-lieren frei nach Schiller: „Vereint sind auch die Schwachen mächtig." Die Mitglieder einer studentischen Verbindung wer-den durch die Alten Herren gefördert. Parteimitglieder werden bevorzugt, wo die Partei Einfluß hat. Arbeitnehmer erhoffen sich finanzielle Vorteile durch Mitgliedschaft in einer Gewerk-schaft. Heute gründet man Parteien, um gesellschaftliche und politische Ziele zu erreichen.

Es liegt daher nahe, den Zusammenschluß zu Gemeinschaften auf vernunftmäßige Gründe zurückzuführen. Tatsächlich gibt es Gruppen und Vereine, die als Zweckverband entstanden sind. Deren Mitglied wird man aus Interesse oder wegen des aktuel-len Nutzens. Beispiele sind Turnvereine, Tanzklubs, literarische Zirkel oder naturwissenschaftliche Vereinigungen.

Darüber hinaus gibt es Basisgemeinschaften, bei denen die Zu-gehörigkeit keine Sache der Ratio ist. Solche Gemeinschaften existieren, seit es Menschen gibt, eventuell schon länger. Auch unsere Primatenverwandten aus der Tierwelt sind in Horden, Gruppen und Stämmen organisiert.

79

Das Leben in Gruppen wurde und wird durch die Evolution belohnt: Den Vorteilen bei der Existenzbewältigung entspricht ein Selektionsdruck, der in den langen Zeiten der Evolution die Hinwendung zur Gemeinschaft zu einem emotionalen Bedürfnis gemacht hat.

Als Kind benötigen wir die Sicherheit und Geborgenheit in der Familie. Wenn wir erwachsen sind und selber eine Familie gründen, brauchen wir den Rückhalt einer größeren Gemeinschaft. Wir suchen eine Identität als Teil dieser Gemeinschaft. Wenn wir deren Regeln und Wertevorstellungen anerkennen, wird uns Schutz gewährt gegen Übergriffe anderer, die diese Regeln verletzen, wir erfahren Geborgenheit. Auch außerhalb des eigenen Territoriums können wir mit Hilfe durch die Gemeinschaft rechnen: Staaten bemühen sich um das Wohl ihrer Bürger, wenn diese in einem fremden Land z.B. entführt oder durch die dortige Justiz ungerecht behandelt werden oder wenn sie unverschuldet in Not geraten.

Die Selbstorganisation der Menschheit in Gemeinschaften würde nicht funktionieren, wenn die Wertevorstellungen in der eigenen Gruppe jederzeit zur Disposition stünden. Das genetisch in uns angelegte Bedürfnis nach Zugehörigkeit zu einer Gemeinschaft und einer Identität als deren Mitglied läßt dieses Problem aber erst gar nicht entstehen. Die meisten Menschen sind bereit, sich anzupassen und politisch korrekt zu verhalten, gelegentlich bis zur Selbstaufgabe und Bereitschaft zu töten. Wir erinnern an die japanischen Kamikaze-Piloten, an moslemische Selbstmordattentäter oder Sekten, deren Mitglieder dem Anführer bis in den kollektiven Selbstmord folgten. Und unter Hitler wurde gesungen: „Unsere Fahne ist mehr als der Tod."

Gelegentlich hilft die Zugehörigkeit zu einer Basisgemeinschaft, den Forderungen einer anderen, totalitären Gemeinschaft zu widerstehen. Katholische und evangelische bekennende Christen wie auch Mitglieder der Zeugen Jehovas sind für ihren Glauben ins Konzentrationslager und in den Tod gegangen.

Ganz selten verweigern sich die Menschen jedweder Gemeinschaft, wenn sie über elementare Kontakte hinausgeht. Der Weg dieser Personen ist selbstzerstörerisch. Von Friedrich Nietzsche kennen wir die autobiographisch gemeinten Verse: „Wer das verlor, was du verlorst, macht nirgends Halt", siehe auch die Gedichtstrophe, die diesem Abschnitt vorangestellt ist. Auch gehört das Verlangen des Tonio Kröger in der gleichnamigen Novelle von Thomas Mann „nach den Wonnen der Gewöhnlichkeit" in diese Betrachtung. Die übliche, d.h. gewöhnliche Zugehörigkeit zu einer Gemeinschaft ist eine Wohlfühlbedingung.

Die genetisch angelegte Neigung, uns einer Gemeinschaft anzuschließen, führt häufig zu Selbstverpflichtungen, z.B. in Gestalt von Eidesleistungen, Schwüren, Gelöbnissen, Bekenntnissen, auch Glaubensbekenntnissen. In ihrer Bindungswirkung diesen gleichzustellen, ist die Teilnahme an öffentlichen rituellen Handlungen wie Sitzblockaden, Aufmärschen, früher Fackelumzügen, heute Lichterketten, und das Tragen von Uniformen. Auch bestimmte Anreden wie Genosse, Bruder, Schwester, Kamerad, das Tragen von Abzeichen (Parteiabzeichen, Piercings) und die Verwendung von Partei-Aufklebern auf Autos festigen den Zusammenhalt in der Gruppe und verhindern Auflösungstendenzen.

Diese mehr oder minder einverständliche Unterordnung wird ergänzt durch Repressalien der Gemeinschaft gegen Abweichler, bis hin zur physischen Vernichtung: Ketzer hat man verbrannt, Galileo Galilei die Folter angedroht und die Instrumente gezeigt. In totalitären Staaten wird falsches Denken mit dem Tod bestraft. Hinlänglich bekannt sind heute die Schwierigkeiten für Aussteiger aus Sekten oder der links- bzw. rechtsradikalen Szene.

Üblicherweise wird man in eine Basisgemeinschaft hineingeboren. Die sich aufbauende emotionale Beziehung kommt in der Aufforderung des Attinghausen an Rudenz in Schillers „Wilhelm Tell" zum Ausdruck: „Ans Vaterland, ans teure, schließ dich an, das halte fest mit deinem ganzen Herzen, hier sind die starken Wurzeln deiner Kraft."

Eine solche Betonung nationaler Verbundenheit ist weltweit üblich. Auch in der „offenen" Gesellschaft der Vereinigten Staaten von Amerika singt man bei jeder passenden und auch unpassenden Gelegenheit die Nationalhymne, die Hand aufs Herz gelegt, und in allen Amtsräumen hängt die Nationalfahne. Nur in Deutschland widerspricht sie noch dem Zeitgeist, siehe Kap. 5.3.

3.3.2 Die Grundlage unserer Moral

Moral predigen ist leicht,
Moral begründen ist schwer.

Arthur Schopenhauer (6, 143)

Im Brockhaus wird Moral definiert als aus „Erfahrung gebildetes Regelsystem bestimmter Normen und Wertvorstellungen, die überindividuell als Maßstab des Verhaltens gegenüber dem Mitmenschen und zu sich selbst gelten". Moral gehört danach in den Bereich erworbener tradierter Eigenschaften, d.h. in den der Kultur einschließlich Religion.

Nach Kant ist moralisches Handeln ein Postulat, eine absolute Forderung der Vernunft: Solches Handeln ist geboten, von dem man wollen kann, daß nach dem gleichen Prinzip alle handeln (Kategorischer Imperativ).

Schopenhauer gibt eine metaphysische Begründung der Moral. Nach Schopenhauer sind die Menschen verschiedene Manifestationen des gleichen Weltwillens. Jeder erkennt im anderen einen Teil dessen, zu dem auch er gehört. Er empfindet auch die Schmerzen, die anderen zugefügt werden. Für Schopenhauer ist daher Mitleid die Basis der Moral.

Aus der Sicht der Evolution sind alle drei Definitionen unvollständig oder falsch. Als soziale Wesen, als Angehörige einer Gemeinschaft, hängt unser Wohlergehen vom Erfolg der Gruppe ab. Begünstigt sind diejenigen Gemeinschaften, deren Mitglieder nicht nur an sich, sondern auch an das Wohl der anderen sowie den Zusammenhalt und die Leistungsfähigkeit der Gruppe denken. Aufgrund dieser Verknüpfung und des damit verbundenen Selektionsdrucks wurden wir stammesgeschichtlich mit Verhaltensmustern ausgestattet, die der Gruppe zugutekommen und die Grundlage unserer Moral bilden. Sie sind angeboren und unabhängig von individueller Erfahrung und allgemeiner Vernunft, ohne mit diesen in Konflikt zu stehen.

Entsprechend der genetischen Verwandtschaft aller Menschen sind die moralischen Grundprinzipien in allen Völkern ähnlich. Als repräsentativ können wir auf die zehn Gebote verweisen. Sie beginnen mit einer unzweideutigen Festlegung auf die eigene (Religions-)Gemeinschaft, beschwören den Ernst der Zugehörigkeit zur Gemeinschaft (zweites Gebot) und verlangen eine stetige Erneuerung des Bekenntnisses (drittes Gebot). Im folgenden vierten Gebot wird die Beachtung der Tradition gefordert und in den weiteren sechs Geboten das konfliktfreie Zusammenleben in der Gruppe geregelt. So verallgemeinert entsprechen die zehn Gebote dem System von Verhaltensweisen, das die Evolution in uns angelegt hat.

In Hinblick auf die imperative Form der Ethik treffen sich die Vorstellungen Kants mit den Geboten des Dekalogs. Alle zehn Gebote beginnen mit der Forderung „Du sollst" oder enthalten sie. Auch sind in beiden Fällen die Moralgesetze von aller Erfahrung unabhängig. Nach Kant sind sie das Postulat einer abstrakten Vernunft bzw. für Juden und Christen der Wille Gottes. „A priori" sind aber auch die in den Genen verankerten Verhaltensmuster; wir bringen sie mit auf die Welt. Sie brauchen nicht als Forderung an uns herangetragen zu werden.

Dies ist der wesentliche Unterschied zwischen der imperativen Ethik (Kant, Bibel) und einer Moral, die die Evolution in uns angelegt hat: Die imperative Ethik unterwirft uns Forderungen von außen oder durch die eigene Vernunft. Wir müssen uns zwingen, wenn wir sie erfüllen wollen. Genetisch bedingtes Verhalten dagegen ist Norm ohne Fremdbestimmung. Dieser Norm sind wir „gewiß". Sie bildet die Grundlage unseres „Gewissens". Das Zusammenleben von Menschen in Gemeinschaften würde nicht funktionieren, wenn jede Tat zum Wohl anderer unserer eigentlichen Natur zuwiderliefe und nur durch

Einfluß von außen bzw. Einsicht und Selbstüberwindung zustande käme.

Kant selbst ist Kronzeuge für den Menschen als Wesen mit einer angeborenen Moral. Er spricht von den „moralischen Anlagen unserer Natur" (1, 643), und „zwei Dinge erfüllen das Gemüt mit immer zunehmender Bewunderung und Ehrfurcht ...: der bestirnte Himmel über mir und das moralische Gesetz in mir" (1, 642). Allein er ist nicht bereit, unsere Anlagen nur als gegeben hinzunehmen: Bewunderung und Achtung genügen nicht und können zu „Schwärmerei und Aberglauben" führen. So fordert er nichts weniger, als daß das moralische Gesetz in uns „ein von der Tierwelt und selbst von der ganzen Sinnenwelt unabhängiges Leben offenbart, das nicht auf Bedingungen und Grenzen ... eingeschränkt ist, sondern ins Unendliche geht". Auf diesem Weg kommt er zur „moralisch urteilenden Vernunft" und zum Kategorischen Imperativ.

Aber die vernunftbegründete Ethik, die sich Kant „offenbart" hat, führt von der Natur des Menschen weg und verkehrt sie in ihr Gegenteil. Nach Kant kann nicht moralisch sein, was wir aus Neigung tun; nur pflichtgemäßes Handeln ist moralisch. Daran hat sich schon Friedrich Schiller (1, 256) gestoßen. In der Gedichtfolge „Die Philosophen" bringt er seine Skepsis auf treffliche Weise zum Ausdruck: „Gern dien ich den Freunden, doch tu ich es leider mit Neigung, und so wurmt es mir oft, daß ich nicht tugendhaft bin. Da ist kein anderer Rat, du mußt suchen, sie zu verachten, und mit Abscheu alsdann tun, wie die Pflicht dir gebeut."

Nach Eibl-Eibesfeld (1997, 956) ist vernunftbegründete Moral ein spätes Produkt der kulturellen Entwicklung und damit als „höhere" Leistung einzuschätzen; aber auch er hat Zweifel hinsichtlich der Wertschätzung, die man dieser Moral entgegenbringen kann. Wir halten einen Vergleich generell für nicht möglich. Genetisch determiniertes Verhalten ist das Ergebnis der Evolution und nicht eigentlich eine Leistung des Menschen. Vor dem Hintergrund der entsprechenden Verhaltensmuster vollzieht sich unsere kulturelle Entwicklung. Die in den Genen verankerte Moral kann durch kulturelle Einflüsse überdeckt, aber nicht ersetzt oder beseitigt werden. Sie bildet häufig die Grenzlinie, wenn von der Kultur negative Einflüsse ausgehen.

In den Genen verankerte moralanaloge Verhaltensmuster gibt es im übrigen auch bei den Tieren: Allgemein bekannt ist die Verteidigung der Jungen durch das Muttertier oder das Elternpaar. Bei Herden werden Jungtiere zum Schutz in die Mitte genommen. Tiergruppen verteidigen sich gemeinsam gegen Angreifer. Beute wird geteilt. Zugvögel wechseln sich in der Führungsposition ab. Einzelne Tiere übernehmen eine Wächterfunktion, während die anderen fressen. Bei Kämpfen um die Rangordnung tritt eine Beißhemmung ein, sobald sich das unterlegene Tier unterwirft. Auch werden bei vielen Arten Partnerbeziehungen und Paarbildungen respektiert.

3.3.3 Gewissen, Moral und Gesellschaft

Seltsam, daß sich in so vielen Fällen
das individuelle Gewissen mit den
Vorschriften der Gesellschaft deckt.

William Somerset Maugham

Das Gewissen hat zwei Wurzeln: die angeborene Moral und das unbedingte Bedürfnis des Menschen, zu einer Gemeinschaft zu gehören. Die angeborene Moral findet ihren Niederschlag in den Vorschriften der Gesellschaft. Insoweit kann das Gewissen diesen Vorschriften nicht entgegenstehen. Die Hinwendung des Menschen zur Gemeinschaft (Religion, Staat, ...) ist mit der Neigung verknüpft, auch die weiteren Regeln der Gesellschaft für sich als verbindlich anzuerkennen und unkritisch zu befolgen. Diese Neigung ist ebenfalls angeboren. Somit folgen die Vorschriften der Gesellschaft aus der vorhandenen Moral oder sie begründen diese: Die in dem o.g. Zitat festgestellte Übereinstimmung ist ein Ergebnis der Evolution und daher durchaus nicht seltsam.

W.S. Maugham spricht von „der", d.h. einer allgemeinen Gesellschaft. Seine oben zitierte Aussage muß nicht zutreffen, wenn die Individuen im Bereich einer Gesellschaft leben, aber zu einer Parallelgesellschaft gehören, oder wenn Gemeinschaft und Gesellschaft nicht identisch sind; z.B. wenn die Gemeinschaft eine in Opposition zur Gesellschaft stehende Partei oder Gruppe ist. Wir verweisen als Beispiel auf die sogenannte Außerparlamentarische Opposition (APO) und das Verhältnis ihrer Sympathisanten zur demokratischen Gesellschaft der Bundesrepublik Deutschland in den Jahren nach 1966.

„Angeborene Moral" versteht sich im Sinne einer Disposition, einer Anlage zu entsprechendem Verhalten. Der von ihr ausgehende Druck kann sehr stark sein. Er steht aber in Konkurrenz zu anderen Zwängen. Fallweise können sich die Menschen auch über die moralischen Gebote und Verbote hinwegsetzen.

Ähnlich ist es mit den Regeln im Straßenverkehr. Geschwindigkeitsbeschränkungen würden ohne Kontrolle zu völlig unverbindlichen Empfehlungen und der Beliebigkeit anheimgegeben. Im moralischen Bereich ist das Gewissen die Kontrollinstanz. Seine Strafen bestehen nicht aus Vermögensentzug oder Punkten im Zentralregister. Sie belasten die Psyche, erzeugen mehr oder weniger tiefreichendes Unbehagen und helfen, in Zukunft wieder das Verhalten nach den Regeln der Moral auszurichten. Ohne eine solche Kontrolle könnte man nicht eigentlich von einer angeborenen Moral sprechen.

Von Moral und dem dazugehörenden Gewissen war schon in Abschnitt 3.3.2 die Rede. Sie sind wichtig für das Zusammenleben in der Gemeinschaft und regeln die Art, wie Menschen miteinander umgehen. Davon abzugrenzen ist die unmittelbare Beziehung des Menschen zu der Gemeinschaft, in der er lebt. Auch die Bereitschaft, sich für die Gemeinschaft als Institution einzusetzen und ihren Forderungen nachzukommen, gehört zu unserer moralischen Ausstattung. Es gibt dementsprechend zwei Formen der „inneren" Moral, mit Ausrichtung auf die Individuen oder die eigene Gemeinschaft.

Jede Gemeinschaft stellt eine moralische Autorität dar. Selbst wer Stammtischrunden unbegründet fernbleibt, muß mit kritischen Fragen oder einem distanzierten Verhalten der Runde rechnen und sieht sich im Erklärungsnotstand. Parteien verlangen Gefolgschaft; die schwerste Strafe ist der Parteiausschluß. Die Arbeiterklasse und Gewerkschaften fordern Solidarität. Gruppen der Subkultur (z.B. Kernenergiegegner) ketten sich aneinander. Staat und Religion verlangen, daß man ihnen dient; z.B. Wehrdienst ableistet bzw. den Gottesdienst besucht. Sekten schicken ihre Mitglieder auf die Straße, um für die Gemeinschaft zu werben und Proseliten zu machen. Ohne Zweifel ist der dabei auf die Mitglieder ausgeübte Druck zuvorderst moralischer Art.

Auch diese auf Solidarität mit der Gemeinschaft ausgerichtete Moral kennt das Gewissen als Kontrollinstanz. Abweichende Gedanken und ein entsprechendes Fehlverhalten erzeugen Unbehagen und können krank machen. Wer sich der Gemeinschaft entzieht, lebt einsam und ohne Wärme. „Bald wird es schneien, weh dem, der keine Heimat hat", sagt Nietzsche. Das Unterlassen vorgeschriebener ritueller Handlungen kann bereits eine schwere Sünde sein. Die Zuneigung zu einer Partei, wenn sie erst einmal entstanden und gefestigt ist, hält meist ein Leben lang; ebenso die Zugehörigkeit zu einer Religionsgemeinschaft. Selbst Apostaten sind selten wirklich frei. Oftmals verrät der Eifer wider den früheren Glauben Unsicherheit, ein schlechtes Gewissen und das Bedürfnis, sich immer wieder zu rechtfertigen.

Beide Formen der Moral sind angeboren. Deshalb erzeugt Fehlverhalten Unwohlsein, d.h. das Gewissen regt sich. Die beiden Arten sind insoweit ähnlich. Dennoch gibt es einen entscheidenden Unterschied: Die Gebote und Verbote der Moral im zwischenmenschlichen Bereich richten sich gegen unerlaubte Taten und Handlungen, die sich aufzählen und kodifizieren lassen. Die auf das Bekenntnis zur und den Dienst für die Gemeinschaft bezogene Moral ist dagegen unspezifisch! Sie wird erst konkret, wenn die Gemeinschaft die Pflichten und Verbote definiert.

Hier nun gibt es so gut wie keine Einschränkung, und diesem Umstand verdankt die Welt eine Vielzahl ihrer Probleme. Die Gemeinschaft und ihre Anführer können unbegrenzte Forderungen stellen, und die Gefolgschaft mag sich ihnen, zumal nach entsprechender Beeinflussung, nicht entziehen. Beispiele für extremes, von Gemeinschaften in ihrer Eigenschaft als moralische Autorität veranlaßtes Verhalten wurden bereits in Abschnitt 3.3.1 genannt, siehe dort u.a. den Hinweis auf die muslimischen Selbstmordattentäter. Beispiele aus der Geschichte sind die Kreuzzüge zur Befreiung der heiligen Stätten des Christentums und die Eroberung Spaniens durch die Mauren zum Zwecke der Ausbreitung des Islam. Im Ersten Weltkrieg 1914 sind 45 000 junger deutscher Kriegsfreiwilliger in der Schlacht bei Langemarck für Kaiser und Vaterland in den Tod gegangen, unter Absingen des Deutschland-Liedes.

Völlig absurd scheint uns heute das Verhalten junger Frauen, die sich unter Hitler von nach rassischen Gesichtspunkten ausgesuchten Männern schwängern ließen, um „dem Führer ein Kind zu schenken". Selbst der Holocaust wurde, unter Pervertierung der Realität, mit der eigenen moralischen Überlegenheit und der Pflicht zur Ausmerzung minderwertiger Rassen begründet. Auch in einer Demokratie haben Politiker leichtes Spiel, wenn sie sich die Meinungsführerschaft in Sachen der politischen Moral zu verschaffen verstehen.

Dabei können die Forderungen der Gemeinschaft durchaus in Widerspruch stehen zu den Geboten und Verboten der Moral im zwischenmenschlichen Bereich; es entsteht ein Gewissenskonflikt. Die angeborene Moral im Verhalten von Mensch zu Mensch ist sehr alt; ihre Wurzeln reichen zurück bis zu den Vorfahren des Menschen. Auch unsere in Horden lebenden Primatenverwandten setzen sich füreinander ein und zeigen moralanaloges Verhalten.

Große „anonyme" Gesellschaften existieren dagegen erst einige 10 000 Jahre. Das ist eine für die Evolution vergleichsweise kurze Zeit. Andererseits bieten solche Gemeinschaften besondere Vorteile bei der Existenzsicherung und Lebensbewältigung, auch bei der Durchsetzung eigener Interessen gegenüber fremden Gemeinschaften. Dem entspricht ein hoher Evolutionsdruck. Die Entwicklung hat dazu geführt, daß Mitglieder die

Werte und Regeln der jeweiligen Gemeinschaft nur ausnahmsweise in Frage stellen können. Andernfalls wäre deren Bestand permanent gefährdet: Die Forderungen der Gesellschaft sind in hohem Maß verbindlich.

Daher ist kaum vorherzusehen, wie sich der Mensch im Fall eines Gewissenskonfliktes entscheidet. Allenfalls ist die folgende Tendenz erkennbar: Konflikt und Moral stehen bevorzugt in dem durch die Evolution vorgegebenen Zusammenhang: Über die Regeln der Moral wird sich der Mensch nur schwer hinwegsetzen, wenn er sich mit einem anderen Mitglied der gleichen Gemeinschaft streitet. In Bürgerkriegen versuchen die Anführer deshalb mit allen Mitteln, die Gegner auszugrenzen, sie als fremd, andersartig, böse, als Verräter oder Ketzer darzustellen. Soweit dies gelingt, z.B. bei ethnischen Konflikten, können dann alle Hemmungen wegfallen, und alle Verbote des Dekalogs werden mißachtet; siehe den Bürgerkrieg im ehemaligen Jugoslawien. Entsprechend fallen fremde Gemeinschaften nicht unter den Schutz dieser Moral, und im Krieg oder bei Selbstmordattentätern wird Tötung zur Tugend.

Die Vorstellung von einer angeborenen Moral mag diejenigen befremden, die an den Zuständen in unserer Gesellschaft Anstoß nehmen. Wir halten deren Bedenken aber für nicht gerechtfertigt. Jegliches Verhalten entsprechend der angeborenen Moral wird als normal empfunden und nicht besonders beachtet. Abweichendes Verhalten findet dagegen unsere Aufmerksamkeit und wird durch die Medien bekanntgemacht, gemäß dem Spruch von Mark Twain: „Schlechte Nachrichten sind gute Nachrichten." Unsere Perspektive ist daher verschoben. Entgegen unserer Wahrnehmung wird das Zusammenleben in der Gemeinschaft im allgemeinen nicht übermäßig durch Fehlverhalten ihrer Mitglieder belastet.

Das Verhältnis zwischen Mensch und Gemeinschaft ist von anderer Qualität, es ist vor allem nicht ausgewogen. Die Gesellschaft kann Steuern erheben, Vorschriften erlassen bis zur Überregulierung und Solidarität einfordern einschließlich der Bereitschaft, im Krieg für die Gemeinschaft zu kämpfen; siehe z.B. den bei Einbürgerung in die USA zu leistenden Treueid (Kap. 5.1). Umgekehrt sind die Anforderungen der Mitglieder an die Gesellschaft abstrakt, und deren Erfüllung ist nicht einklagbar. Repräsentiert wird die Gesellschaft durch die Regierung. Zwar leisten Minister und Regierungschef den Amtseid. Sie schwören, zum Wohle des Volkes tätig zu sein und Unheil von ihm abzuwenden. Wohl und Unheil definieren sie dann aber selbst und verfolgen eigene Ziele, an erster Stelle das des Machterhalts. Ebenso bedenklich ist die prinzipielle Schwierigkeit, in unserer komplexen und nicht artgerechten Welt richtige Problemlösungen zu finden und zweckdienliche Entscheidungen zu treffen. Diese Schwierigkeit trägt dazu bei, daß die Entscheidungen emotional nach einer Ideologie oder danach ausgerichtet werden, ob sie dem Machterhalt dienen. Die am wenigsten eigennützigen Motive erwarten wir bei Regierungen, deren Repräsentanten eine enge Bindung an die gewachsene Kultur haben.

Zur Frage der Moral im Verhältnis von Individuum und Gesellschaft können wir zusammenfassen, daß die Menschen sich in hohem Maße der eigenen Gesellschaft verpflichtet fühlen, ohne daß eine gleichermaßen zwingende Festlegung der Gesellschaft oder ihrer Repräsentanten auf Mehrung des Wohls der Bürger besteht. Die Ursache für diese Unsymmetrie liegt in unserer nicht artgerechten Existenz, aber auch in der Funktion, die der Gesellschaft von der Evolution zugewiesen ist. Sie soll in erster Linie gegen Bedrohung von außen, durch fremde Gemeinschaften, schützen. Dazu ist sie nur in der Lage, wenn die Gesellschaft ihre Mitglieder in die Pflicht nehmen kann, nicht umgekehrt. Bei der Selbstbehauptung der Gesellschaft kommt es auf Stärke, Ressourcen, Bündnisfähigkeit und politische Bedeutung an, d.h. letzten Endes auf die wirtschaftliche Leistungsfähigkeit. Diese wiederum ist auch maßgebend für den Wohlstand. Am Fortschritt in diesen Fragen sollten unsere Regierungen gemessen werden.

3.3.4 Angeborene Moral und geschriebene Gesetze

Ein Gemeinwesen ist nach der Zahl seiner
Gesetze zu beurteilen: je mehr, desto schlechter.

Freiherr vom und zum Stein

Im ersten Abschnitt über die Evolution wurde bereits auf bestehende Unterschiede im Erbgut der Menschen hingewiesen. In etwa einem Promille der Nukleotidbausteine weichen die genetischen Programme je zweier Menschen voneinander ab. Diese Abweichungen nennt man „Snips"; ca. 5 % der Snips liegen an wichtigen Stellen in den Genen. Dem Auftreten der Snips entspricht eine Variationsbreite der menschlichen Eigenschaften. Zu diesen Eigenschaften zählt auch die moralisch-ethische Grunddisposition. In Grenzen sind Unterschiede im Moralverhalten unschädlich für den Fortbestand der Gemeinschaft, eventuell sogar vorteilhaft. Wesentliche Abweichungen von der Norm könnten den betreffenden Personen jedoch erhebliche Vorteile zu Lasten der Gruppe verschaffen und können von dieser nicht hingenommen werden. Wenn die Gemeinschaft bedrohliches Fehlverhalten einzelner Mitglieder benennen und sie sich dagegen wehren will, wird sie mit Hinweisen auf das angeborene Moralempfinden bzw. das Gewissen nicht auskommen. Vielmehr müssen ein Wertekanon definiert und Gebote bzw. Gesetze formuliert sowie Verstöße gegen die Gesetze mit Sanktionen bewehrt werden.

Die zehn Gebote sind ein solcher Wertekanon, und die Gebote fünf bis zehn spiegeln noch weitgehend die stammesgeschichtlich in uns angelegte Moral. In der Bibel ist der Dekalog durch Wiederholung hervorgehoben und als von Gott eigenhändig geschrieben herausgestellt. Daneben finden wir im Alten Testament auch schon Anweisungen und Gesetze, die nicht der an-

94

geborenen Moral, sondern dem Brauchtum und der Kultur zu-
zurechnen sind. Unter anderem lesen wir dort Vorschriften
betreffend Hygiene, Kleidung, Speisen, Scheidung, Erbe, Frei-
stellung vom Kriegsdienst und Beschneidung. Im Laufe der Zeit,
mit wachsender Abkehr von einer natürlichen Lebensweise,
wurden die geschriebenen Gesetze zunehmend der kulturellen
Entwicklung angepaßt und auf die Anforderungen des Gemeinwesens ausgerichtet.

Das Prinzip „keine Strafe ohne Gesetz" sollte dabei den Anschein von Willkür vermeiden helfen. Jedoch sind die Gesetze
selbst häufig das Ergebnis von Willkür und einseitiger politischer Absicht. Keinesfalls ist sichergestellt, daß die geschriebenen Gesetze die Überlebensfähigkeit der menschlichen Gemeinschaften erhöhen. Sie spiegeln mit der kulturellen Entwicklung
auch deren Fehlentwicklung. Hier sei nur an die Rassengesetze
unter Hitler erinnert.

Generell problematisch sind Gesetze, die in einer inhomogenen
Gesellschaft erlassen werden. Unsere Gesellschaft ist sehr inhomogen, unser Rechtssystem deshalb grundsätzlich ein Prob-
lemfeld. Von Anatole France stammt der Satz: „Es ist für Arme
wie für Reiche verboten, Brot zu stehlen und unter Brücken zu
schlafen." Hier richtet sich das Gesetz offenbar nur gegen die
Armen. Selektiv betroffen, benachteiligt oder bevorteilt, sind
fallweise aber auch andere Gruppen der Gesellschaft, z.B. Ar-
beitgeber, Arbeitnehmer, Autofahrer, Beamte, Erben, Familien,
Kinder, Landwirte, Politiker, Rentner, Unternehmer, Vermieter.

3.3.5 Grenzen der angeborenen Moral

Der Mensch ist gut
aber die Leut san a G'sindl.

Karl Valentin

Die Moral wurde stammesgeschichtlich durch die Evolution in uns angelegt, als die Menschen noch in vergleichsweise primitiven und ursprünglichen Gesellschaften zusammenlebten. Die angeborene Moral ist daher, wie auch der Dekalog, entsprechend wenig differenziert und berücksichtigt die Lebensumstände in unserer heutigen komplexen Zivilisation nur unzureichend bzw. nicht konkret.

Immerhin lassen sich zahlreiche Tatbestände auch in unserer modernen Gesellschaft noch derart einordnen, daß sie als Verstöße gegen die einfachen Regeln unserer angeborenen Moral erkennbar sind und auch so empfunden werden. Dies gilt z.B. für praktisch alle Eigentumsdelikte, deren Qualifizierung als Diebstahl keine Schwierigkeiten macht.

Problematisch ist aber schon der Bereich Steuern, siehe Kap. 6.5. Ein weiterer Problemkreis ist die Verwendung von Information zur Gewinnerzielung. Viele Anleger und Börsenspekulanten, auch Banken und zahllose Informationsdienste leben von einem angeblichen oder tatsächlichen Informationsvorsprung, während die Ausnutzung von Insiderkenntnissen im Wertpapierhandel inzwischen unter Strafe gestellt ist.

Das Gesetz von Angebot und Nachfrage entfaltet im internationalen Handel noch seine volle Wirkung: Eine künstliche Verknappung von Rohöl läßt den Preis auf das Doppelte oder mehr steigen. Hier erzeugen die Lieferländer eine Notlage und nutzen sie dann konsequent aus, ohne mit Sanktionen oder Vorhaltungen moralischer Art rechnen zu müssen. Dagegen wird die

Ausnutzung einer Notlage bei Wohnraummangel durch Erhöhung der Mieten bestraft, auch wenn die Mieten vergleichsweise nur wenig überhöht sind und die Verknappung des Wohnraums durch Regulierungen und Eingriffe des Staates (Mietrecht) entstanden ist. Angebot und Nachfrage gelten nicht mehr, und die „Moral" hängt davon ab, ob die Mehrheit der Wahlbürger Mieter oder Vermieter sind.

Ebenso indifferent ist die angeborene Moral gegenüber Möglichkeiten der modernen Medizin, Naturwissenschaft und Technik, auf die uns die Evolution nicht vorbereiten konnte. Dies gilt z.B. für die Nutzung der Kernenergie, für die Gentechnik, Präimplantationsdiagnostik (PID) oder die Forschung an menschlichen Stammzellen, aber auch für die Pille zur Empfängnisverhütung, zum Teil auch in Hinblick auf die Abtreibungspraxis. Pille und Abtreibung sind ein wichtiges Thema, das in einem eigenen Abschnitt (3.2.2) behandelt wurde.

Zorn und Eifer beherrschen die Diskussion über die o.g. Themen. Für Zustimmung oder Ablehnung gibt es jedoch keine moralische Basis. Diese Themen bzw. Techniken und Möglichkeiten sind neu, noch ohne Einfluß auf die Evolution, und existieren daher nicht für die angeborene Moral. Auch die Bibel kennt keine spezielle Bioethik und kein Gebot gegen Kernenergie. Die Aufforderung aus der Schöpfungsgeschichte „macht sie (die Erde) euch untertan" könnte als Zustimmung auch zur Kernenergie gedeutet werden oder läßt zumindest weiten Auslegungsspielraum. Wo ethische Gründe vorgeschoben und in die Diskussion eingebracht werden, handelt es sich um Parolen politischer, weltanschaulicher oder religiöser Gruppen, und zu jeder Einstellung und jedem Argument gibt es entsprechende Gegenpositionen.

Da die Moral nicht weiterhilft, sollte hier der Verstand alle Entscheidungen bestimmen. Dies ist allerdings schwierig in Fällen, in denen die Mehrzahl der Bürger wie auch der Entscheidungsträger die komplizierten technischen und naturwissenschaftlichen Zusammenhänge nicht verstehen. Häufig führt auch Unkenntnis zur Ablehnung nach dem Spruch „Watt de Buer nich kennt, datt fritt he nich (Was der Bauer nicht kennt, das mag er nicht)". Zur Frage der Kernenergie und der Bioethik verweisen wir auf die Abschnitte 6.2 und 6.3.

Wesentlich ist ferner, daß die angeborene Moral in Konkurrenz und bisweilen sogar in Konflikt steht mit einer zweiten ebenfalls stammesgeschichtlich in uns angelegten dominanten Eigenschaft. Sie wurde bereits im ersten Abschnitt über die Evolution angesprochen, ist Thema des Abschnitts 3.3.1 und wird auch in Kap. 3.4 diskutiert. Diese Eigenschaft hängt mit dem zwingenden Bedürfnis zusammen, sich einer Gemeinschaft anzuschließen bzw. zu ihr zu gehören, eine Identität als Teil dieser Gemeinschaft zu besitzen und deren Regeln, und nicht die der Moral im zwischenmenschlichen Bereich, zu befolgen.

Als Individuum fühlt sich der Mensch dieser angeborenen Moral verpflichtet, als Gruppenmitglied vor allem den Vorgaben seiner Gemeinschaft. Darin liegt der durchaus tiefe Sinn des anfangs zitierten Spruchs von Karl Valentin. Der Zwang durch die Gemeinschaft kann sehr stark sein. Von Sektenmitgliedern wird berichtet, daß sie ihrem Prediger bis in den kollektiven Selbstmord folgen. Allen bekannt sind Morde, die im Namen einer Ideologie oder Religion begangen werden. Täter entschuldigen sich damit, nach dem Willen Gottes, auf Befehl oder zum Wohl der Gemeinschaft gehandelt zu haben.

3.4 Der Mensch in der Gruppe und sein Verhalten gegenüber fremden Gemeinschaften

3.4.1 Von der Horde zum Kollektiv

Einst haben die Kerls auf den Bäumen gehockt,
behaart und mit böser Visage,
dann hat man sie aus dem Urwald gelockt
und die Welt asphaltiert und aufgestockt,
bis zur dreißigsten Etage.

Da saßen sie nun, den Flöhen entflohn,
in zentralgeheizten Räumen.
Da sitzen sie nun am Telephon.
Und es herrscht noch genau derselbe Ton
wie seinerzeit auf den Bäumen.

Erich Kästner

In der Vorzeit waren die menschlichen Gemeinschaften zahlenmäßig eher klein, auf die Sippe oder Horde beschränkt, Mitgliederzahl zehn bis höchstens fünfzig Personen. Damals fehlte
der Kitt für den Zusammenhalt einer größeren Gruppe, den wir
heute als Kultur bezeichnen.
Nach aller Wahrscheinlichkeit entsprach diese Größe der
Gruppe auch den Randbedingungen der Evolution: Sie war optimal für die Nahrungsbeschaffung. Gegenseitige Hilfe war gewährleistet, ohne daß die Wege und das Einzugsgebiet zum
Sammeln von Nahrung zu groß wurden. Auch gab es eine optimale Größe der Jagdgruppe, von der an der Jagderfolg pro Jäger im allgemeinen wieder abnahm und der Wildbestand gefährdet wurde. Diese Größe war abhängig von den
Jagdbedingungen, lag aber etwa bei der Zahl der Jäger, die eine

99

Horde aufbieten konnte. Unter den gegebenen Bedingungen führten die Menschen in solchen Gruppen ein erfolgreiches artgerechtes Leben: Die Welt war dünn besiedelt, man konnte konkurrierenden Gruppen aus dem Weg gehen, d.h. die Bedrohung durch fremde Gruppen war gering.

Später wuchs die Gefahr durch die eigene Art, und zahlenmäßige Überlegenheit wurde zum wichtigsten Vorteil bei der Existenzsicherung: Die Evolution begünstigte größere Gemeinschaften. Während der Neandertaler noch in kleinen Gruppen der genannten Größe zusammenlebte, bildete der moderne Mensch (homo sapiens) aus dem Cro-Magnon vor 30 000 bis 40 000 Jahren Gemeinschaften von hundert bis zu einigen hundert Personen. Dies mag eine der Ursachen für die Unterlegenheit und das Aussterben des Neandertalers gewesen sein.

Alle Mitglieder einer Kleingruppe aus der Vorzeit kannten einander. Bei größeren Gruppen war das nicht mehr möglich. An die Stelle der persönlichen Bekanntschaft trat die Bindung an gemeinsame Symbole und Werte; es entstand eine Wertegemeinschaft, mit der man sich identifizierte. Bei ausreichend langem Bestand konnte sich daraus eine Kulturgemeinschaft entwickeln. Die Besonderheit der eigenen Kultur fand ihren Ausdruck in bedeutenden Kulturgütern (Kunstwerke, später auch große Bauten). Man verehrte die Symbole der Kultur, vollzog die vorgeschriebenen rituellen Handlungen und machte sich die Regeln und geistigen Werte der Kultur zu eigen.

Das in den Genen zusätzlich verankerte Bedürfnis nach direkten Gemeinschaftserlebnissen wurde und wird auf vielerlei Weise befriedigt, heute z.B. durch Kulturveranstaltungen, Gottesdienste, Sportveranstaltungen, Feste, Aufmärsche, Demonstrationen, Parteitage usw., seit einem halben Jahrhundert auch mittelbar durch Zuschauen am Fernseher.

Eine analoge Entwicklung wie die von der persönlichen Bindung an die Menschen einer Gemeinschaft zu der indirekten an die Wertevorstellungen bzw. Kultursymbole vollzog sich später auch beim Handel. An die Stelle der Tauschgeschäfte zwischen Einzelpersonen trat die anonyme Abgabe und der Erwerb von Handelsgütern gegen Objekte von symbolischem Wert, d.h. gegen Geld.

Änderungen unserer genetischen Ausstattung durch die Evolution vollziehen sich relativ langsam. Daher leben wir auch noch mit dem Erbe aus der Vorzeit, und unser Bedürfnis auf Zugehörigkeit zu einer Gemeinschaft kann durch Anschluß an eine kleine Gruppe befriedigt werden. Im Grenzfall kann die bevorzugte Gemeinschaft aus einer Stammtischrunde bestehen.

Nur zwölf Apostel (mit Paulus 13) haben den Weg bereitet, auf dem das Christentum zur Weltreligion wurde. Eine kleine Gruppe serbischer nationalistischer Fanatiker hat durch Mord an dem österreichischen Thronfolger Franz Ferdinand den Ersten Weltkrieg ausgelöst. Nur ein Zufall hat verhindert, daß der Zweite Weltkrieg durch eine kleine Gemeinschaft von Verschwörern gegen Hitler vorzeitig beendet wurde. Oftmals ist bei Auseinandersetzungen die zahlenmäßig kleinere Gruppe erfolgreich, wenn sich ihre Mitglieder mit größerer Entschiedenheit für die Gemeinschaft einsetzen.

Auf der anderen Seite hat der Evolutionsdruck zugunsten großer Gemeinschaften seine Wirkung bereits entfaltet und zum Entstehen von Staaten mit sehr vielen Bürgern geführt, bis zu mehr als einer Milliarde Menschen (China). Somit ist das Verlangen nach Zugehörigkeit zu einer Gruppe zwingend, ohne daß eine bevorzugte Ausrichtung auf Gemeinschaften einer bestimmten Größe besteht.

Mit zunehmender Größe der Gemeinschaften spielen die direkten Beziehungen zwischen den Mitgliedern eine immer geringere Rolle. Leistungen für die Gemeinschaft werden heute in Form von Abgaben (Steuern) erbracht, der Weg des Geldes ist nicht konkret nachvollziehbar. Die Beziehung zwischen Leistungserbringer und Verwender bzw. Empfänger ist anonym. Dies macht die Kulturgemeinschaft zu einem Kollektiv.

3.4.2 Wertegemeinschaften

Was schert mich Weib, was schert mich Kind,
Ich trage weit beß'res Verlangen,
Laß sie betteln gehn, wenn sie hungrig sind, –
Mein Kaiser, mein Kaiser gefangen!

Heinrich Heine
Die Grenadiere

Nach dem vorigen Abschnitt gibt es Gemeinschaften jeder Größe, von der Stammtischrunde bis zu Staaten mit mehreren hundert Millionen bis zu über einer Milliarde Einwohnern. Eine ähnliche Beliebigkeit wie bei der Größe findet man auch bei den Inhalten und Wertevorstellungen, durch die sich die Gemeinschaften definieren. Dies wird deutlich, wenn wir die folgende Aufstellung real existierender Gemeinschaften betrachten:

Stammtischrunden,
jede Art Subkulturen, z.B.
Autonome,
Umweltschützer,
Kernenergiegegner,
Fanclubs,
Jugendbanden;
Fußball- und andere Sportvereine,
Gewerkschaften,
Arbeiterklasse,
Adel,
Sekten,
Konfessionen,
Religionsgemeinschaften,

Politische Gruppen und Vereinigungen (Parteien),
ethnische Gruppen,
Völker, Nationen, Staaten.

Die Liste scheint inhomogen; auch sind die aufgezählten Gemeinschaften nach Größe und Bedeutung nicht gleichwertig. Der Begriff Subkulturen läßt erkennen, daß ihre Anhänger gleichzeitig zu einer größeren Kulturgemeinschaft gehören und Bürger eines Staates sein können. Ferner gibt es Überschneidungen. Zum Beispiel bilden die katholischen Christen eine Gemeinschaft, leben aber in vielen verschiedenen Staaten der Welt.

Die Zugehörigkeit gleichzeitig zu zwei oder mehr Gemeinschaften ist unkritisch, wenn die Wertevorstellungen in den Gemeinschaften identisch sind oder sich zumindest nicht ausschließen. Gelegentlich leben Gemeinschaften sogar in Symbiose, z.B. früher Staat und Kirche. Diese enge Verbindung wurde im Christentum möglich, ohne daß sich eine der beiden Gemeinschaften der anderen völlig unterordnete. Die Gründe sind historischer Natur und haben ihren Niederschlag gefunden in dem Wort Jesu: „So gebet dem Kaiser, was des Kaisers ist, und Gott, was Gottes ist."

Im Islam war dagegen die Religion von Anfang an mit der Macht verbunden bzw. mit ihr ausgestattet, d.h. Staat und Religion sind nicht zu trennen. Die Forderung von Muslimen nach einem islamischen Gottesstaat in Deutschland ist nur folgerichtig und wird sich mit dem unvermeidlich wachsenden muslimischen Bevölkerungsanteil weiter verstärken.

Gemeinschaften grenzen sich durch ihre unterschiedlichen Wertevorstellungen voneinander ab. Sie setzen Schwerpunkte in der Kultur, z.B. in der Religion, der Lebensgestaltung, Politik, Weltanschauung oder Ideologie. Durch Zuordnung zu nur einem dieser Bereiche kann man nicht alle Gemeinschaften erfassen. Zum Beispiel sind Sportvereine keine politische und Parteien keine Religionsgemeinschaft. Als geeignete allgemein anwendbare Bezeichnung bietet sich der Begriff Wertegemeinschaft an. Er drückt auch die emotionale Bindung aus, die zum Wesen menschlicher Gemeinschaften gehört.

Manche Wertegemeinschaften werden von der Geschichte kaum wahrgenommen, andere hinterlassen deutliche Spuren. Bei den Gemeinschaften mit Einfluß auf die Geschichte überwiegen zwei Gruppen. Zu der einen zählen die mit großer Lebensdauer, deren Bestand sich über Jahrhunderte und sogar mehr als dreitausend Jahre erstreckt. Beispiele sind Religionsgemeinschaften, z.B. Judentum oder Buddhismus, ferner Staaten auf der Basis einer gemeinsamen Sprache wie Frankreich oder Japan.

Die Gemeinschaften der anderen Gruppe überdauern im allgemeinen nur kurze Zeit, oftmals weniger als eine Generation, selten bis zwei Generationen. Aber auch sie können die Geschichte nachhaltig beeinflussen: Die Ideen der französischen Revolution strahlten auf ganz Europa aus und wirkten bis Amerika. In Frankreich führten sie zu einer Beseitigung des Adels und machten Frankreich zu einer Republik. Aber bereits nach 15 Jahren war Frankreich wieder eine erbliche Monarchie, mit Napoleon I als Kaiser.

Die Herrschaft des Kommunismus in Rußland war in 70 Jahren überwunden. Sein Kampf gegen die Religion war nur mäßig erfolgreich. Noch immer bekennen sich 30 % der russischen Bevölkerung zur christlichen russisch-orthodoxen Kirche, mit wieder steigender Tendenz. Das „tausendjährige Reich" Hitlers konnte seine Herrschaft auf halb Europa ausdehnen, überlebte aber nur zwölf Jahre. Die Unterschiede zwischen den beiden Gruppen von Wertegemeinschaften entsprechen denen zwischen unserer stammesgeschichtlichen und der kulturellen Entwicklung. Tendenziell große Lebensdauern haben Gemeinschaften, deren Selbstverständnis sich aus genetisch in uns angelegten Eigenschaften herleitet oder die diese instrumentalisieren. Eine überwiegend kurze Lebensdauer beobachtet man dagegen bei Gemeinschaften, deren Wertevorstellungen als kulturelles Phänomen einzustufen sind.

Religion konnte die Welt erklären, bevor es naturwissenschaftliche Erkenntnisse gab. Das Bedürfnis nach solchen Erklärungen ist so alt wie die Neigung des Menschen, über seine Existenz nachzudenken, und gehört als Teil des sogenannten Neugierverhaltens zu seinem genetischen Erbe. Die Welt auf Gott zurückzuführen, macht sie überschaubar und gibt Sicherheit. Zudem versprechen die verschiedenen (monotheistischen) Religionen jeweils eine besondere Nähe zu Gott: Die Zugehörigkeit zu einer solchen Religionsgemeinschaft macht die Menschen zu Mitgliedern eines von Gott auserwählten Volkes.

Religionen befriedigen auch das Grundbedürfnis der Menschen auf Bewahrung ihrer Existenz: Sie versprechen ein ewiges Leben. Sie können darüber hinaus himmlische Freuden in Aussicht stellen und Strafen androhen, ohne auf Erden beim Wort genommen zu werden. Als Folge ihrer Kopplung an unser genetisches Erbe können Religionen sehr langlebig sein.

Eine große Lebensdauer haben auch Staaten, deren Bürger eine gemeinsame Sprache sprechen. Die Fähigkeit zur Sprache ist angeboren, wenn auch nicht die Sprache in ihrer jeweiligen vollständigen Ausprägung. Wir lernen nicht die Sprache, sondern füllen sie mit Vokabeln aus, d.h. mit Begriffen. Auch taubblinde Menschen können Sprache beherrschen; siehe Konrad Lorenz (1973 a; 231) und seine Ausführungen über die seit ihrem zwanzigsten Lebensmonat taubblinde Helen Keller und deren Erzieherin Anne Sullivan. Sprache spiegelt die Kultur, ihr Vokabelschatz ist unverwechselbar. Mit Erlernen der Sprache, mit jeder Vokabel, werden die Kinder auf die eigene Kultur geprägt, und mit der Sprache wird Kultur von Generation zu Generation weitergegeben. Die gemeinsame Sprache ist ein festes Band für die Mitglieder einer Kulturgemeinschaft. Sie grenzt allerdings auch aus, nämlich diejenigen, die sie nicht beherrschen, und fördert insoweit das Trennende zwischen den Kulturen.

Sprache lebt und ändert sich, eventuell auch durch Einflüsse von außen. Es entstehen Dialekte und Regionalsprachen. Die sich daraus ergebenden Probleme kann man minimieren, indem man auf die territoriale Disposition des Menschen (siehe Abschnitt 3.4.9) Rücksicht nimmt: Zum Beispiel hat in Indien die Bildung von Teilstaaten auf sprachgeographischer Grundlage politischen Sprengstoff beseitigt. Nicht ganz von gleicher Bedeutung, aber im Prinzip ähnlich, ist die föderative Struktur Deutschlands mit Aufteilung der Bundesrepublik in Bundesländer.

Die Gemeinschaften der zweiten Gruppe sind vergleichsweise kurzlebig. Sie lassen sich als ideologisch begründet definieren und entwickeln sich innerhalb bestehender Kulturen, eventuell mit der Tendenz, die bisherige Kultur zu überwinden. Ihre Mitglieder gehören aus eigener Sicht fast immer zu den „besseren Menschen": Sie sind besser von Seiten des Blutes, der Geburt oder Herkunft, oder sie wollen die Welt verbessern, wenn nicht gar retten. Von besserer Herkunft ist man z.B., weil man einer überlegenen Rasse angehört, zum Adel zählt oder in der richtigen Klasse aufgewachsen ist (z.B. Arbeiterklasse, Bürger statt Adel in der Französischen Revolution).

Die Weltverbesserer sind nach eigener Einschätzung von der vernunftbegründeten Moral her höherstehend. Sie kämpfen für Freiheit, Gleichheit und Brüderlichkeit, für alles gleichzeitig, obwohl Freiheit und Gleichheit Gegensätze sind, streiten für eine höhere Gerechtigkeit, die sie selbst definieren, setzen sich z.B. für eine pluralistische oder multikulturelle Gesellschaft ein und besitzen angeblich intellektuelle Überlegenheit. Alternativ oder zusätzlich eifern sie sich für den Schutz der Umwelt bzw. Tierschutz und bekämpfen die Nutzung der Kernenergie.

Immer sind die eigenen Argumente die richtigen. Gemeinschaften ideologischer Ausrichtung können sich auch damit begnügen, das Wertesystem anderer Teilgemeinschaften oder der übergeordneten Gesellschaft in Frage zu stellen, damit in der so entstehenden Dunkelheit das eigene Licht wahrnehmbar wird. Beispiel ist die Abqualifizierung positiver Verhaltensmuster als Sekundärtugenden.

Trotz aller Unterschiede zwischen den Gemeinschaften, der aufgezeigten Beliebigkeit in bezug auf deren Größe und Wertevorstellungen, existieren sie alle aufgrund der gleichen angeborenen Neigung des Menschen: Er sucht die emotionale Bindung an eine Gemeinschaft und eine Identität als deren Mitglied. Er begeistert sich für ihre Ziele und folgt ihren Vorgaben. Bei entsprechender Einbindung gilt seine Rücksicht und Aufopferung mehr der Gemeinschaft oder deren Anführer (z.B. Kaiser) als der eigenen Person oder Familie; siehe die muslimischen Selbstmordattentäter oder das diesem Abschnitt vorangestellte Zitat von Heinrich Heine.

Auch hat der Evolutionsdruck zugunsten größerer Gemeinschaften die Neigung entstehen lassen, verwandte Teilgemeinschaften zusammenzuschließen. „Ist's Pommerland? Westfalenland? ... O nein! ... Das ganze Deutschland soll es sein!", hat Ernst Moritz Arndt gedichtet. Weitere Beispiele sind die gegen großen internationalen Widerstand erreichte Wiedervereinigung Deutschlands, die Bildung der Europäischen Union, der zeitweise Zusammenschluß islamischer arabischer Länder und die ökumenische Bewegung innerhalb der christlichen Kirchen.

In bestimmte Gemeinschaften wird man hineingeboren, z.B. in die der Menschen gleicher Sprache. Insoweit ist der Mitgliederkreis vorgegeben. Ansonsten hat der o.g. Evolutionsdruck die Menschen mit dem Bedürfnis ausgestattet, für die eigene Gemeinschaft zu werben. Mitglieder von Sekten haben bisweilen ein überwältigendes Sendungsbewußtsein. Wer sich mit ihnen auf ein Gespräch einläßt und sich nicht überwinden kann, alle Regeln der Höflichkeit zu verletzen, muß auf Jahre mit Bekehrungsversuchen rechnen. Auch die christlichen Kirchen betreiben innere Mission, und sie senden Missionare in die ganze Welt.

Ebenso sind die Mitglieder ideologisch begründeter Gemeinschaften sehr oft eifernde Anhänger ihrer Weltanschauung und stets bemüht, Proselyten zu machen. Sowohl im Nationalsozialismus als auch im DDR-Staat war es nur schwer möglich, sich den Nachstellungen der Werber für eine Mitgliedschaft in der Partei zu entziehen.

3.4.3 Wettbewerb und Existenzkampf

Wenngleich eine gewisse in der menschlichen
Natur gewurzelte Bösartigkeit von Menschen,
die in einem Staate zusammenleben, noch
bezweifelt ... werden möchte, so fällt sie
doch im äußeren Verhältnis der Staaten
zueinander ganz unverdeckt und unwider-
sprechlich in die Augen.

Immanuel Kant (6, 508)
Zum ewigen Frieden

Definitionsgemäß trennt jede Gemeinschaft die Menschen in
Mitglieder und solche, die nicht dazugehören. Dies ist unproblematisch, wenn z.b. die Gemeinschaft ein Fußballklub ist und
die Nichtmitglieder sich nicht für Fußball interessieren. Schwierigkeiten und Aggressionen können dagegen entstehen, wenn
die Nichtmitglieder zu einer konkurrierenden Gemeinschaft gehören. Das heißt in unserem Beispiel, wenn die Nichtmitglieder
des einen Vereins Anhänger eines anderen Klubs sind und die
beiden Vereine in derselben Liga spielen. Die mögliche Folge
sind Ausschreitungen bei Fußballspielen, z.B. im Stadion, im
Umfeld oder schon bei der Anreise.
Im Fall der Weiterentwicklung der Horde zur größeren Kulturgemeinschaft waren Evolutionsdruck und Konkurrenzdruck
identisch. Bei dieser Konkurrenz ging es aber nicht um einen
vergleichsweise harmlosen sportlichen Wettbewerb, sondern
um Vorteile bei der Lebensbewältigung, d.h. um die Verfügbarkeit von Nahrung und Unterkünften, später auch um Einfluß-
gebiete und Rohstoffe. Die Probleme waren existentiell, die Aggression entsprechend ungehemmt und häufig auf Vernichtung
des Gegners ausgerichtet. Zur Aggression in der Vorzeit gehörte

110

die Vertreibung schwächerer Horden aus ihren Jagdrevieren, Höhlen oder anderen Behausungen. Bei der Besiedlung Amerikas durch Einwanderer aus Europa wurde mit den Indianern ähnlich verfahren. Blühende Gemeinwesen wurden vernichtet. Beispiele aus dem Altertum sind Troja und Karthago, aus dem letzten Weltkrieg die Zerstörung Dresdens. Die Weltgeschichte läßt sich nur mühsam anders darstellen als eine Abfolge von Kriegen.

In der Neuzeit wurden große Teile der Erde von technisch überlegenen Nationen unterworfen und kolonialisiert. Eine permanente Aggression war auch die Sklavenhaltung. Es gab sie vermutlich schon in der Frühzeit der Menschheit. Bekannt ist sie aus der gesamten geschichtlichen Zeit, z.B. aus dem alten Rom, dem Europa des Mittelalters (Leibeigenschaft), aus Amerika (Negersklaven) oder den zwei großen Diktaturen des vorigen Jahrhunderts (Archipel Gulag, Zwangsarbeiter).

Der innere Zusammenhalt menschlicher Gemeinschaften wird durch die angeborene Moral gewährleistet; sie fixiert die Menschen auf die eigene Gemeinschaft und verhindert Konflikte zwischen ihren Mitgliedern; siehe Kapitel 3.3.

Nach außen, im Verhältnis zu anderen Gemeinschaften, konnte keine der Intragruppenmoral entsprechende Intergruppenmoral entstehen. Im Wettbewerb um begrenzte Ressourcen war das Überleben am besten gesichert, wenn eine Gruppe ihr Territorium verteidigte oder neues Land in Besitz nahm. In Anbetracht der in den Zeiten der Evolution dünnen Besiedlung der Erde war dies die relativ günstigere Vorgehensweise. Auch eine fremde Gruppe konnte anderweitig noch gute Lebensbedingungen finden. Ein Zusammenrücken auf begrenztem Raum mit zunehmender Einschränkung und Verknappung der Lebensmittel wäre die für den Bestand der Menschheit schlechtere Lösung gewesen. Daher hat der Evolutionsdruck bzw. Konkurrenzdruck zur Ausbildung von Aggressionsbereitschaft nach außen geführt, mit dem Ziel zur Durchsetzung der eigenen Gruppeninteressen anstelle einer friedlichen Duldung fremder Gruppen und Teilung der Ressourcen.

Auch unter den veränderten Bedingungen heute wird unser Verhalten noch immer durch unser genetisches Erbe bestimmt. Jedenfalls haben sich bisher nur wenige Politiker darauf verlassen, daß eine vernunftbegründete Friedfertigkeit um sich greift. Wer es dennoch tat, wurde oft betrogen und enttäuscht, wie z.B. der britische Premierminister A. N. Chamberlain nach dem Münchener Abkommen mit Hitler. Nach wie vor werden deshalb große Summen für die Rüstung ausgegeben. Auch macht die jüngere und jüngste Geschichte wenig Hoffnung, daß die Welt aus Vernunft friedlich wird.

Immanuel Kant (6, 101) hat versucht, der stammesgeschichtlich in uns angelegten Intragruppenmoral eine vernunftbegründete Intergruppenmoral an die Seite zu stellen, war aber nicht sehr erfolgreich. Kant selbst nimmt eine Begründung für das Scheitern vorweg: Er sieht eine Schwierigkeit darin, daß „der Besitz von Gewalt das freie Urteil der Vernunft unvermeidlich verdirbt" und weist zur Durchsetzung seiner Vorstellungen den Philosophen einen Platz an der Seite der Machthaber zu; wo man sie bis heute aber nur selten antrifft.

Im übrigen hatte Kant volle Einsicht in den Unterschied zwischen der Intra- und einer Intergruppenmoral, wie das diesem Abschnitt vorangestellte Zitat belegt; hundert Jahre vor Darwin war es aber offenbar noch unmöglich, das Moralverhalten des Menschen als Ergebnis der Evolution zu verstehen.

3.4.4 Intergruppenaggression

Da man diesen Menschenaffen kaum kulturelle
Institutionen zuschreiben möchte, muß man schließen,
daß die Aktions- und Reaktionsnormen des kollektiven
Angriffs eben doch genetisch programmiert sind.

Fazit von Konrad Lorenz in Zusammenhang mit
der Beobachtung kollektiver Aggression bei frei
lebenden Schimpansen.

Das Bedürfnis des Menschen auf Zugehörigkeit zu einer Gemeinschaft hat sich von der Voraussetzung einer unmittelbaren
Konkurrenzsituation gelöst. Bei Anschluß an die Gemeinschaft
entwickelt sich eine emotionale Bindung; sie ist z.B. zu erkennen an der Begeisterung für Erfolge der eigenen Sportler in internationalen Wettkämpfen. Im Innenverhältnis gelten sodann
die Regeln der angeborenen Moral (Kapitel 3.3). Dazu entsteht
die Neigung, sich vorherrschenden Meinungen anzuschließen
(Zeitgeist). Moral nach innen und Bereitschaft zu Verteidigung
und Kampf nach außen sind die beiden Seiten derselben Me-
daille, der Mitgliedschaft in einer Gemeinschaft.
Streitbereitschaft zeigt sich bisweilen auch bei den einzelnen
Mitgliedern einer Wertegemeinschaft: In gemischtkonfessionel-
len Gegenden in Deutschland war früher zu beobachten, daß
die katholischen Bauern am Karfreitag Stallmist auf die Felder
fuhren, wofür sich die evangelischen an Fronleichnam mit einer
ähnlichen Tätigkeit revanchierten.
Ein solches Verhalten setzt voraus, daß die Mitglieder verschiedener Gemeinschaften in Nachbarschaft zueinander leben. Dies
widerspricht jedoch dem Prinzip der Territorialität (Abschnitt
3.4.9) und kam in der Vorzeit nur selten vor. Konflikte und
Kämpfe zwischen Wertegemeinschaften werden deshalb im all-

gemeinen nicht auf der Ebene der Einzelmitglieder ausgetragen, sondern sind eine Sache des Kollektivs: Die Evolution hat das Zwischengruppenverhalten weitgehend der Einflußnahme durch die Gruppenmitglieder entzogen. Mit der emotionalen Bindung an eine Gruppe überträgt das Mitglied die Zuständigkeit für das Außenverhältnis auf die Gemeinschaft. Es geht gleichzeitig und emotional die Verpflichtung ein, daraus resultierende Auflagen zu erfüllen und Lasten zu tragen, gegebenenfalls bis hin zu einem Einsatz als Soldat. Auch Wehrdienstverweigerer passen in das Bild. Sie distanzieren sich von der nationalen zugunsten einer anderen, z.B. religiösen Gemeinschaft, der sie sich mehr zugehörig fühlen, oder einer Parallelkultur, die der nationalen Gemeinschaft kritisch gegenübersteht.

Über Krieg und Frieden wurde und wird durch die Gemeinschaft entschieden, d.h. im allgemeinen durch deren Repräsentanten, den Kaiser, König, Staatschef oder Machthaber. Auch in einer Demokratie ist in Krisenzeiten die Zustimmung des Parlaments für einen Einsatz der Streitkräfte meistens nur eine Formsache. Nicht selten kann ein innenpolitisch angeschlagener Staatschef, z.B. Kanzler, seine Position festigen, indem er Gefolgschaft in einer außenpolitischen Krise einfordert.

Die unkritische Solidarität in Krisenzeiten mag problematisch erscheinen. Sie dürfte notwendig sein, weil ein breites Abwägen durch die Mitglieder im Ernstfall die Gemeinschaft handlungsunfähig macht. Auch würde eine bedenkliche und kritische Grundstimmung die Erfolgsaussichten im Krieg von vornherein minimieren. So unverständlich es uns derzeit auch erscheinen mag, die Kriegsbegeisterung zu Beginn des Ersten Weltkriegs gehört zur genetischen Disposition der Menschen, mit einer gewissen Einschränkung auch die hysterische Zustimmung auf die Frage von Joseph Goebbels 1943 im Berliner Sportpalast: „Wollt ihr den totalen Krieg?" Die Einschränkung bezieht sich auf die ungewöhnliche Fähigkeit des damaligen Propagandaministers, die Macht des Anführers über die in Krisenzeiten besonders unkritische Gefolgschaft bedenkenlos auszunutzen. Kaum ein anderer Politiker wäre in diesem Punkt ähnlich erfolgreich gewesen.

Macht und Befehle der jeweiligen Anführer können tatsächlich sehr weit gehen, wir zitieren aus einer historischen Quelle: „Sie drangen in das Land ein, ... töteten alle Männer ... und verbrannten alle Städte und Dörfer. Sie raubten alles, was mitgenommen werden konnte ... Und ihr Befehlshaber wurde zornig und sprach zu den Hauptleuten: Warum habt ihr die Frauen am Leben gelassen? ... Tötet alle Knaben und alle Frauen, die nicht mehr Jungfrauen sind." So geschah es. Verschont wurden zur eigenen Mehrung lediglich 32 000 Jungfrauen und Mädchen (!).

Unstreitig wird hier ein Völkermord beschrieben, nicht aus dem letzten Krieg und nicht aus Europa. Die Quelle ist die Bibel, 4. Buch Mose, 31. Kapitel. Bei dem ausgelöschten Volk handelte es sich um die Midianiter. Sieger und Täter waren die Kinder Israel mit ihrem Befehlshaber Mose. Ähnlich geht es im Alten Testament weiter zu, z.B. bei Josua 11 bis 13 (Ausrottung vieler kanaanitischer Stämme, einunddreißig besiegte Könige auf beiden Seiten des Jordans, Verteilung des Landes).

Das biblische Geschehen ist ein überzeugendes Beispiel für die vorstehend aufgezeigte Zweiteilung unserer Moral: Derselbe Mose, der der Menschheit die zehn Gebote brachte („Du sollst nicht töten"), konnte nur wenig später die Vernichtung eines ganzen Volkes befehlen, und er wurde zornig, weil seine Hauptleute nur die Männer und nicht auch die Frauen und Kinder der Midianiter umbrachten. Die Moral der zehn Gebote war für die eigene Gemeinschaft bestimmt, sie richtete sich nach innen. Die andere Moral zielt nach außen und gilt für das Verhalten gegenüber fremden Gemeinschaften, die im Wege stehen und zum Feind werden. Sie ist im übrigen in der Bibel auch kodifiziert, als Gebot allgemein für das Vorgehen gegenüber fremden zu erobernden Städten, siehe 5. Buch Mose, 20. Kapitel.

Eine völlig analoge Zweiteilung der Moral findet sich im Koran. Für den Herrschaftsbereich des Islam gilt das Tötungsverbot nach Sure 5, Vers 33: „Wenn jemand einen Menschen tötet, es sei denn für Mord an einem anderen oder für Gewalttat im Land, so soll es sein, als hätte er die ganze Menschheit getötet." Im Außenverhältnis gilt dagegen Sure 4, Vers 90: „Sie wünschen, daß ihr ungläubig werdet, wie sie ungläubig sind, so daß ihr alle gleich seiet. Nehmet euch daher keinen von ihnen zum Freund, ehe sie nicht auswandern auf Allahs Weg. Und wenn sie sich abkehren, dann ergreift sie und tötet sie, wo immer ihr sie auffindet ..."

Verhaltensweisen wie nach dem alten Testament oder dem Koran gelten natürlich nicht nur für religiöse Gemeinschaften. In Amerika war für lange Zeit und an vielen Orten nur ein toter Indianer ein guter Indianer. Völkermord kennen wir aus vielen Teilen Afrikas, z.B. aus Ruanda, wo 1994 hunderttausende Tutsi durch radikale Hutu getötet wurden. Entsprechende ethnische Säuberungen gab es im ehemaligen Jugoslawien. Weitere ethnische und religiöse Konflikte waren und sind aus vielen Teilen der Welt bekannt, aktuell z.B. aus Israel/Palästina oder Indien/Pakistan. Bei Völkermord müssen wir natürlich auch an Hitler denken, bei Mord aus ideologischen Gründen an Stalin.

Intergruppenaggression findet sich auf allen Stufen kultureller Entwicklung. Jeder Mensch mit höherer Schulbildung weiß um die Kriege der Griechen und Römer und deren Anführer, z.B. Alexander und Cäsar. Die Archäologie gräbt immer neue Beweise für kriegerisches Verhalten in der früheren Geschichte aus: So führten die mächtigen Stämme der Skythen in der eurasischen Steppe im ersten Jahrtausend vor Christus häufig Krieg miteinander. Feindschaft und Haß bestand vielerorts zwischen den Indianerstämmen Nordamerikas (vor der Eroberung des Kontinents durch die Europäer) und besteht noch bei den heute lebenden Stämmen der Maori in Neuseeland oder der Papuas in Zentral-Neuguinea. Nach Konrad Lorenz (1983, 233) steht bei ihnen jede Ansiedlung mit der benachbarten in dauerndem Kriegszustand und im Verhältnis eines „milden" gegenseitigen Kopfjagens.

Jane Goodall hat beobachtet, daß auch frei lebende Schimpansen organisierte kollektive Aggression zeigen, benachbarte Schimpansenhorden angreifen und deren Mitglieder töten. Erst diese Information hat Konrad Lorenz (1989, 189) schließlich zu der am Anfang dieses Abschnitts zitierten Überzeugung gebracht.

Evident wird die Zweiteilung unserer Moral, wenn wir uns daran erinnern, daß weltweit nur die Tötung in der eigenen Gemeinschaft als Mord bezeichnet wird, nicht aber die im Krieg, dort wird sie mit Orden belohnt; und man spricht von soldatischen Tugenden. Der Spruch „Soldaten sind Mörder" basiert auf der Fiktion einer einheitlichen Moral im Verhältnis der Menschen zur eigenen Gemeinschaft einerseits und nach außen (im Krieg) andererseits. Er verkennt die menschliche Natur und hat nichts mit Meinungsfreiheit zu tun.

Wir sprechen von Zweiteilung der Moral und unterscheiden zwischen Intra- und Intergruppenmoral. Streng genommen könnte bei der Intragruppenmoral noch unterschieden werden zwischen der Moral im Verhältnis der Mitglieder einer Gemeinschaft untereinander und der Mitglieder zur Gemeinschaft als Institution. Beide Teile haben verschiedene Wurzeln. Sie sind das Ergebnis der natürlichen Evolution bzw. innerartlichen Evolutionsdrucks, siehe hierzu Kap. 8.1.

3.4.5 Angeborene Aggressionsbereitschaft und auslösende Reize

Man kann Gewalt ganz sicher nicht dadurch ausschalten,
daß man ein moralisch motiviertes Verbot über sie verhängt.

Konrad Lorenz (1983, 247)

„Krieg ist das Ergebnis der kulturellen Entwicklung", schreibt Eibl-Eibesfeld (1997, 594), „und kann daher auch kulturell überwunden werden". Gegenteilige Vorstellungen widersprechen heute dem Zeitgeist. Zu den Wertevorstellungen unserer Gesellschaft gehört nicht nur, daß man Gewalt verabscheut. Man muß sie auch für artfremd halten, für eine kulturelle Fehlentwicklung, auch für einen Charakterfehler abseitig veranlagter Menschen. Friedfertigkeit ist zu begrüßen, der Glaube an eine von Natur aus friedliche Welt allerdings falsch und sehr gefährlich.

Leider belegen die Ausführungen dieses Kapitels, daß die Bereitschaft zu Gewalt genetisch in den Menschen angelegt ist; und zwar nicht in den Menschen als Individuen, sondern als Mitglieder einer Gruppe. Sie folgt aus dem Bedürfnis, zu einer Gemeinschaft zu gehören und sich, in vorauseilendem Gehorsam oder auf Abruf, ohne Vorbehalte für diese einzusetzen.

Konrad Lorenz fragt nach Abwehrmöglichkeiten gegen drohende Gewalt und kriegerische Auseinandersetzungen. Nicht verhindern kann man Gewalt durch moralische Ächtung, siehe das obige Zitat. Moralische Verbote vergleicht er mit der Maßnahme, „dem Ansteigen des Dampfdrucks in einem dauernd geheizten Kessel dadurch zu begegnen, daß man am Sicherheitsventil die Verschlußfeder fester schraubt". Lorenz unterscheidet nicht deutlich zwischen einer Intergruppen- und der Intragruppenaggression. Wir gehen aber davon aus, daß an dieser Stelle

118

die Aggression zwischen verschiedenen Gemeinschaften gemeint ist, z.B. die zwischen verfeindeten Staaten. Andernfalls müßte darauf hingewiesen werden, daß das Gewaltverbot zu den wichtigsten und auch wirksamen Regeln der Intragruppenmoral gehört, siehe das fünfte Gebot des Dekalogs.

Zwischen den Gemeinschaften existiert aber keine derartige Moral. Gemeinschaften können sich indifferent oder wohlwollend gegenüberstehen, sich sogar verbünden. Sie sind dabei aber immer um ihre eigene Existenz besorgt, und sie bereiten sich auf Gewalt vor. Kein Staat in der Welt reduziert die Ausgaben für Rüstung aufgrund moralischer Bedenken. Häufig geben Entwicklungsländer ihr Geld für Waffen aus, während das Volk hungert. Prinzipiell ist es nicht möglich, Regeln der Intragruppenmoral auf das Intergruppenverhältnis anzuwenden.

Natürlich gibt es auch objektive Anlässe für das Entstehen von Gewalt. Ihre Relevanz hängt aber immer von den subjektiven Gegebenheiten, d.h. den beteiligten Personen, ab. Die gleichen Umstände führen bisweilen zu Aggression und Krieg, werden in anderen Fällen aber kaum wahrgenommen. Zum Beispiel hat die Konfessionszugehörigkeit in Deutschland keine wesentliche Bedeutung mehr, während sie in Nordirland Anlaß für Haß und Terror ist. Ein farbiger Fußballspieler kann rassistischen Schmähungen ausgesetzt sein, wenn er in der gegnerischen Mannschaft spielt. Als erfolgreicher Torschütze in der eigenen Mannschaft wird er zum Liebling der Fans. Entscheidend sind im allgemeinen weniger die Anlässe, sondern die Befindlichkeiten der Gemeinschaften bzw. Anführer.

Das Problem der Vermeidung von Intergruppenaggression ist vielschichtig. Der Erfolg hängt von den Umständen und Befindlichkeiten ab. Hierzu die folgende Übersicht:

Anlässe für Intergruppenaggression sind:

Zwangs- oder Notlagen, Konkurrenzsituationen,
Mißachtung des Prinzips der Territorialität.

Aggression auf der Basis von Wertevorstellungen entsteht aus:

religiösem,
nationalem,
ideologischem Eifer.

Aggressionsauslösende Befindlichkeiten sind:

Angst und Unsicherheit,
frühere Demütigungen und Kränkungen,
Mutwillen, z.B. Überheblichkeit, Geltungsdrang, Machtstreben.

Häufig wirken mehrere Umstände zusammen.

3.4.6 Aggression mit religiösem Hintergrund

Ziehet aus, leicht und schwer,
und kämpft mit Gut und Blut
für Allahs Sache.

Koran; Sure 9, Vers 41

Im Fall des Beispiels aus Abschnitt 3.4.4 hatten die Kinder Israel in Mose einen charismatischen Führer. Sie hatten nach dem Auszug aus Ägypten unter großen Entbehrungen die Wüste durchquert und konnten nicht mehr zurück. Vor sich sahen sie das gelobte Land, leider aber dicht besiedelt von fremden Völkern. In dieser Zwangslage führte Mose die Kinder Israel in einen Eroberungs- und Vernichtungskrieg.

Auch fundamentalistische Moslems können sich durch den Koran zur Gewaltanwendung aufgerufen fühlen. Hinzu kommt der große technologische Rückstand der islamischen Länder gegenüber dem Westen. Als bevorzugte Anhänger des einzig wahren und allmächtigen Gottes können sie nicht an den eigenen Fähigkeiten zweifeln. Sie können nicht annehmen, daß sie von Gott benachteiligt sind. Daher müssen sie die technische Überlegenheit des Westens dem Teufel zuschreiben und versuchen, den Beweis für deren Bedeutungslosigkeit anzutreten. So werden Märtyrer ausgebildet und in den „heiligen Krieg" geschickt. Selbst in den unter dem Schutz der USA stehenden islamischen Ländern wächst die Abneigung gegen den Westen. Viele Muslime betrachten den weiteren Aufenthalt amerikanischer Streitkräfte in der Golfregion als Beleidigung und Entweihung „heiligen islamischen Bodens".

Auch Aggression aus religiösem Eifer wie die der islamischen Terroristen hat ihren Ursprung nicht in den Mitgliedern, sondern in der religiösen Gemeinschaft selbst, bzw. er geht von deren Anführern aus. Zum Beispiel war der an den Terroranschlägen des 11. September 2001 beteiligte Todespilot Ziad Jarrah früher nie strenggläubig und alles andere als der Typ eines Terroristen. Er war vermögend und hatte eine feste Freundin, die bereits zu Hause eingeführt war. Verständlich wird seine Rolle nur durch die in den Menschen angelegte Bereitschaft, dringlichen Forderungen der Gemeinschaft bedingungslos zu folgen. Die entsprechende Beeinflussung erfolgte bei Aufenthalten Jarrahs in Afghanistan, d.h. durch Konditionierung in den Trainingslagern der Al Qaida.

Unnütz und schädlich wäre eine Politik des Appeasement und naiv der Glaube, man könnte durch Beseitigung irgendeiner Not in der Welt den islamischen Terrorismus eindämmen. In über 40 000 Koranschulen von Indonesien über Pakistan, Iran, Irak und Syrien bis Mauretanien werden mehr als zwölf Millionen junge Männer indoktriniert und zu religiösem Haß erzogen. Man bringt ihnen bei, „daß man die Ungläubigen töten muß, um ihrem Handeln ein Ende zu bereiten, und daß man ihnen damit einen Gefallen tut" (Ajatollah Chomeini). Für den radikalen Islamismus ist Demokratie nichts weiter als eine Form der Prostitution.

Der Abzug der Sowjets aus Afghanistan wurde und wird als Sieg des Islam gefeiert. Ebenso würde eine Beseitigung Israels keine Befriedung bringen, sondern den radikalen Islamismus darin bestärken, auf dem richtigen Weg zu sein. Eine Abwehr von aus dem Ausland gesteuerter religiös motivierter terroristischer Aggression ist nicht durch Nachgiebigkeit möglich. Sie verlangt Entschiedenheit ohne Hast, den Abschluß von Bündnissen sowie nötigenfalls wie in Afghanistan den Einsatz militärischer Mittel.

Viele Religionen haben Sendungsbewußtsein und sind zu Aggressionen fähig. Auch das Christentum hat Kreuzzüge organisiert. Mit weltlicher und geistlicher Macht ausgestattet, haben z.B. der deutsche Kaiser Barbarossa (1189) wie auch anschließend der englische König Richard Löwenherz mit Feuer und Schwert „Heiden bekehrt" und das Heilige Land „befreit", allerdings ohne dauerhaften Erfolg. Bis heute berufen sich Politiker in Krisen und Kriegszeiten auf das Christentum, z.B. 1941 im letzten Weltkrieg W. Churchill und F. D. Roosevelt bei Verabschiedung der Atlantic-Charta. Auf dem Kriegsschiff Potomac haben sie das Lied „Vorwärts, Soldaten Christi, vorwärts in den Krieg; Jesu' Kreuz vorangetragen, bürgt euch für den Sieg", angestimmt und dies in den Medien öffentlich gemacht.

Heute taucht das Wort vom Kreuzzug wieder auf, und zwar in den Reden des amerikanischen Präsidenten Busch. Seine Wiederbelebung relativiert den Anspruch Bin Ladens und der Al Qaida, einen Krieg im Namen Gottes gegen den Teufel zu führen. Sie macht deutlich, daß die Gegenseite dasselbe für sich beansprucht und führt vielleicht zu Nachdenklichkeit. Auf der anderen Seite kann sie eine Solidarisierung der islamischen Welt bewirken.

3.4.7 Aggression nationaler und ideologischer Gemeinschaften

Der große Baum braucht überall viel Boden;
und mehrere, zu nah' gepflanzt,
zerschlagen sich die Äste.

Gotthold Ephraim Lessing

National motivierte Aggression wurde oft mit der Notwendigkeit begründet, der eigenen Gemeinschaft eine ausreichende Lebensgrundlage zu sichern. Hitler hatte seine Eroberungspläne unter die Devise „Volk ohne Raum" gestellt. Inzwischen dürfte sich die Erkenntnis durchgesetzt haben, daß in technischen Zivilisationen nicht mehr der Lebensraum entscheidend ist für den Wohlstand der Gemeinschaft, sondern die schöpferische Intelligenz der Menschen.

Allerdings entfernen sich die Menschen mit wachsender Bevölkerungsdichte und entsprechender Technisierung zunehmend weiter von einer artgerechten Lebensweise (Kapitel 2.1 und 2.2). Die Folgen sind psychische Schäden, fehlender Lebensmut, gesellschaftliche Fehlentwicklungen, ein dramatischer Rückgang der Geburtenzahlen sowie insgesamt eine abnehmende Fähigkeit und Bereitschaft, den Bestand der eigenen Zivilisation zu sichern. Hierzu gehört auch eine unter Schwankungen ständig zunehmende Arbeitslosigkeit. Eine weitere Zuwanderung in dicht besiedelte Länder wie Deutschland sollte daher unterbleiben; siehe das Kapitel 5.2 über Einwanderung.

Supranationale Einrichtungen wie die Vereinten Nationen oder der Internationale Gerichtshof in Den Haag können abschreckend auf Macht- und Eroberungspolitiker wirken, ebenso die Aufstellung übernationaler Eingreiftruppen. Jedoch sei Zurückhaltung bei deren Einschaltung bzw. Einsatz empfohlen. Sonst

124

geht es den Helfern wie Frau Quibus aus der „Powenzbande" von Ernst Pentzold, als diese die Frau Powenz gegen ihren Mann in Schutz nimmt. Darauf entrüstet sich Sabine Powenz und verbittet sich die Einmischung: „Was geht das Sie an, wenn mir mein guter Mann haut." Häufig schon haben die Helfer und Retter in der Geschichte Undank geerntet: den USA wird vorgeworfen, als „Weltpolizist" aufzutreten.

Einer nationalen Machtpolitik kann die Basis entzogen werden, wenn die Angehörigen verschiedener Staaten lernen, sich als Mitglieder einer größeren Gemeinschaft zu verstehen. Ein herausragendes Beispiel ist der Zusammenschluß der europäischen Staaten zur Europäischen Union, mit Einführung einer einheitlichen Währung. Nicht nur fördert das gemeinsame Geld die wirtschaftliche Zusammenarbeit in Europa, es ist auch ein Zeichen von starker Symbolkraft.

Man sollte aber berücksichtigen, daß der Vorrat an Gemeinsamkeiten begrenzt ist. Aufgrund der gemeinsamen abendländischen Kultur kann ein Europa der Vaterländer erfolgreich sein, solange sich die Mitglieder dieser Kultur verpflichtet fühlen. Einer zu engen Verbindung im Sinne eines Vaterlands Europa stehen aber z.B. die verschiedenen Sprachen und Mentalitäten entgegen. Wir sollten deshalb auch in einem vereinten Europa das Prinzip der Territorialität beachten und uns an der o.g. Einsicht Lessings orientieren.

Man könnte sich der Hoffnung hingeben, daß sich die gesamte Menschheit eines Tages als eine einzige große Wertegemeinschaft begreift. Dann dürfte es keine Intergruppenaggression mehr geben. Tatsächlich ist ein solcher Zustand nur unter der sehr hypothetischen Annahme denkbar, daß die Erde von fremden Intelligenzen aus dem Weltall bedroht würde.

Ohne ein derartiges neues Ziel für die Verteidigungs- und Kampfbereitschaft bleibt die aggressive Disposition auf bestehende fremde menschliche Gemeinschaften ausgerichtet. Es

125

kommt hinzu, daß die Aggressionsbereitschaft, wie jede angeborene Bereitschaft, zur Neigung und zum Bedürfnis wird, wenn man sie über längere Zeit nicht abruft. Frei nach Konrad Lorenz (1973 a, 83) kann man wie folgt formulieren: Die Schwelle der eine Instinkthandlung auslösenden Reize sinkt mehr und mehr, je länger eine solche Handlung nicht ausgeübt wird.

Wir werden daher weiterhin mit Intergruppenaggression in der Welt leben müssen. Allein die Zahl der bewaffneten Konflikte mit Beteiligung islamistischer Gruppen in Asien und Afrika beläuft sich derzeit auf 22. Eine Selbsttäuschung nach dem Morgenstern-Prinzip, „daß nicht sein kann, was nicht sein darf", wäre äußerst gefährlich. In Anbetracht der vielerorts möglichen Entwicklung und Weiterverbreitung von Massenvernichtungswaffen könnte sie tödlich sein.

Eine begrenzte Möglichkeit zur Entspannung besteht darin, die Aggressionsbereitschaft auf Ersatzhandlungen auszurichten. Geeignet erscheinen sportliche Wettkämpfe, insbesondere Länderspiele und Olympische Spiele. Vergessen wir aber nicht, daß die Olympischen Spiele 1936 in Berlin Hitler nicht daran gehindert haben, drei Jahre später den Zweiten Weltkrieg auszulösen. Ebenso wird als Mittel zur Vermeidung von Gewalt empfohlen, daß sich die Menschen begegnen und kennenlernen sollen. Tatsächlich erwächst aus persönlicher Bekanntschaft die Neigung, andere gewissermaßen als Gäste in die eigene Gemeinschaft einzubeziehen und sie nach den Geboten der Intragruppenmoral zu behandeln. Dies kann durchaus zu Völkerverständigung und Freundschaft führen, selbst wenn es sich nicht um Völker aus dem gleichen Kulturkreis handelt. Allerdings gelten zusätzliche Bedingungen, wenn die Begegnung von Dauer sein soll, siehe die Kapitel 5.1 und 5.2 über Einwanderung.

Ideologisch motivierte Aggression geht im allgemeinen auf Einzelpersonen zurück, auf Anführer, die sich an die Spitze einer Bewegung setzen oder eine solche ins Leben rufen. Mit demagogischen Mitteln gewinnen sie Anhänger, mit zunehmender Zahl der Anhänger auch Macht. Dies gibt die Möglichkeit, zweifelnde Anhänger zu disziplinieren und Opposition zu unterdrücken. Fehlende Information schwächt die Opposition zusätzlich. Abweichende Vorstellungen können nur noch unter Gefahr für Freiheit und Leben geäußert werden; und sie werden aus Gründen der Selbsterhaltung aus dem Bewußtsein verdrängt. Eine in dieser Weise gleichgeschaltete Gemeinschaft ist sehr mächtig. Sie erringt auch außenpolitische Erfolge, was wiederum den Anführer in den Augen der Mitglieder, den (Volks-) Genossen, aufwertet. Dies gibt zusätzliche Macht und verführt zu Aggression nach außen, d.h. zum Krieg gegen andere Gemeinschaften bzw. Staaten.

Um eine solche Entwicklung in der Demokratie auszuschließen, muß diese gefestigt und wehrhaft sein. Verbote von Randparteien sind ohne Bedeutung. „Keine Freiheit den Feinden der Freiheit" muß auch dann gelten, wenn Parteien mit mehr als fünf Prozent der Stimmen sich als demokratiefeindlich erweisen. Sie als Mehrheitsbeschaffer hoffähig zu machen, kann zum eigenen Untergang führen.

Von großer Bedeutung ist auch das Wahlsystem. Ein reines Verhältniswahlrecht erleichtert es Wirrköpfen und Fanatikern, in der Politik Fuß zu fassen und demagogische Fähigkeiten zu entfalten.

3.4.8 Aggressionsauslösende Befindlichkeiten

Exoriare aliquis nostris ex ossibus ultor

(Aus unseren Gebeinen möge uns dereinst ein Rächer entstehen,
Inschrift einer preußischen Münze aus dem 17. Jahrhundert)

In den Wirren des Dreißigjährigen Krieges ging der Zusammenhalt Preußens weitgehend verloren; die einzelnen Teilländer
wurden fast selbständige politische Gebilde. Kurfürst Friedrich
Wilhelm (1640–88, „der Große Kurfürst") führte die Länder
wieder zusammen und machte Brandenburg-Preußen zu einem
Staat von europäischer Bedeutung. Zu seinen Zielen gehörte
der Erwerb Vorpommerns, das damals schwedisch beherrscht
war. Trotz eines Nichtangriffspaktes fielen schwedische Truppen in Brandenburg ein, als der Kurfürst zusammen mit einem
Reichsheer am Oberrhein gegen die Franzosen kämpfte. In Eil-
märschen führte er sein Heer zurück nach Brandenburg, besiegte die Schweden (Fehrbellin 1675) und nahm große Teile Vorpommerns, auf das er Erbrechte hatte, in Besitz. Wegen
fehlender Unterstützung durch Kaiser und Reich und gegen den
Willen des mit Schweden verbündeten Frankreichs konnte er
aber Vorpommern nicht behalten.
Seine Verbitterung fand ihren Niederschlag in einer Münzprä-
gung mit der oben zitierten Inschrift, ferner in dem weiteren
Ausbau des Heeres, der unter seinen Nachfolgern fortgesetzt
wurde. Die damalige Demütigung und die fehlende Loyalität
von Kaiser und Reich waren über lange Zeit Anlaß, die militäri-
schen Anstrengungen Preußens zu verstärken; die Münzin-
schrift, ursprünglich ein Zitat Vergils, hatte programmatischen
Charakter.
Bismarck zeigte große Weitsicht, als er nach dem Sieg 1866 bei
Königgrätz den Vormarsch preußischer Truppen auf Wien un-

tersagte und sich damit dem bisherigen Gegner als zukünftigen Bündnispartner empfahl. Eine ähnliche Nachsicht gegenüber dem Aggressor Japan nach dem Zweiten Weltkrieg hat dieses Land zu einem wichtigen Verbündeten der Vereinigten Staaten und der westlichen Welt werden lassen.

Auch die Aggression aus Mutwillen, Überheblichkeit und Machtstreben hat gegebenenfalls ihren Ursprung in den Anführern der Gemeinschaften. Auf der langen Liste solcher Personen stehen Namen wie Alexander, Attila, Dschingis Khan, Wilhelm der Eroberer, Napoleon bis Hitler. In gesicherten Demokratien mag heute die Kontrolle der Regierung durch das Volk verhindern, daß diese die eigene Gemeinschaft in einen Krieg zieht. Bei nicht ausreichender demokratischer Kontrolle kann man dagegen nur hoffen, daß die Angst möglicher Aggressoren vor der eigenen Vernichtung größer ist als die Zuversicht, den Gegner zu besiegen.

In Zusammenhang mit dem religiös motivierten Terrorismus ist diese Hoffnung allerdings gering, weil Selbstmordattentäter die eigene Vernichtung in Kauf nehmen. Außerdem geben sich die Gemeinschaften und ihre Anführer nicht zu erkennen, von denen die Aggression ausgeht. Präventivschläge auf Verdacht stoßen aber in der westlichen Völkergemeinschaft auf Kritik und Widerstand.

Dennoch: Im Zeitalter von Massenvernichtungswaffen kann ein großes und starkes Land die Gefahr nicht ignorieren. Es muß seine Politik so gestalten, daß ein Angriff mit ABC-Waffen aus dem Dunkel der Anonymität heraus nach menschlichem Ermessen unmöglich ist. Als Alternative zu einem von niemand gewünschten Präventivkrieg sollte in Betracht kommen, daß verdächtige Länder mit einer Einschränkung ihrer Souveränität einverstanden sind und eine permanente Rüstungskontrolle zulassen.

3.4.9 Territorialität

Cuius regio, eius religio

Prinzip zur Wiederherstellung von Territorialität
nach Beendigung des Dreißigjährigen Krieges

Als Folge des von der eigenen Art ausgehenden Evolutionsdrucks organisiert sich die Menschheit in Gruppen bzw. Gemeinschaften, mit Moral nach innen, aber Wachsamkeit, Wehrhaftigkeit und Aggressionsbereitschaft nach außen. Eine der Moral für das Innenverhältnis entsprechende Zwischengruppenmoral ist nicht im Menschen angelegt, wohl aber ein Prinzip, das auf andere Weise Reibung minimiert und Konflikte verhindert:

Wie die Menschenaffen und andere Tiere verhält sich der Mensch territorial: Menschliche Gemeinschaften haben die Tendenz, Abstand zu halten, sich aus dem Weg zu gehen und insbesondere räumlich voneinander abzugrenzen. Territorialität war in den früheren Zeiten der Evolution leicht zu realisieren. Aber sie bestimmt auch heute noch unser Verhalten, trotz großer Bevölkerungsdichte.

Räumliche Trennung mindert die Angst vor fremden Gemeinschaften. Die Sicherheit läßt sich durch Grenzwälle noch verbessern; Beispiele sind die chinesische Mauer, der römische Limes oder die Maginot-Linie in Frankreich. Auch können natürliche Hindernisse wie Flüsse oder Gebirge der Abgrenzung dienen. Im Fall der Verschickung von politischen Gefangenen nach Australien hat die englische Regierung die ganze Welt zwischen sich und ihre politischen Gegner gebracht. Reformation, Gegenreformation und Dreißigjähriger Krieg hatten eine Durchmischung Deutschlands mit Angehörigen beider Konfessionen zur Folge. Eine Befriedung wurde erst durch Einführung einer neuen territorialen Ordnung mit Trennung der Konfessionen möglich: Im Rahmen dieser Ordnung hatten sich die Untertanen mit ihrer Religion (Konfession) nach der des regierenden Fürsten zu richten, siehe den oben zitierten Grundsatz.

Wo eine echte räumliche Trennung nicht möglich ist, findet eine innere Trennung statt, z.B. eine Einteilung in Kasten, mit völliger Ausgrenzung eines Teils der Bevölkerung, der Unberührbaren. Aufgrund des genetischen Fundaments des Kastensystems konnte sich dieses z.B. in Indien über mehr als 3 000 Jahre halten.

Weltweit üblich sind noch andere Formen territorialer Trennung; wir verweisen auf die oftmals von beiden Seiten bevorzugte Sammlung der Menschen verschiedener Kulturen in eigenen Wohngebieten. Beispiele sind Chinatown in New York, Türkengettos in Berlin, Judengettos im Europa des Mittelalters. Weiträumiger sammelten sich die Gemeinschaften in eigenen Siedlungsgebieten, z.B. die Mormonen in Utah, die Rußlanddeutschen u.a. an der Wolga. Die Katholiken in Nordirland kämpfen für den Anschluß an die katholische irische Republik, die Tamilen für einen eigenen Staat auf Sri Lanka und die Basken für ihre Selbständigkeit und Loslösung des Landes von Spanien. Ebenso kämpfen die Kurden für einen eigenen Staat.

Umsiedlungen führten die Bürger gleicher Kultur und Herkunft zusammen, z.B. unter Atatürk die Griechen aus der Türkei nach Griechenland und umgekehrt. Hierher gehört auch die durch die Türkei erzwungene Teilung Zyperns und die darauffolgende Trennung der beiden ethnischen Gruppen.

Beispiele für vom Staat erzwungene Ausgrenzungen waren die Verbannung unbequemer Bürger bzw. die Verschickung von Sträflingen aus England nach Australien und die Verbringung der Indianer in Reservate. Wo das Prinzip der Territorialität noch nicht verwirklicht ist, kann seine Durchsetzung allerdings auch von Aggression und Mord begleitet sein; wir erinnern an die „ethnischen Säuberungen" im ehemaligen Jugoslawien.

Die Einschließung von Kulturgemeinschaften in Gettos bringt nur eingeschränkte Sicherheit. Sie fördert im Umfeld die Angst vor dem Unbekannten, das hinter den Gettomauern vermutet wird. Sind die Gettobewohner und die Mitglieder der betreffenden ethnischen Gemeinschaft außerhalb des Gettos noch wirtschaftlich erfolgreich, so kommt Mißgunst hinzu. Übergriffe und Pogrome sind die Folge.

Eine Lösung des Problems wäre eine völlige Integration der betreffenden Menschen. Sie scheitert zumeist an deren Selbstabgrenzung, an der Beibehaltung abweichender religiöser Riten. Schon das demonstrative Tragen von Kopftüchern aus religiösen Gründen hierzulande ist eine Distanzierung der Muslime von der Kultur des Gastlandes.

Angst und Territorialität sind verschwistert. Daher ist Angst mitentscheidend für das Überleben von Wertegemeinschaften. Angst ist ambivalent: Sie kann Aggression fördern und zu präventiven Maßnahmen gegen fremde Gemeinschaften führen. Unter Historikern wird die Ansicht vertreten, daß die Römer ihr Reich nicht aus Eroberungssucht, sondern sukzessive aus Sicherheitsbedürfnis aufgebaut haben. Auch heute noch denken die Staaten in Einflußsphären.

Angst kann ferner Aggression verhindern; man könnte ja selbst der Verlierer sein. Die größten Katastrophen der Menschheit geschahen aus Überheblichkeit, weil die Führer ihre Grenzen nicht kannten und zuwenig Angst hatten (Hitler, Milosevicz, Bin Laden). Immerhin hat uns das „Gleichgewicht des Schreckens" bis heute vor dem Atomkrieg bewahrt.

4 Grundfragen und aktuelle Bereiche der Philosophie aus der Sicht der Evolutionslehre

4.1 Die Freiheit des Menschen

4.1.1 Willensfreiheit

> *Wie an dem Tag, der dich der Welt verliehen,*
> *Die Sonne stand zum Gruße der Planeten,*
> *Bist alsobald und fort und fort gediehen,*
> *Nach dem Gesetz, wonach du angetreten.*
> *So mußt du sein, dir kannst du nicht entfliehen,*
> *So sagten schon Sibyllen, so Propheten;*
> *Und keine Zeit und keine Macht zerstückelt*
> *Geprägte Form, die lebend sich entwickelt.*

Goethe
Gott und Welt. Urworte. Orphisch

Der Begriff Freiheit ist vielschichtig. Er ist komplexer, als er im allgemeinen wahrgenommen und diskutiert wird. Ein Teilaspekt ist die Freiheit des menschlichen Willens. Sie war Gegenstand eines Preisausschreibens der Königlich-Norwegischen Societät der Wissenschaften; Preisträger wurde 1839 Arthur Schopenhauer. Seine Abhandlung überzeugt auch heute noch. Allerdings scheint eine andere Gewichtung möglich und angebracht, und wir sehen die Notwendigkeit einer Ergänzung:
Nach Schopenhauer ist das menschliche Handeln determiniert. Es erfolgt notwendig, nach dem Kausalgesetz von Ursache und Wirkung, aufgrund von Motiven und nach Maßgabe des Charakters des betreffenden Menschen. Der Charakter ist individuell, empirisch, konstant und angeboren. Niemand ist schon

deshalb frei, weil er tun kann, was er will. Der Zwang liegt im Wollenkönnen. Abhängig von Motiven muß der Mensch tun, was sein Charakter ihm vorschreibt. Schopenhauer selbst findet seine Anschauung vom individuellen und konstanten Charakter ebenso richtig wie schön beschrieben durch die oben zitierte Strophe Goethes (1, 448).

Hinsichtlich der Konstanz des Charakters könnten Zweifel erlaubt sein. Jedoch lohnt es nicht, diesen Punkt zu vertiefen. Mögliche Änderungen im Charakter, z.B. als Alterserscheinung, bei Hirnschädigung oder durch den Gebrauch von Drogen und Psychopharmaka, sind nicht geeignet, eine Begründung für die Willensfreiheit zu liefern.

Das Kausalgesetz ist ein Gesetz a priori. Es beschreibt die Art, wie wir denken, und liegt allen Erfahrungen zugrunde, soweit sie Veränderungen in uns oder der Außenwelt betreffen. Natürlich haben auch wir keine Möglichkeit, uns über das Prinzip von Ursache und Wirkung hinwegzusetzen. Das gleiche gilt für die moderne Neurobiologie. Sie stellt fest, daß alle Prozesse im Gehirn deterministisch sind, auch die, die unser Handeln steuern.

Für Schopenhauer gibt es keine Freiheit des Willens und keine Freiheit des Handelns, wohl aber eine transzendentale Freiheit des Seins. Aus ihr erwächst die Verantwortung des Menschen für seine Taten. Wie Kant unterscheidet Schopenhauer zwischen der Umwelt, wie sie uns erscheint, und dem Ding an sich. In der Welt der Erscheinung gilt ausnahmslos das Kausalgesetz. Freiheit ordnet er dem Menschen als Ding an sich zu, wir zitieren: „Sein ganzes Sein und Wesen muß gedacht werden als seine freie Tat."

Auch für uns liegt die Freiheit im Sein, das wir allerdings als Ergebnis der Evolution begreifen. Diese Freiheit hat ihre Basis in der realen Natur des komplexen Systems Mensch.

Beim Menschen steht die Handlung oder Tat nicht am Ende einer einfachen linearen Kette von Ursache und Wirkung. Die Handlung findet normalerweise zuerst in der Vorstellung statt, eingebettet in ein Netzwerk von Überlegungen. Hierzu gehören möglicher Handlungsablauf, Aufwand, Nutzen und Schwierigkeiten, Mittel zur Beseitigung der Schwierigkeiten, moralische Rücksichten. Entspricht die Handlung einer Neigung, sucht der Mensch zusätzliche Motive für, andernfalls gegen die Handlung. Schließlich spielt eine Rolle, wie die Handlung voraussichtlich von der Umgebung wahrgenommen und beurteilt wird, von Bekannten oder der Gemeinschaft. Schlußfolgerungen dieser Art können Anlaß sein, die Angelegenheit neu zu überdenken. Das System menschlicher Gedanken im Vorlauf zu einer Handlung ist daher rückgekoppelt.

Wie auch bei rückgekoppelten technischen Systemen (z.B. Lasergeräten) hängt das Ergebnis (Handlung bzw. Eigenschaften der erzeugten Strahlung) letzten Endes nur von den Systemparametern ab, nicht von den ursprünglichen Motiven oder Anlässen. Eine besondere Rolle spielt das Gedächtnis: Die Speicherfähigkeit des menschlichen Gehirns macht aus linearen Kausalketten Verhaltensabläufe, die durch Einbeziehung der Vergangenheit bzw. Erfahrung Ausdruck der gewachsenen Existenz des Menschen werden.

Das heißt, daß verantwortliches Handeln des Menschen weitgehend unabhängig von aktuellen äußeren Motiven erfolgen kann. Das Motiv wird marginalisiert, gibt eventuell noch einen Anstoß, während die Handlung nach Richtung, Ausführung und Bedeutung fast ausschließlich auf den Menschen und seine Eigenschaften zurückgeht. „Operari sequitur esse", sagt Augustinus, „das Handeln folgt aus dem Sein".

An dieser Stelle läßt sich eine Brücke schlagen zu Nicolai Hartmann und den von ihm definierten Seinsebenen. Er unterscheidet zwischen den Schichten des Anorganischen, des Organischen, des Seelischen und des Geistigen. Die höheren Schichten ruhen auf den niedrigeren. Alle Gesetze der unteren Schichten gelten auch in den oberen, so auch das Prinzip von Ursache und Wirkung. Aber die höheren Schichten haben zusätzliche Eigenarten und Gesetzlichkeiten.

Was die Determiniertheit menschlicher Handlungen von einer Kausalkette im Anorganischen unterscheidet, wäre demnach in den seelischen Befindlichkeiten und Emotionen des Menschen zu suchen sowie in seinem geistigen Fundus. Seelische Zustände sowie geistige Fähigkeiten und Erkenntnisse zusammen sind nun allerdings nicht deckungsgleich mit dem, was Schopenhauer den Charakter nennt. Eine ungefähre Übereinstimmung könnte erzielt werden, wenn man die seelische und geistige Grundausstattung als Charakter bezeichnet und den darüber hinausgehenden tagesaktuellen emotionalen und geistigen Zustand in seiner Wirkung bei den Motiven berücksichtigt. Jedoch scheint dies die weniger zwingende Betrachtung.

Ein Beispiel soll die Überlegungen verdeutlichen: Der Arbeitstag eines Wissenschaftlers beginnt mit dem Klingeln des Weckers. Die betreffende Person macht an diesem Tag eine großartige wissenschaftliche Entdeckung. Somit steht der Wecker am Anfang einer Kausalkette, die zu der Entdeckung geführt hat. Dennoch wäre es töricht, im Klingeln der Weckuhr die Ursache für die Entdeckung zu sehen und dem Wecker den Nobelpreis zuzuerkennen. Maßgebend waren vielmehr die Persönlichkeit des Wissenschaftlers und seine lange Beschäftigung mit dem Problem.

Natürlich wäre es vermutlich nicht zu der Entdeckung gekommen, wenn der Wecker an diesem Tage versagt hätte. Der Tagesablauf wäre gestört gewesen, schlechte Stimmung und Zeitmangel hätten die Entdeckung verhindert. Das Kausalgesetz aus der untersten Seinsebene des Anorganischen hätte seine – in diesem Fall hinderliche – Wirkung auch in den oberen Schichten entfaltet.

An dem erwähnten Tag, wie zunächst angenommen, hat der Wecker geklingelt. Er war aber nicht die Ursache für die Entdeckung; maßgebend war eine günstige Disposition des Wissenschaftlers auf der Seinsebene des Seelischen und eine große Leistung in der höchsten Schicht des Geistigen. Entscheidend waren die Denkfähigkeit des Menschen mit Rückkopplung in den Denkprozessen sowie Iteration unter Veränderung der Parameter und Rückgriff auf umfassende im Gehirn gespeicherte Information. Das Ergebnis war daher die ureigenste Leistung des Menschen.

Schopenhauer geht von der Vorstellung einer linearen Kausalkette aus. Bei Nicolai Hartmann könnte man von einem Stufenmodell reden, wobei die höheren Stufen entsprechend den höheren Seinsebenen zunehmend komplexer werden. Sie sind von anderer Qualität und Bedeutung und sozusagen von höherer „Mächtigkeit". Dies findet seine Entsprechung in den Möglichkeiten des Menschen in der Natur und seiner Macht in der Welt. Er hinterläßt gewaltige Spuren auf der Erde und in der Geschichte. Heute kann er sogar die Welt als Ganzes zerstören bzw. unbewohnbar machen.

Nicht alle Handlungen des Menschen sind das Ergebnis gründlicher Überlegung. Handlungen im Affekt oder in einer Gefahrensituation sind nicht frei, und man macht die Menschen für deren Auswirkung nur bedingt verantwortlich. Zum Beispiel wird Totschlag weniger streng bestraft als Mord. Sehen wir von solchen Einschränkungen ab, kann das Handeln des Menschen in voller Selbstbestimmung erfolgen.

Nach Schopenhauer ist der Charakter von monolithischer Struktur, und er bestimmt unser Handeln mit „der strengen Konsequenz einer Naturkraft". Dies führt dazu, daß sich Mensch oder Tier bei zwei gleich starken Motiven nicht entscheiden können und handlungsunfähig werden. Das Paradebeispiel ist Buridans Esel, der zwischen zwei gleich verlockenden und gleichweit entfernten Heuhaufen verhungert. Ungeachtet ähnlicher Beispiele bei Aristoteles und Dante behaupten wir, daß nicht einmal ein Esel in einer solchen Situation verhungern müßte. Sein Bewußtsein von der Existenz eines zweiten Heuhaufens würde durch Hunger und Gier blockiert, sobald sich der Blick auf einen Haufen konzentriert. Er würde erst diesen und dann den anderen fressen. Ebenso gibt es niemand, der zwei gleiche Geldstücke auf der Straße liegen läßt, weil er sich nicht entscheiden kann, welches er zuerst aufhebt.

Schließlich ist zweifelhaft, ob man wie Schopenhauer den Charakter getrennt betrachten und auf dieser Basis wie folgt argumentieren kann: „Nicht ich, mein Charakter ist schuld, und für den kann ich nichts, der ist angeboren."

In den Seinsebenen von Nicolai Hartmann wird aus dem Charakter ein überaus komplexes vernetztes System von biologischen, emotionalen und geistigen Eigenschaften, das sich auf alle Teile der Persönlichkeit erstreckt. Alles Handeln folgt aus der ganzen Persönlichkeit, von der man sich nicht wie von einem Charakter distanzieren kann.

Wir erleben uns auch deshalb als frei, weil die Ergebnisse menschlichen Denkens und Handelns z.B. in der Kunst und Technik in eine andere überlegenere Kategorie gehören als das, was in der unbelebten Welt an Wirkungen zu beobachten ist. Ein Stein kann weitere anstoßen und allenfalls eine Mure auslösen. Der Mensch baut Dome, komponiert Symphonien, konstruiert Jumbo-Jets und Mondraketen oder installiert das Internet. Der Übergang von den unteren Seinsebenen zur Schicht des Geistigen ist eine Grenzüberschreitung, bei der die Abhängigkeit von den Ursachen aus den unteren Seinsschichten ihre Bedeutung verliert, siehe das Beispiel mit dem Wecker. Motive aus uns selbst oder Einflüsse unseres Wesens machen uns nicht unfrei. Nach solchen Motiven handeln bedeutet für den Menschen, daß er sich um die Sicherung seiner Existenz und die Sicherheit seiner Familie bemüht, sich selbst verwirklicht und die eigene Persönlichkeit entfaltet.

Die Frage nach dem Wollenkönnen läßt sich somit wie folgt beantworten: Der Mensch kann nicht nur tun, sondern auch wollen, was er will, und er empfindet sich zu Recht als frei. Das Wollen hat dann allerdings nichts mit Beliebigkeit zu tun. Es entspricht vielmehr dem Streben, das die Evolution in uns angelegt hat.

Es kommt hinzu, daß die Handlungen eines Menschen nur theoretisch, aber im allgemeinen nicht wirklich kausal erklärbar sind. Seine Persönlichkeit ist zu komplex, als daß man die Kausalketten eines Handlungsablaufs in der Praxis nachvollziehen könnte. Auch sind die Umstände selten ausreichend übersichtlich. Dementsprechend gibt es keine verläßlichen Vorhersagen für zukünftiges Verhalten; allenfalls lassen sich Vermutungen anstellen und Wahrscheinlichkeitsaussagen machen, die aber nicht zutreffen müssen. Im konkreten Fall können Unwägbarkeiten sogar Einfluß auf die Weltgeschichte nehmen: Nach einer treffenden Satire von Ephraim Kishon in seinem Buch „Essen ist meine Lieblingsspeise" (240) hat Napoleon die Schlacht von Waterloo wegen eines Streits mit seiner dritten Frau Sarah verloren, wobei es um Frühstück, Mittagessen und das fehlende Dienstmädchen ging.

Insgesamt führen unsere Betrachtungen bis an die Grenze, von der an das Handeln ausschließlich aus uns selbst entsteht. Das dürfte genügen, uns für unser Handeln verantwortlich zu machen. Durch logisches Denken können wir diese Grenze aber nicht überschreiten, d.h. wir können das Grundprinzip unseres Denkens nicht in Frage stellen. Nach ihm geht jeder Wirkung eine Ursache voraus, die eine Abhängigkeit begründet. Freiheit ist daher kein Prinzip in der Welt der Erscheinungen. Sie wird nicht gedacht, sondern erfahren. Das Erlebnis von Freiheit ist unmittelbar, nachhaltig und bewußtseinsbildend.

Der Widerspruch bleibt bestehen: Wir empfinden uns als frei und verantwortlich für unsere Taten, aber wir können nur in Kausalketten denken. Freiheit ist ein Ich-Erlebnis. Bei Betrachtung anderer Personen gilt das Prinzip von Ursache und Wirkung. In Vokabeln der Grammatik ist Freiheit ein Phänomen für die erste Person, Notwendigkeit, Determiniertheit oder Kausalität ein Begriff für die dritte Person.

Unsere Vorstellung von Freiheit ist somit zweigeteilt. Einen ähnlichen Dualismus kennen wir aus der Physik: Je nach Betrachtung und den experimentellen Bedingungen erfahren wir Licht als elektromagnetische Wellenbewegung oder als Teilchenstrom (Lichtquanten). In den beiden Fällen (Willensfreiheit bzw. Licht) hat uns die Evolution nicht mit einer einheitlichen, konsistenten Vorstellung des Phänomens ausgestattet.

Für Schopenhauer „ist das Wirken jedes Naturwesens dem Kausalitätsgesetz in seiner ganzen Strenge unterworfen. Die Freiheit ist aber nicht aufgehoben, sondern bloß hinausgerückt, ... in eine höhere, unserer Erkenntnis nicht so leicht zugängliche Region: d.h. sie ist transzendental". Er erkennt aber an und betont, daß auf dieser Freiheit „das Bewußtsein der Verantwortlichkeit und die moralische Tendenz des Lebens" beruht. Damit ist die Freiheit ebenso wie das Kausalitätsgesetz ein in unserer realen Welt der Erscheinungen wirkendes Prinzip.

Aus der Sicht der Evolution hat sich unser Intellekt unter ständiger Anpassung an die „Welt an sich" (Kant) entwickelt, eventuell mit einer bisher noch nicht betonten Einschränkung: Die Anpassung mußte helfen, uns besser in der Welt zurechtzufinden, d.h. unsere Überlebensfähigkeit zu sichern. Dies setzt nicht notwendig voraus, daß wir für unser Sein und Handeln eine gemeinsame widerspruchsfreie Anschauung von Freiheit und Determiniertheit besitzen. Für den Philosophen Schopenhauer war es selbstverständlich, daß das Gesetz von Ursache und Wirkung das höherrangige Prinzip ist. Dementsprechend bezieht sich der weitaus größte Teil (94 %) seiner Preisschrift auf den Nachweis der Determiniertheit unseres Handelns. Für den Menschen als Produkt der Evolution gibt es keine derartige Abstufung. Das Erlebnis von Freiheit kann als genauso real angesehen werden wie die Einsicht in die Determiniertheit unserer Handlungen.

4.1.2 Freiheit im Verhältnis der Menschen untereinander

Gesetzgeber oder Revolutionäre,
die Gleichheit und Freiheit zugleich versprechen,
sind entweder Phantasten oder Scharlatane.

Goethe

Maximen und Reflexionen

Jedem Aspekt unserer Existenz (Kap. 3.1) ist eine spezifische Vorstellung von Freiheit zugeordnet. Die im vorigen Abschnitt behandelte Willensfreiheit bezieht sich auf den Menschen in seiner Eigenschaft als Individuum. Dem entgegengesetzten Grenzfall der völligen Einordnung in ein Kollektiv entspricht die äußere Freiheit einer Gemeinschaft im Verhältnis zu einer anderen.

Die Frage nach der Willensfreiheit ist ein Grundproblem der Ethik und als solches vor allem Gegenstand philosophischer Betrachtungen. Die Freiheit von Gruppen, Gemeinschaften und Kollektiven ist ein vergleichsweise vordergründiges Thema, dennoch bisweilen in der realen Welt von existentieller Bedeutung. Häufig wird der Begriff Freiheit nur in diesem Sinne gebraucht, z.B. wenn von der Freiheit eines unterdrückten Volkes, einer Volksgruppe oder von Kriegsgefangenen die Rede ist. Hierher gehören auch Fragen des freien Welthandels und der Globalisierung. Hinsichtlich des Intergruppenverhaltens allgemein verweisen wir auf Kap. 3.4. Auf eine Behandlung der dort ausgewiesenen Probleme zusätzlich unter dem Aspekt der Freiheit können wir hier verzichten.

Zwischen die Willensfreiheit des Individuums und die Freiheit von Gemeinschaften und Völkern einzuordnen ist die Freiheit des Menschen als soziales Wesen und Mitglied einer Gemeinschaft. Für diese Freiheit bzw. die Bindung an und den Zwang

142

durch die Gemeinschaft gilt das Wort Schopenhauers, daß Freiheit kein Zustand, sondern ein Gefühl ist.

Der Mensch fühlt sich frei, wenn er in der Gemeinschaft seine Individualität in angemessenem Umfang bewahren kann. Hier nun steckt der Teufel im Wort angemessen, für das es offenbar keine objektive Definition gibt. Alle Menschen brauchen die Geborgenheit in einer Gemeinschaft. Dies gilt um so mehr, je größer die Bedrohung von außen ist. Je nach der Sicherheitslage fühlt sich der Mensch mehr oder weniger von der Gemeinschaft abhängig und zu ihr hingezogen. Dabei spielt es im allgemeinen keine Rolle, ob die Gefahr für das Gemeinwesen auf eigenes Verschulden zurückgeht oder nur von außen kommt. Wir erinnern an die Kriegsbegeisterung zu Beginn des Ersten Weltkriegs und den damaligen Kaiser Wilhelm II, durch dessen Abkehr von der Sicherheits- und Bündnispolitik Bismarcks mit Proklamation eines unabhängigen deutschen Weges dieser Krieg erst möglich wurde.

Je größer die Gefahr, desto bedingungsloser die Gefolgschaft; die Individualität tritt in den Hintergrund. Unter Hitler wurde gesungen: „Nur der Freiheit gehört unser Leben, laßt die Fahnen im Wind ..." Offenbar bestand für die Mehrheit in der damaligen Zeit kein Widerspruch zwischen den Fahnen als Symbol der absoluten Unterordnung und dem Gefühl unbedingter Freiheit.

Nach Goethe ist sogar „Freiheit ... das Losungswort der Despotie selbst, wenn sie ihre unterjochte Masse gegen den Feind anführt und ihr von auswärtigem Druck Erlösung auf alle Zeiten verspricht" (West östlicher Divan, Noten und Abhandlungen, Nachtrag). Das Wort von der unterjochten Masse ist allerdings zu relativieren. Auch in der Despotie stützen sich die Mächtigen in der Regel auf eine Mehrheit in der Bevölkerung. Zustimmung und Unterordnung werden mit der Aufnahme in die herrschende Klasse belohnt, bzw. sie bedeuten die Zugehörigkeit zu einem „überlegenen" Volk. In der verschworenen Gemeinschaft der besseren, der Allah ergebenen oder sogar der Übermenschen verspürt man keinen Zwang.

So kann paradoxerweise in einer Diktatur das Gefühl von Freiheit vorherrschen. Umgekehrt ist die Empfindung von Unfreiheit in einem demokratischen Sozialstaat weit verbreitet. Vollversorgung durch den Staat macht nicht frei und glücklich, sondern wird als Abhängigkeit erlebt. Auf andere angewiesen zu sein, erzeugt Angst und Unsicherheit. Selbstbewußtsein, Zuversicht und Zufriedenheit erwächst nur aus der Erfahrung eigener individueller Stärke. Leider ist die Neigung der Alimentierten gering, sich von der Abhängigkeit vom Staat zu lösen und ein freies, selbstbestimmtes Leben zu führen. Wer anderweitig versorgt wird, möchte nicht arbeiten. Die körperlichen Ressourcen zu schonen, heißt ökonomisch zu handeln, war früher überlebenswichtig und gehört zu den Verhaltensmustern, die die Evolution in uns angelegt hat.

Die Neigung, sich vom Staat unterhalten zu lassen, wird verstärkt durch den würgenden Zugriff des Staates auf den Ertrag der eigenen Arbeit, sobald man sich selbst versorgen kann. Natürlich fühlen sich nicht nur die Zuwendungsempfänger unfrei, sondern auch die, die mehr als die Hälfte ihrer Zeit für den Staat arbeiten müssen. Mehr noch, die Leistungsträger in einem Sozialstaat sind eine unfreie unterdrückte Minderheit. Nach dem Nobelpreisträger, Ökonomen und Sozialphilosophen Friedrich August von Hayek ist es paradox, wenn der Steuersatz für eine Minderheit von einer „demokratischen" Mehrheit festgelegt wird, für welche dieser aber selbst nicht gilt. Es hat nichts mit Demokratie zu tun, sondern kann sich zur Groteske entwickeln, wenn eine Majorität der Menschen mit kleineren Einkommen über die Lasten entscheidet, die eine Minorität zu tragen hat. Wir erinnern an das Märchen „Pomperipossa in Monismanien" von Astrid Lindgren, in dem die Heldin mehr als

100 % ihres Einkommens an den Staat abzuliefern hat. Hinter-grund der Geschichte war die Erfahrung der Autorin mit dem eigenen Steuersystem in Schweden.

Bei wörtlicher Auslegung bedeutet „Besteuerung nach Leis-tungsfähigkeit", daß man seine ganzen Fähigkeiten einsetzen muß, um Leistungen für den Staat zu erbringen. Tatsächlich liegen die Staatsquoten für die Mehrzahl der Bürger inzwischen bei deutlich über 50 %. Nur wenn wir den Grundsatz weniger formal betrachten, könnten wir ihn für plausibel halten; harm-los ist er aber auch dann nicht. Er verleitet die Politiker zu Willkür und Übertreibung und wird mißbraucht, um die eigene Macht zu sichern. Die Instrumentalisierung des genannten Prinzips zur Erschließung von Wählerschichten und Bindung der Wähler an die eigene Partei hat unseren Staat in die Nähe einer Diktatur gebracht. Sie ist die Ursache für wirtschaftliche Stagnation und hohe Arbeitslosigkeit. Wie in einer Diktatur entziehen sich die Politiker selbst den Belastungen, die sie an-deren auferlegen. Ein Ärgernis sind steuerfreie Einkünfte und vor allem sehr hohe Versorgungsansprüche. Für gleiche Alters-einkünfte müßten andere Bürger ein großes Vermögen in Milli-onenhöhe ansparen, wobei sie, anders als die Politiker, vielfältig der Abschöpfung durch den Staat ausgesetzt sind. Auf der ei-nen Seite leben die Begünstigten in einem Sozialstaat in Ab-hängigkeit, und sie leiden unter ihrer Unfreiheit. Ihr Bemühen um die Lebensbewältigung richtet sich gegen die Gemeinschaft. Jeder fordert, daß ihm ein größeres Stück vom Kuchen zugeteilt wird. Ziel ist nicht Chancengleichheit, sondern eine gleiche Versorgung, und sie stellen, wie die Meinungsforscher ermittelt haben, diese Forderung über das Verlangen nach Freiheit. So-lange nicht alle gleich wenig haben, können Politiker mit dem Versprechen von mehr Gleichheit noch Wahlen gewinnen.

Auf der anderen Seite leiden die Leistungsträger unter der Ver-geblichkeit, zu einem den eigenen Anstrengungen entsprechenden Wohlstand zu kommen. Besonders unfrei sind unsere Familien. Man nimmt ihnen das Geld, das sie zum Unterhalt der Kinder benötigen, zwingt die Mütter in die Erwerbsarbeit und fügt den Kindern durch frühzeitige Kollektivierung großen Schaden zu. Jenseits solidarischer Hilfe für unverschuldet in Not geratene Mitglieder der Gemeinschaft betreiben der Wohlfahrtsstaat und besonders ihre auf Machterhalt ausgerichteten Politiker eine nicht artgerechte allgemeine Angleichung der Lebensverhältnisse, von der die Politiker nur sich selbst ausnehmen. Die Ergebnisse sind Unfreiheit sowie politischer und wirtschaftlicher Niedergang. Er hat zum Untergang der DDR und des Ostblocks geführt, zeigt sich aber auch in vorgeblich demokratischen Staaten.

4.2 Kampf der Kulturen

Das im Prozeß der Globalisierung gewonnene Bewußtsein voneinander hat nicht zu einer kulturellen Standardisierung geführt, sondern eher zum Gegenteil: zu einem Bewußtsein davon, verschieden zu sein.

Bassam Tibi
Beitrag in: Roman Herzog (154)

Nach Samuel P. Huntington ist seit dem Ende des Kalten Krieges eine neue Weltordnung im Entstehen, in der sieben große Kulturen die beherrschende Rolle spielen; und zwar die chinesische, japanische, hinduistische, islamische, westliche, lateinamerikanische und (mit Einschränkung) die afrikanische Kultur. Diese Neuordnung führt nicht in eine friedliche Welt; vielmehr bestehen oder entstehen Konflikte zwischen den Kulturen, die globale Ausmaße haben können.

Huntingtons Buch „The Clash of Civilisations" ist 1996 erschienen und seitdem Gegenstand heftiger kontrovers geführter Diskussionen. Auf Seiten der Gegner der Thesen Huntingtons finden wir sehr prominente deutsche Politiker, z.B. den ehemaligen Bundespräsidenten Roman Herzog und den Altbundeskanzler Helmut Schmidt sowie auch den Theologen Hans Küng. Roman Herzog hat in seinen Reden „eine Friedenstrategie für das 21. Jahrhundert" vorgestellt und eine Zusammenfassung unter dem Titel „Wider den Kampf der Kulturen" veröffentlicht.

Unser vorliegendes Buch zeigt, daß die Menschheit leider nicht so veranlagt ist, daß sie der Strategie Roman Herzogs entsprechen kann; siehe Kap. 3.4. Die Formel „Dialog statt Kampf" ist schön, aber im Ernstfall ohne Anhänger; oder sie findet nur auf einer Seite Zustimmung, im allgemeinen auf der schwächeren.

Ebenso nutzlos ist die Anweisung, die Kulturen sollten sich auf ihre Gemeinsamkeiten besinnen:

Die Protestanten und Katholiken in Nordirland haben fast nur Gemeinsamkeiten. Sie sprechen die gleiche Sprache, gehören zur gleichen ethnischen Gruppe, sind beide Mitglieder der westlichen Wertegemeinschaft und beten beide zum gleichen Gott. Möglicherweise tun es die einen im Stehen, während die anderen dabei knien. Aufgrund dieses „Unterschieds" haben sich einmal entstandener Haß und Feindschaft durch die Jahrhunderte erhalten; sie führen auch heute noch zu Terror und Mord. Wie kann man da glauben, daß die wesentlichen Unterschiede zwischen verschiedenen Kulturen ihre Bedeutung verlieren, wenn man einige Gemeinsamkeiten findet und diese betont.

Im übrigen kommt es gar nicht auf konkrete Inhalte, Unterschiede und Gemeinsamkeiten an. Es genügt, wenn die betrachtete Gemeinschaft oder Kultur anders ist oder als fremd oder feindlich empfunden wird. Zwar können sich einander fremde Gemeinschaften verbünden, wenn auch selten ohne Argwohn hinsichtlich Zuverlässigkeit und Bündnistreue. Ansonsten besteht Verteidigungs- und Aggressionsbereitschaft. Aggressionsauslösende Reize finden sich leicht, oder sie werden durch Manipulation herbeigeführt. Daher hat Huntington Recht, wenn er auf die Gefahren hinweist, die auch mit der neuen Weltordnung verbunden sind.

Sein Buch versteht sich als Interpretation der Entwicklung der globalen Politik nach dem Kalten Krieg. Seiner Weltsicht liegt eine umfassende Kenntnis dieser Politik zugrunde; die aufgestellten Thesen extrapolieren die aktuelle politische Erfahrung.

Nach Huntington „wird die Welt auf der Grundlage von Kulturkreisen geordnet werden, oder sie wird gar nicht geordnet werden". Wir sehen diese Aussage mehr zeitbezogen, der heutigen Situation entsprechend, also weniger apodiktisch. Die als solche identifizierten Kulturkreise waren früher selten ein monolithischer Block und sind es zum Teil auch heute nicht. Sie zerfielen in Stämme, Staaten oder Konfessionen.

Aktuell, in den Zeiten der Globalisierung, entwickelt sich allerdings ein Zwang zu größeren Einheiten. Zahlenmäßige Überlegenheit war schon immer ein Vorteil bei der Existenzsicherung. Zunehmende Größe machte die Gemeinschaften jedoch schwerfällig, brachte organisatorische Probleme mit sich und beeinträchtigte die Handlungsfähigkeit. Diese Schwierigkeiten sind infolge der technischen Entwicklung in den Bereichen Verkehr und Kommunikation weggefallen.

Das Verhalten der Menschen und die weltpolitische Entwicklung sind geprägt durch die Doppelnatur des Menschen als Individuum und Mitglied einer Gemeinschaft. Für das Verhalten in der Gemeinschaft gibt es eine angeborene Moral. Sie veranlaßt den Menschen, sich für die eigene Gemeinschaft einzusetzen und sie nötigenfalls zu verteidigen (Kap. 3.1 und 3.4). Diese Überlegungen fehlen bei Huntington. Er stellt zu Recht fest, daß es keine universale Kultur gibt, formuliert jedoch: „Die Menschen haben zu allen Zeiten einige fundamentale Werte gemeinsam." Um den Widerspruch abzuschwächen, spricht er später von einer gemeinsamen „dünnen minimalen" Moral.

Tatsächlich findet sich eine Moral ähnlich den zehn Geboten bei allen Kulturen. Sie ist die Basis für das Zusammenleben in der Gemeinschaft und durchaus nicht „dünn". Aber sie ist nicht den Kulturen gemeinsam, sondern jede Kultur hat sie für sich. Im Verhältnis der Kulturen zueinander fehlt eine solche Moral, siehe Kap. 3.4. Daß Mord böse ist, gilt innerhalb jeder Kultur. Die Tötung von Feinden aus einer anderen Gemeinschaft bzw. Kultur macht dagegen Soldaten zu Helden und bringt die islamischen Selbstmordattentäter direkt in den Himmel.

Der Mensch nimmt eine mittlere Position ein zwischen der Existenz als Individuum und dem völligen Aufgehen in einer Gemeinschaft. Einiges spricht dafür, daß diese Position zwischen den Extremen in unterschiedlichen Kulturkreisen etwas verschieden ist. Insbesondere scheint die westliche Kultur mehr als andere geprägt durch die Verhaltens- und Denkweisen des Individuums.

Rein individuelle Denkmuster sind säkular, Religion dagegen ein Gruppenphänomen. Sie bedarf der Bindung der Menschen an die Gemeinschaft. Siehe z.B. Erich Kästner. Er beschreibt sehr treffend die Stimmung vor einem Domkonzert in Salzburg wie folgt: „Die Frommen schwiegen miteinander, und von uns anderen schwieg jeder für sich."

Goethes Faust ist der Prototyp eines Menschen säkularer westlicher Prägung. Faust soll Mephisto im Jenseits dienen, wenn sie sich dort drüben wiederfinden. Er antwortet:

Das Drüben kann mich wenig kümmern;
Schlägst du erst diese Welt in Trümmern,
Die andre mag danach entstehen.
Aus dieser Erde quillen meine Freuden,
Und diese Sonne scheinet meinen Leiden;
Kann ich mich erst von ihnen scheiden,
Dann mag, was will und kann, geschehen.

Diese Form westlicher Gesinnung mag die Ursache dafür sein, daß hier keine der Weltreligionen entstanden ist. Auf der anderen Seite stammen alle weltlichen politischen Ideologien aus dem westlichen Kulturkreis, vom Marxismus, Kommunismus, Sozialismus über den Liberalismus und Kapitalismus zum Faschismus und Nationalismus, ebenso die Idee der Demokratie.

Nirgendwo sonst befaßt man sich mehr als hier mit der Würde des Menschen als Individuum und mit seinem weltlichen Wohlergehen. Offenbar mißt man der irdischen Existenz bei uns eine größere Bedeutung zu als in den andern Kulturen. Auch ist bezeichnend, daß man unsere Wertegemeinschaft mehr mit einem geographischen Begriff, einer Himmelsrichtung, identifiziert als mit einer Religion.

Die stärkere Ausrichtung der westlichen Völker auf die weltlichen Bedürfnisse und die irdische Existenz der Individuen zeigt sich auch in der Kunst, z.B. Dichtung. Im Mittelpunkt der großen Dramen stehen Könige und Bürger, also Menschen. Die großen Dome wurden vordergründig zur höheren Ehre Gottes errichtet, was auch die Finanzierung erleichtert hat. Sie demonstrieren aber zugleich Ruhm und Herrlichkeit der Kaiser, der Institution Kirche und des Papstes bzw. der betreffenden Stadtgemeinschaften. Die westliche Musik hat sich alsbald von ihrer Bindung an die Kirche gelöst und in ihrer säkularen Form einen Siegeszug um die Welt angetreten. Im übrigen begeistert die Kirchenmusik eines Johann Sebastian Bach auch viele, die sich nicht an die christliche Religion gebunden fühlen.

Von besonderer Bedeutung für den Wettstreit zwischen den Kulturen ist die Auswirkung der stärkeren weltlichen Ausrichtung der westlichen Gesellschaft auf die Naturwissenschaften und Technik. Zur Zeit Galileis hat die Macht der Kirche noch ausgereicht, naturwissenschaftliche Erkenntnisse zu unterdrücken. Alsbald danach waren der wissenschaftliche Fortschritt und später der Aufbau einer technischen Zivilisation nicht mehr aufzuhalten.

Natürlich zweifeln wir nicht daran, daß die Errungenschaften der technischen Zivilisation auf andere Kulturkreise übertragbar sind. Jedoch spricht einiges dafür, daß der Westen aufgrund der angeborenen säkularen (wissenschaftlichen) Denkweise seiner Menschen auf lange Sicht an der Spitze der technischen Entwicklung bleiben und auch seine führende Position in der Waffenentwicklung behaupten kann. Leider darf dies nicht beruhigen:

ABC-Waffen sind Massenvernichtungsmittel, auch wenn sie nicht dem neuesten Stand entsprechen. Deren Einsatz aus der

Anonymität kann unzählige Opfer fordern. Ob man durch eine „primitive" im Auto transportierte Atomwaffe oder eine ferngelenkte moderne Atomrakete stirbt, ist ziemlich gleichgültig.

Nicht gleichgültig ist die niedrige Hemmschwelle eines Selbstmordattentäters, der eine solche Waffe zum Einsatz bringt. Er könnte einen atomaren Gegenschlag provozieren, auch wenn über den Täter und seine Herkunft nur Vermutungen existieren. Eine Eskalation zum Atomkrieg in absehbarer Zeit ist daher wahrscheinlicher als während des Kalten Krieges. Wenig tröstlich ist die Vermutung, daß es beim Angreifer vielleicht nicht zum „Overkill" reicht und einige Menschen die Katastrophe überleben.

Möglicherweise würden dann aber die auf eine große Zahl Menschen angewiesene technische Zivilisation (Kap. 2.4) zusammenbrechen und die Menschheit wieder auf ein Leben in Auseinandersetzung mit der Natur, d.h. ein artgerechtes Leben, zurückgeworfen; wodurch allerdings die Evolution wieder im Sinne einer Höherentwicklung der Menschheit wirksam werden könnte.

Als Folge einer unterschiedlichen kulturellen Entwicklung wäre die angedeutete mögliche Sonderstellung des Westens nur ein kurzzeitiges Phänomen und ohne größere Bedeutung. Als Ergebnis der Evolution wäre sie dagegen in den Genen verankert und von langer Dauer. Tatsächlich kann man bei Genanalysen Unterschiede zwischen den Angehörigen verschiedener Kulturkreise bzw. deren Völker feststellen. Von Einfluß auf die genetische Entwicklung waren die jeweiligen Lebensbedingungen, unter denen die Evolution in den verschiedenen Klimazonen der Welt stattgefunden hat. Einen Nachweis der Anpassung an das Klima mit Verankerung im Erbgut finden wir z.B. bei Dan Mishmar u.a..

Das Klima in unseren Breiten war rauher; das Leben war schwieriger und der Mensch in größerem Umfang auf seine Fähigkeiten angewiesen, sich auf harte und wechselnde Lebensumstände einzustellen. Nach den heutigen Erkenntnissen haben die frühen Europäer vor einigen zehntausend Jahren unseren Kontinent besiedelt, und zwar lange vor dem Höhepunkt der letzten Vereisung. Diesen konnten sie nur in klimatisch günstigen Regionen überstehen, vorzugsweise im Südwesten Europas. Von dort haben sie sich nach der Eiszeit wieder in das übrige Europa ausgebreitet. Die Zeit der getrennten Entwicklung der Europäer konnte für Modifikationen im Erbgut ausreichen.

Zu relativieren wäre diese Betrachtung durch Erkenntnisse über neuere Wanderungsbewegungen, durch die mit den Völkern auch deren Genpools einen Ortswechsel erfahren haben; z.B. aus dem Bereich eines der heutigen Kulturkreise in einen anderen. Wir erinnern an die Völkerwanderung und die Ansiedlung europäischer Stämme in Indien. Im ganzen bleibt es dennoch möglich, daß der technologische Vorsprung des Westens genetisch begründet ist.

Im Sinne einer Gegenrechnung muß darauf hingewiesen werden, daß die entsprechenden weltlichen politischen Systeme auch existentielle Schwächen haben. Von diesen Systemen hat sich letzlich die Demokratie durchgesetzt. Deren Schwäche wurde von Huntington wie folgt umschrieben: „Demokratisierung ist inhärent ein provinzialisierender Vorgang. ... Der Wahlkampf verlangt die Artikulation dessen, was sie (die Politiker) für die volkstümlichsten Appelle halten, und die sind für gewöhnlich ethnischen, nationalistischen und religiösen Charakters."

Der Blick Huntingtons war dabei nach außen gerichtet, auf Staaten vor Einführung der Demokratie. Deshalb fehlen in seiner Aufzählung die sozialen Appelle, die in Deutschland an vorderster Stelle stehen. Durch die Forderung dessen, was Politiker für soziale Gerechtigkeit ausgeben, und die teilweise Erfüllung relevanter Wahlversprechen wurde in Deutschland die

Volkswirtschaft überfordert, und das Land des Wirtschaftswunders rutschte in der Europäischen Union an die letzte Stelle in der Wirtschaftsentwicklung. Die Folge ist der Verlust außenpolitischer Handlungsfähigkeit bzw. in der Bündnispolitik die Beschränkung auf mehr oder weniger symbolische Akte. Demokratisierung kann leider auch eine fast ausschließliche Ausrichtung der Politik auf Erfüllung materieller Wünsche der Bürger bedeuten, mit einer Nivellierung der moralischen Ansprüche nach unten.

Nach Huntington endet der Westen an der Grenze zu den christlich-orthodoxen Völkern. Rußland ist ein „zerrissenes" Land und kommt in seiner neuen Weltordnung nicht vor. In Mitteleuropa entwickelt man eine andere Perspektive. Nach ihr endet Europa am Ural, und der amerikanisch-europäische Kulturkreis sollte Rußland einschließen, auch wenn der Begriff „Westen" dann nicht mehr richtig paßt. Aus Gründen der Selbstbehauptung sowohl des Westens als auch Rußlands gegenüber den drei kontinentalasiatischen Kulturkreisen nach der Definition Huntingtons und der kulturellen Verwandtschaft sollte die Politik auf eine enge Verbindung zwischen den USA, dem Europa der europäischen Union und Rußland hinarbeiten.

4.3 Ritus und Fundamentalismus

Und wo ein Mannsbild nicht wird beschnitten
an der Vorhaut seines Fleisches, des Seele
soll ausgerottet werden aus seinem Volk,
darum daß es meinen Bund unterlassen hat.

Bibel, 1. Buch Mose, Kapitel 17, Vers 14

Von besonderem aktuellem Interesse ist die Antwort auf die Frage, warum der Islam die Menschen fester an sich bindet als andere Religionen, auch größere Macht über seine Anhänger hat und Gotteskrieger hervorbringt, die unter Opferung des eigenen Lebens Attentate und Terroranschläge zur höheren Ehre Gottes ausführen.

Ganz sicher verkehrt wäre es, am Verstand dieser Leute zu zweifeln. Ob Düsenjägerpilot, muslimischer Imam, Mathematikprofessor oder Kanzler bzw. Präsident eines westlichen Landes, unser aller Intellekt ist von prinzipiell ähnlicher Struktur und Leistungsfähigkeit; und er hat sich in der nach den Maßstäben der Evolution kurzen Zeit seit der Steinzeit nicht erkennbar weiterentwickelt. Auch erlaubt der Quervergleich nicht, uns über andere zu erheben. Das Geschehen unter Hitler oder Stalin, die Brutalität und Massenmorde der roten Khmer, die Völkermorde in Ruanda bzw. in biblischer Zeit durch Mose, das Verhalten japanischer Kamikaze-Piloten, die Sklavenhaltung und der Ku-Klux-Klan, die Opferung von Menschen in früheren Kulturen, alle diese Vorgänge sind von ähnlicher Qualität und mit den heutigen Wertevorstellungen in der westlichen Welt nicht vereinbar.

Wir hatten allerdings im vorigen Kapitel gezeigt, daß der Mensch als Mitglied einer Gemeinschaft Aggressionsbereitschaft entwickelt. Fragen wie die eingangs gestellte, sowie ähn-

155

liche zum Verhalten der Menschen in anderen Kulturen, lassen sich daher in die folgende Form bringen: Unter welchen Bedingungen kann eine Gemeinschaft bei ihren Mitgliedern ein derart radikal aggressives Verhalten abrufen?

Anhand der Beispiele erkennt man, daß in den betreffenden Kulturen der Zugriff auf die Mitglieder, der Gruppenzwang, besonders nachhaltig ist. Entgegen einer naheliegenden Annahme dürfte daher nicht zutreffen, daß in solchen Fällen ein vorvernünftiges, atavistisches Verhalten zum Vorschein oder Ausbruch kommt. In den schlimmsten Fällen abartig aggressiven Verhaltens wird der Mensch eben nicht zum Tier, sondern zu einem besonders radikalen Kulturwesen.

In den betreffenden Kulturen läßt der Mensch die Gemeinschaft bzw. deren Anführer über sich verfügen. Individualität bleibt ihm nur, soweit sie ihm zugebilligt wird. „Führer befiehl, wir folgen", war die ständig wiederholte Selbstverpflichtung im Nationalsozialismus. Eine Voraussetzung für diese unbedingte Unterordnung ist die angeborene Neigung des Menschen, sich für die Gemeinschaft einzusetzen. Hinzukommen muß eine Konditionierung durch die Gemeinschaft. Geeignete Methoden hierzu sind regelmäßige rituelle Handlungen, zu denen die Religion bzw. auch andere Gemeinschaften ihre Anhänger verpflichten, ferner gegebenenfalls ein ritueller Eingriff, der die Gläubigen auf irreversible Weise mit der Gemeinschaft verbindet (Beschneidung).

Der Muslim muß fünfmal täglich, nach einem festen Ritus, in Richtung Mekka gewandt, beten. Es mag möglich erscheinen, eine Gebetsübung einfach zu unterlassen. Tatsächlich ist es schwerer, mit Gewohnheiten und Tradition zu brechen, als die lästige, aber einfache Pflicht des rituellen Betens zu erfüllen, falls das Gebet überhaupt als lästig empfunden wird.

Die Stärke der Bindung der Muslime an die Religion wird häufig im Alltag erkennbar. Man kann erleben, daß muslimische

Studenten während eines Privatbesuchs bei ihrem Diplomvater zu einer bestimmten Zeit nach der Himmelsrichtung fragen und den Gebetsteppich auslegen, oder daß Straßenbauarbeiter in einer belebten Siedlung ihre Arbeit unterbrechen und neben dem dampfenden Asphalt auf dem Bürgersteig ihre rituellen Gebete verrichten.

Verbindlich und die Gemeinschaft festigend sind außerdem das jährliche Fasten im Monat Ramadan sowie die Pilgerfahrt nach Mekka, an der jeder Muslim wenigstens einmal im Leben teilnehmen soll. Auch darf ein Muslim die religiösen Rituale nur in arabischer Sprache ausüben, auch wenn er sie nicht versteht. Von ganz besonderer Wirkung ist die Beschneidung, die selbst in den intimsten und ursprünglichsten Augenblicken des Lebens die Bindung an die Religion gegenwärtig sein läßt.

In den christlichen Kirchen gibt es heute keine auch nur annähernd vergleichbare Verpflichtung zu rituellen Handlungen. Hinzu kommt die faktische Isolierung der Kirchen in der Gesellschaft, die unter der Devise „Trennung von Staat und Kirche" zur Staatsdoktrin geworden ist. Immerhin ist der katholische Christ noch zu regelmäßigen Gottesdienstbesuchen aufgefordert, er wird angehalten, zur Beichte zu gehen, muß fallweise im Gottesdienst knien und nimmt an Wallfahrten und Prozessionen teil. Diese Rudimente ritueller Pflichten und Übungen haben sich vergleichsweise positiv auf den Bestand der katholischen Kirche ausgewirkt, deren Mitgliederzahl im früher überwiegend protestantischen Deutschland inzwischen die der evangelischen Kirche übertrifft (seit 1998).

Besonders eindrucksvoll zeigt sich die größere Überlebensfähigkeit der katholischen Kirche bei einem Vergleich der Entwicklung im katholischen Polen und der protestantischen DDR in der Zeit des Kommunismus. Die katholische Kirche in Polen hat diese Zeit fast unbeschadet überstanden, während die evangelische Kirche in der benachbarten DDR weitgehend marginalisiert wurde.

Rituelle Handlungen festigen den Bestand vieler Gemeinschaften, z.B. von studentischen Verbindungen. Wir verweisen auf die dort vorkommenden Initiationsriten, Mensuren, Fackelumzüge bis hin zum gemeinsamen Kampftrinken. Siehe auch die strengen Regeln in den christlichen Klöstern.

Ein gutes Beispiel für eine umfassende rituelle Durchdringung der Gesellschaft liefert der Nationalsozialismus. Bereits die Jugend wurde in Uniformen gesteckt und mußte ein- bis zweimal in der Woche zum „Dienst" antreten. Eine Entweihung der Uniform oder auch nur eine Ohrfeige für einen z.B. zehnjährigen Uniformträger waren verboten und wurden streng bestraft. Später beherrschten Arbeitsdienst-, Wehrmachts- und Parteiuniformen das Straßenbild. Viele Millionen Uniformierte standen jederzeit und überall für Massenaufmärsche, Paraden und Fackelumzüge zur Verfügung, besonders eindrucksvoll arrangiert an Parteitagen. Die Grußformeln der gewachsenen Kultur wurden abgeschafft und durch „Heil Hitler" ersetzt; und der Nationalhymne wurde noch eine Parteihymne angehängt. Beide mußten mit erhobenem und ausgestrecktem Arm gesungen werden.

Durch das Hissen von Fahnen ausreichender Größe hatte jeder Haushalt seine richtige Gesinnung zu demonstrieren. Die NSDAP sah sich nicht als Partei, sondern als „Bewegung", und ihr Nachwuchs wurde nicht in Schulen, sondern in „Ordensburgen" erzogen. Hinzu kam die ständige Berieselung mit suggestiven Schlagwörtern, z.B.: „Du bist nichts, dein Volk ist alles; Gemeinnutz geht vor Eigennutz; Die Treue ist das Mark der Ehre; Blut und Boden." Derart indoktriniert und in ein rituelles System einbezogen, hatten große Teile der Bevölkerung eine durchaus fundamentalistische Bindung an die Gemeinschaft.

Wie dargelegt, gibt es keine auf das Wohl fremder Gemein-schaften ausgerichtete Intergruppenmoral, Abschnitt 2.4.3. „Die Würde des Menschen ist unantastbar" gilt in Streitfällen bestenfalls in der eigenen Gemeinschaft. Sich als moralisch überlegen darzustellen und den Gegner herabzusetzen, stärkt den eigenen Kampfgeist. So wird der Gegner als Feind Gottes, als Teufel, als minderwertig oder sogar als Ungeziefer abqualifi-ziert. Mit ihm erübrigt sich jedes Gespräch. Dies ist die Einstel-lung einer fundamentalistischen Gemeinschaft. Ein System von strengen rituellen Vorschriften ist dabei das Stützskelett des Fundamentalismus.

4.4 Die offene Gesellschaft

4.4.1 Historizismus und Psychologismus bei Popper

> *Mein Freund, die Zeiten der Vergangenheit*
> *Sind uns ein Buch mit sieben Siegeln.*
> *Was ihr den Geist der Zeiten heißt,*
> *Das ist im Grund der Herren eigner Geist,*
> *In dem die Zeiten sich bespiegeln.*
>
> Goethe, Faust I

„Die offene Gesellschaft und ihre Feinde" ist das politisch wichtigste Werk des Sozialphilosophen und Wissenschaftstheoretikers Karl R. Popper (1902–1994). Es wurde im Krieg geschrieben, ist erstmals 1945 und inzwischen in sieben Auflagen erschienen. Popper kritisiert die Gesellschaftsmodelle zahlreicher Philosophen von Platon, Aristoteles über Hegel, Marx bis in die Neuzeit. Insbesondere seine Einwände gegen den Historizismus sind überzeugend. Die Abneigung gegen die Philosophie Hegels teilt er mit Schopenhauer und Kierkegaard; er könnte aber auch Goethe als Kronzeugen aufrufen; siehe die oben zitierten Zeilen aus Goethes Faust.

Eine Beschäftigung mit der Philosophie Poppers ist geboten

1. wegen des moralischen Anspruchs, mit dem er seine Ideen vorträgt. Niemand sollte unbeachtet bleiben, der den Weg in eine bessere Welt zu kennen scheint.

2. wegen seines Einflusses in der Philosophie und auf prominente auch deutsche Politiker. Er vertritt eine Art Sozialismus „light", ohne Diktatur des Proletariats.

160

3. weil er in Widerspruch steht zu den Thesen Huntingtons, nach dem die Welt auf der Grundlage von Kulturkreisen geordnet werden wird, wenn überhaupt eine neue Ordnung entstehen soll (Kap. 4.2).

4. weil er in wesentlichen Punkten eine Gegenposition auch zu uns einnimmt: Nach Popper bestimmt nicht die „Natur" des Menschen, wie sie durch die Evolution entstanden ist, sein Verhalten in der Gesellschaft, sondern die Gesellschaft prägt den Menschen.

Popper sieht sich als Nachfolger Kants. Er propagiert eine auf die Ratio gegründete Gesellschaft. Ziel ist die durch Vernunft geeinte Menschheit. Auf dem Wege dorthin kämpft er für die „offene Gesellschaft", für eine Herrschaft der Vernunft, für Gerechtigkeit, Freiheit, Gleichheit, Brüderlichkeit, für eine Kontrolle des internationalen Verbrechens. Sein Rationalismus ist mit der Erkenntnis verbunden, daß soziale Institutionen nötig sind, um die Freiheit und Menschenrechte zu schützen. Seine offene Gesellschaft ist selbstkritisch, reformfreudig, humanitär, zivilisiert, pluralistisch und kosmopolitisch. Für die Demokratie als beste Staatsform muß das Prinzip gelten: Vernünftig ist, was moralisch ist.
Als Feinde dieser Gesellschaft identifiziert er totalitäre kollektivistische Prinzipien, wie den Nationalismus, der sich an unsere Stammesinstinkte wendet: Für Menschen mit atavistischen Neigungen mag das Leben im Schoße eines Stammes oder einer vergleichbaren Gemeinschaft ein emotionales Bedürfnis sein. Solche Menschen befinden sich noch im „Stammes- oder Indianerstadium". Popper lehnt den Historizismus ab, aber auch seine Philosophie enthält historizistische Elemente: Sozusagen „per aspera ad astra" vollzieht sich in der Geschichte eine Entwicklung von der magischen, stammesgebundenen oder kollek-

161

tivistischen „geschlossenen" Gesellschaft hin zur „offenen" Gesellschaft, in der die Individuen persönliche Entscheidungen zu treffen haben; und sie treffen diese auf der Grundlage moralischer Vernunft. Zwar hat nach Popper die Geschichte weder Ziel noch Sinn, aber die Menschen können ihr beides verleihen: „Bei uns liegt der Fortschritt, nicht in der Geschichte."

Eine solche Folgerung bzw. Formulierung ist sophistisch. Fortentwicklung der Menschheit, zumal in eine positive Richtung, ist definitionsgemäß ein Fortschritt in ihrer Geschichte. Auch wollen wir Popper nicht unterstellen, daß er die offene Gesellschaft nicht für das Ergebnis einer Entwicklung, sondern nur für eine zufällige und temporäre Erscheinung hält. In diesem Fall wären die Entschiedenheit und der missionarische Eifer verschwendet, mit denen sich Popper für die Sache der offenen Gesellschaft einsetzt.

Eine zunehmend auf Vernunft und Moral gegründete Gesellschaft könnte in Zusammenhang mit der Entwicklung des Großhirns beim Menschen gesehen werden. Jedoch paßt hier der Zeitrahmen nicht. Popper sieht den Anfang der neuen Gesellschaft bei den Griechen des klassischen Altertums. Wir müßten ihn zurückdatieren auf die Zeit des Auftretens des Homo sapiens vor einigen 10 000 Jahren, vergl. Abschnitt 3.4.1. Auch lehnt Popper den „Psychologismus" generell ab; d.h., er ist gegen die Lehre, daß man die Gesetze des sozialen Lebens auf die menschliche Natur zurückführen kann.

Zum Beweis zitiert Popper: „Es ist nicht das Bewußtsein der Menschen, das ihr Sein, sondern umgekehrt ihr gesellschaftliches Sein, das ihr Bewußtsein bestimmt." Er hält dieses Epigramm für den Kern der antipsychologistischen Lehre von Karl Marx und stimmt ihm ausdrücklich zu, überlistet sich dabei aber selbst. Aus unserer Sicht ist die zitierte Aussage z.T. richtig, aber trivial, und widerspricht nicht der psychologistischen bzw. Evolutionslehre. Zu einem weiteren Teil ist sie wesentlich und absolut psychologistisch, und zu einem dritten Teil ist sie fallweise falsch, soweit sich die menschliche Natur gegen Forderungen der Gesellschaft durchzusetzen vermag, ansonsten richtig, aber in jedem Fall psychologistisch:

Trivial ist die Tatsache, daß es keine angeborenen Muster geben kann, die das Verhalten der Menschen detailliert in allen Lebenslagen bestimmen. Das Leben des Menschen als Individuum und in der Gemeinschaft läßt sich nicht normieren. Es ist zu komplex, als daß der Mensch auf alle Wechselfälle vorbereitet sein und nach einer in ihm angelegten „Natur" reagieren könnte. Vorgegebene starre Normen würden ihn unflexibel und unfähig machen, sich jeweils angemessen zu verhalten. Sie würden seine Überlebenschancen vermindern; der Evolutionsdruck wäre negativ. Eine psychologistische Theorie auf der Basis der Evolutionslehre muß daher geradezu fordern, daß das Handeln und Verhalten des Menschen als Individuum durch seine Natur nicht allzusehr eingeengt oder im Detail vorgeschrieben wird.

Das gleiche gilt für das Verhalten und die Ziele einer Gemeinschaft. Deren Anführer haben großen Handlungsspielraum, oftmals einen zu großen. In bezug auf den Sinn und Nutzen der Selbstorganisation der Menschen in Gemeinschaften verweisen wir auf die Kapitel 3.3 und 3.4. Handlungsfähigkeit und Erfolg der Gemeinschaften hängen insbesondere von deren Geschlossenheit ab. Deshalb sind, als Ergebnis der Evolution, die Menschen mit der Neigung ausgestattet, die Werte und Regeln der Gemeinschaft zu den eigenen zu machen und nicht in Frage zu stellen. Aus diesem zweifelsfrei psychologistischen Grund bestimmt das gesellschaftliche Sein das Bewußtsein.

Dabei darf der Begriff des gesellschaftlichen Seins nicht zu eng gefaßt und nach Marx nur auf die Klasse bezogen werden. Allgemein bestimmt das Sein oder Leben in Wertegemeinschaften das Bewußtsein. Dabei ist unerheblich, ob die Hinwendung zur Gemeinschaft primär das Resultat einer Interessenlage ist oder man in sie hineingeboren oder zu ihr bekehrt wurde. Auch spielt keine besondere Rolle, auf welche Vorstellung z.B. von einer besseren Klasse, Rasse, Nation, Politik, Religion oder Ideologie sich das jeweilige Wertesystem stützt. Allerdings hängt die Chance, ob die Wertegemeinschaft nur als Eintagsfliege wahrgenommen wird oder sich über Jahrhunderte oder länger in der Geschichte etabliert von ihren Grundlagen ab, siehe Abschnitt 3.4.2.

Aufgrund seiner Veranlagung, seiner „Natur", setzt sich der Mensch für die Gemeinschaft ein und nimmt persönliche Nachteile in Kauf. Nur so ist zu erklären, daß Sektenmitglieder in einem neutralen oder sogar abweisenden größeren gesellschaftlichen Umfeld bei Kälte und Regen ihre Traktate feilbieten, ihrer Gemeinschaft trotz Kritik und Beeinflussung durch Freunde und Verwandte die Treue halten bzw. im Extremfall zum kollektiven Selbstmord bereit sind. Das gleiche gilt für die islamistischen Selbstmordattentäter oder Menschen nationaler Gesinnung, die sich für ihr Land opfern. Opferbereitschaft war ebenso anzutreffen bei Anhängern angeblich materialistischer Weltordnungen.

Falsch ist die Aussage, das gesellschaftliche Sein bestimme das Bewußtsein, wenn der Mensch sich im Falle des Gewissenskonflikts (Abschnitt 3.3.3) für die ebenfalls angeborene Moral und gegen die Gesellschaft entscheidet. Aber auch dann handelt der Mensch nach seiner Natur, also psychologistisch.

4.4.2 Geschlossene und offene Gesellschaft

Eine menschliche Gesellschaft, die ganz oder auch
nur mehrheitlich aus Menschen ohne Grundsätze
besteht, ist eigentlich überhaupt keine Gesellschaft.

Alexandre Vinet

Für Popper ist die Entwicklung der Gesellschaft allenfalls ein lineares, eindimensionales Phänomen, noch dazu mit einer Unstetigkeitsstelle. Diese markiert den „Übergang von der Stammes- oder geschlossenen Gesellschaft, die magischen Kräften unterworfen ist, zur offenen Gesellschaftsordnung, die die kritischen Fähigkeiten des Menschen in Freiheit setzt". Recht poetisch spricht Popper vom Geburtstrauma dieses Übergangs, und er formuliert weiter: „Der Schock des Übergangs ist einer der Faktoren, die den Aufstieg jener reaktionären Bewegungen ermöglichen, die auf den Sturz der Zivilisation und auf die Rückkehr zur Stammesgebundenheit hingearbeitet haben und noch hinarbeiten." Der gleiche Sachverhalt wäre auch einfacher mit dem Hinweis zu erklären, daß sich die offene Gesellschaft noch nicht überall oder nicht vollständig durchsetzen konnte und auch gelegentlich ein Rückfall zu verzeichnen ist.
Geschlossene Gesellschaften sind nach Popper alle von der gleichen Art; sie heben die Bedeutung des Stammes oder der Nation hervor (Tribalismus). Nur beiläufig werden auch nicht stammesgebundene kollektivistische Gesellschaften einbezogen. Deren Merkmale sind z.B. die Zugehörigkeit zu einer bestimmten Rasse oder Klasse oder eine Bevorzugung durch Gott (auserwähltes Volk). Popper distanziert sich von Hegel, nach dem der Kampf zwischen den Nationen, und von Marx, aus dessen Sicht der Kampf der Klassen die Geschichte treibt. Er müßte sich auch von Huntington und dessen Kampf der Kulturen dis-

tanzieren, ebenso von allen Gemeinschaften, weil sie für ein eigenes Wertesystem stehen und dieses verteidigen.

Andererseits erkennt Popper mit Blick auf Marx an, daß das gesellschaftliche Sein das Bewußtsein bestimmt; wodurch ein Klassenbewußtsein entsteht. Entsprechendes gilt aber für alle Gemeinschaften, deren Mitglieder z.B. ein Nationalbewußtsein entwickeln, einer Religion und ihrem Glauben anhängen oder ein Zusammengehörigkeitsgefühl auf ethnischer oder sonstiger, insbesondere ideologischer Grundlage besitzen. Auch die offene Gesellschaft, soweit es sie überhaupt gibt, hat ein gemeinsames Bewußtsein; und Popper ereifert sich für diese Gesellschaft.

Diese „Bewußtseine" der verschiedenen Gesellschaften stehen für Exklusivität, für Gegensätzlichkeit, häufig auch für Gegnerschaft, mindestens aber für die Bereitschaft zur Verteidigung der eigenen Vorstellungen. Sie waren und sind die ideologischen Ursachen für Kampf und Krieg, deren Einfluß in der Geschichte Popper verabscheut. Offenbar paßt dieser Zusammenhang eines Kollektivbewußtseins, dessen Existenz Popper ausdrücklich anerkennt, mit dem Entstehen von Kriegen, das er ablehnt, nicht in seine Vorstellungen. Ebenso läßt sich der Streit in der Welt nur beispielhaft auf ein Stammesverhalten zurückführen. Er beruht allgemein auf dem Bedürfnis der Menschen, sich nicht als Menschheit, sondern zu Gruppen und Wertegemeinschaften zusammenzuschließen bzw. gewachsene Gemeinschaften zu erhalten.

Zur offenen Gesellschaft gehören nach Popper vor allem die westlichen Demokratien. Die Demokraten in diesen Ländern orientieren sich allerdings vorzugsweise an ihren nationalen Interessen. Das Nationalgefühl der Franzosen zeigt sich eindrucksvoll an deren Nationalfeiertag (14. Juli) oder findet seinen Ausdruck in der Förderung der Verbreitung der französischen Sprache; das der Briten äußert sich bei Feiern zu Ehren der Königin (z.B. Thronjubiläum, Geburtstag) und be-

166

eindruckt bei volkstümlichen Konzerten in der Royal Albert Hall (Last Night of the Proms) auch die ausländischen Besucher. Und die US-Amerikaner sind stolz auf den American Way of Life. Zudem ist die amerikanische Gesellschaft nach den Maßstäben des Westens vergleichsweise repressiv (Kap. 5.1) und bereit, auf Bedrohungen von außen offensiv zu reagieren.

Wahrscheinlich ist allerdings die westliche Gesellschaft aus den in Kap. 4.2 genannten psychologistischen Gründen tatsächlich offener als die übrigen Kulturgemeinschaften auf der Erde, weil der Regionalcharakter der Europäer oder europäischstämmigen Menschen auf der Skala zwischen rein individuellen Neigungen der Menschen und der Tendenz zur bedingungslosen Einordnung in eine Gemeinschaft einen Platz näher auf der Seite des Individuums einnimmt.

Nichtsdestoweniger ist der Begriff der offenen Gesellschaft eine Art von Oxymoron, eine contradictio in adjecto, ein Widerspruch in sich selbst. Außer im Grenzfall des Anarchismus ist eine Gesellschaft eine Gemeinschaft von Menschen mit gleicher Werteorientierung und emotionalen Beziehungen zu ihrem Gemeinwesen. Dies grenzt sie von anderen Gemeinschaften ab und macht sie exklusiv. Auch und gerade die offene Gesellschaft nach Popper hat definierte und ausgeprägte Wertevorstellungen und Grundsätze. Wenn sie nicht bereit ist, diese zu verteidigen, ist sie keine Gesellschaft, siehe das o.g. Zitat von Vinet; wenn sie es tut, ist sie nicht offen.

Auch nach unseren Vorstellungen gibt es einen Übergang in der Entwicklung der menschlichen Gesellschaft. Dies ist der Übergang von Gesellschaften, in denen jeder die anderen Mitglieder kennt, zu zahlenmäßig größeren „anonymen" Gemeinschaften, die durch gemeinsame Werte und eine gemeinsame Kultur zusammengehalten werden. Wir bezweifeln, daß es Stammesinstinkte im Sinne Poppers überhaupt gibt. Was wir erkennen, ist die angeborene Neigung, zu einer wie immer gearteten Gemeinschaft gehören zu wollen; und hier sind die Beispiele wahrlich sehr zahlreich. Allerdings sehen wir solche Gemeinschaften tendenziell bevorzugt, deren Selbstverständnis sich allgemein aus genetisch in uns angelegten Eigenschaften herleitet (Abschnitt 3.4.2).

Nicht nachzuvollziehen sind die Argumente Poppers, die er in Zusammenhang mit der Frage nach dem Beginn der Gesellschaft vorbringt. Ein entscheidendes Argument gegen den Psychologismus sei die Tatsache, daß dieser mit der Idee eines psychologistischen Ursprungs der Gesellschaft arbeiten müsse. Diese Überlegung ist um so verwunderlicher, als Popper selbst keinerlei Vorstellung über das Entstehen von Gesellschaften äußert, dieses sich aber zwanglos und mit Notwendigkeit aus der Evolutionslehre ergibt: Die Menschen bzw. schon ihre Vorfahren haben gelernt, sich zu Gruppen und Gemeinschaften zusammenzuschließen, weil dies Überlebensvorteile bietet. Der Evolutionsdruck hat aus dieser Erfahrung ein in den Genen verankertes Bedürfnis gemacht.

Popper verachtet die Geschichte, weil sie eine Geschichte der Machtausübung ist. Das ist sehr idealistisch gedacht. Aber viele Gesellschaften sind im Dunkel der Geschichte verschwunden, weil sie keine Macht hatten oder sie nicht gebrauchen wollten. „Wir, wir leben", sagt Schiller, „unser sind die Stunden, und der Lebende hat Recht." Setzen wir uns geschlossen für das Überleben, für die Weiterexistenz unseres Volkes, unserer Kultur und der westlichen Wertegemeinschaft ein. Diese Aufgabe ist schwer genug.

4.5 Der Sinn des Lebens

Nur in der Ehe, nur im Familienleben
wird der Zweck der Menschheit erreicht.

Ludwig Börne

Für viele besteht der Sinn des Lebens darin, dem Leben Dauer zu verleihen. Religiös motivierte Menschen hoffen und streben nach dem ewigen Leben, nach einem Leben bei Gott. Der Apostel Paulus schreibt an die Philipper: „Ich habe Lust abzuscheiden, und bei dem Herrn zu sein."

In extremen Fällen vernichten Menschen ihr irdisches Leben, um das himmlische zu gewinnen. In seinem Testament fordert der Terrorist und Selbstmordattentäter Mohammed Atta die Hinterbliebenen auf, darum zu beten, „daß er bei den Engeln ist"; und er drückt seine Zuversicht aus, „daß aus dem Staub, zu dem er zurückkehrt, ein neuer Mensch entsteht".

Ähnliche Hoffnungen auf ein besseres Jenseits findet man außer bei den Mohammedanern, Juden und Christen auch in anderen Kulturen, z.B. bei den Indianern und Germanen. Für die Indianer gibt es die ewigen Jagdgründe und für die Germanen ein Weiterleben in Walhall.

Die Christen bekennen ihren Glauben „an die Auferstehung des Fleisches und ein ewiges Leben". Nicht alle hegen die gleiche Erwartung. Einer der Skeptiker ist Goethes „Faust". Die Verkündung der Engel am Ostermorgen „Christ ist erstanden" kommentiert er mit der Bemerkung: „Die Botschaft hör ich wohl, allein mir fehlt der Glaube." Ohne Hoffnung auf ein zukünftiges Leben fällt es schwer, dem individuellen Leben einen besonderen Sinn zuzuordnen: Wir handeln entsprechend unserer Veranlagung und sind im übrigen „zu lebenslänglich verurteilt".

Der Hoffnung auf das Jenseits und einem Leben ohne metaphysische Sinngebung läßt sich aus der Sicht der Evolution eine dritte Betrachtungsweise an die Seite stellen: Der Sinn des Lebens ist das Leben selbst. Es ist so gestaltet, daß es seine eigene Existenz sichern und sich ausbreiten will. Auch dies ist eine Art, dem Leben Dauer zu verleihen, wenn auch nicht dem Leben des einzelnen Individuums. Modern ausgedrückt ist der Sinn des Lebens darin zu sehen, daß wir unsere Gene an die Nachwelt weitergeben. Der eingangs zitierte Spruch von Ludwig Börne ist weniger modern, aber besagt das gleiche.

Die Begriffe Sinn und Ziel dürfen dabei nicht verwechselt werden. Die Evolution hat kein Ziel. Durch Mutationen entstehen überwiegend negative Eigenschaften, die die Lebensfähigkeit beeinträchtigen. Individuen mit solchen Eigenschaften sterben aus. Positive Eigenschaften, die den Bestand des Lebens sichern, sind die Triebe zur Selbsterhaltung und Reproduktion. Die Evolution hat sie dementsprechend stark ausgeprägt.

Wie in Abschnitt 3.2.5 ausgeführt, waren die Bedingungen für die Existenzsicherung in monogamen Gesellschaften besonders günstig. Dies gilt auch für die Reproduktion, wenn man nicht das Einzelindividuum, sondern die Gesamtheit der Angehörigen einer Gesellschaft betrachtet.

5 Moderne Gesellschaften

5.1 Amerika als Einwanderungsland

„Ich erkläre hiermit unter Eid, daß ich mich absolut und vollständig von jeder Loyalität und Treuepflicht gegenüber jedwedem Herrscher, Machthaber, Staat oder jeder Staatsgewalt lossage, deren Untertan oder Bürger ich bisher gewesen bin; daß ich die Verfassung und Gesetze der Vereinigten Staaten von Amerika achten und verteidigen werde gegenüber allen inneren und äußeren Feinden; daß ich diesen ehrlich und redlich die Treue halten werde; daß ich im Dienste der Vereinigten Staaten Waffen tragen werde, wenn das Gesetz es verlangt; daß ich nichtmilitärischen Dienst in den Streitkräften der Vereinigten Staaten leisten werde, wenn das Gesetz es verlangt; daß ich Tätigkeiten von nationaler Bedeutung unter ziviler Leitung ausführen werde, wenn das Gesetz es verlangt; und daß ich diese Verpflichtung frei und ohne jeden geistigen Vorbehalt oder die Absicht eingehe, mich ihr zu entziehen; so wahr mir Gott helfe."

Treueid bei Einbürgerung in die Vereinigten Staaten von Amerika.

Im Zeitalter der Atombombe gibt es keine Völkerwanderung mehr, also keine Wanderungsbewegungen in geschlossenen großen Gruppen; mindestens nicht im Bereich der Länder mit einer hohen technischen Zivilisation. Statt dessen findet überall in der westlichen Welt eine Einwanderung von Einzelpersonen bzw. Familien verschiedener ethnischer Herkunft statt, d.h. eine Durchmischung von Mitgliedern unterschiedlicher Wertegemeinschaften.

Diese Entwicklung ist unkritisch, falls die Einwanderer als Individuen auftreten, sich integrieren und Mitglieder der Gemeinschaft des Aufnahmelandes werden. Unbedenklich ist auch der Zusammenschluß von Einwanderern nach ihrer ethnischen Herkunft, solange die entsprechenden Gruppen wegen der geringen Zahl ihrer Mitglieder nicht auffällig werden. Die Situation bleibt noch beherrschbar, wenn es eine von allen akzeptierte Leitkultur gibt und die Unterschiede der verschiedenen ethnischen Gruppen marginalisiert werden können.

In den Vereinigten Staaten von Amerika werden alle Einwanderer bei Ihrer Einbürgerung auf die bestehende Kultur verpflichtet. Sie müssen schwören, daß sie sich ohne innere Vorbehalte zur amerikanischen Gesellschaft bekennen und für sie eintreten wollen. Das nationale Gemeinschaftsgefühl wird verstärkt durch den Stolz auf die technische, insbesondere waffentechnische Überlegenheit der USA. Unbeschadet der für einen „Overkill" ausreichenden Atomrüstung Rußlands ist die USA derzeit und weltweit die einzige Supermacht.

Das starke Nationalgefühl der US-Amerikaner fand ihren Ausdruck in der Ansprache von Präsident Busch bei der Eröffnung der Olympischen Spiele in Salt Lake City, als er in Abänderung des vorgegebenen Textes die Teilnehmer im Namen einer „stolzen Nation" begrüßte, und sie wurde erkennbar an der Begeisterung der Zuschauer für die eigenen Sportler. „Olympia mußte eine Balance finden zwischen einem fairen Wettbewerb der Jugend der Welt und einem offen zur Schau gestellten, z.T. überwältigenden Patriotismus im Ausrichterland" (Horst Rademacher, aus einem Beitrag in der FAZ).

Begründer der Leitkultur in den USA war die Mehrheitsgemeinschaft der sogenannten „Wasps", der white-anglo-saxon-protestants, die auch die deutschen Einwanderer einschloß. Inzwischen ist die Leitkultur allgemein christlich geprägt, unter Einbeziehung der katholischen Christen und der Christen asiatischer und afrikanischer Herkunft. Die Ausrichtung auf das Christentum ist so beherrschend, daß die USA gelegentlich als Theokratie bezeichnet werden. Dennoch: Die Leitkultur in den USA toleriert auch andere Religionen.

Das Christentum erlaubt eine Trennung von Staat und Kirche (Abschnitt 2.4.2) und damit eine Einstufung der Religionen als

„Privatsache", nicht jedoch der Islam. Es muß daher gefragt werden, auch in Hinblick auf die Terroranschläge des 11. September 2001 auf das World Trade Center, wem im Ernstfall die Loyalität der vier Millionen Muslime in den USA gilt, dem Staat oder der Religion. Der Islam beansprucht weltliche Macht; wer sich zu ihm bekennt, kann eigentlich den oben zitierten Treueid bei einer Einbürgerung nicht leisten. Möglicherweise hat sich die Mehrheit der Muslime in den USA bereits ausreichend weit von der Religion gelöst. Aber auch der orthodoxe Rest könnte mit Terroranschlägen das Land in ein Chaos stürzen.

Schwierigkeiten entstehen überall, wo Zuwanderer ihre bisherige abweichende religiöse oder ethnische Identität beibehalten und eigene Gruppenrechte beanspruchen. Die Probleme sind auch in einem mächtigen Land wie den USA nur bedingt lösbar, und zwar auf der Basis einer Ausklammerung (Gettobildung nach dem Prinzip der Territorialität) und/oder einer staatlich verordneten Betonung von Gemeinsamkeiten mit Einübung von Nationalbewußtsein, bei gleichzeitiger Marginalisierung religiöser oder ethnischer Besonderheiten.

Einer weitgehenden Integration bis Assimilation wirkt allgemein die angeborene Neigung entgegen, die eigene frühere Gemeinschaft in ihren Wertevorstellungen zu verteidigen und ihr die Treue zu halten. Deshalb ist, wie in den USA ausgeübt, ein ständiger Integrationsdruck unverzichtbar:

Nirgendwo in der westlichen Welt ist derzeit der Gruppenzwang größer als in den USA. Oberstes Ziel bereits im Kindergarten ist die Erziehung zur Gemeinschaft. Dazu gehört, daß alleinspielende und sich abgrenzende Kinder dem moralischen Druck der gleichgeschalteten Kindergruppe ausgesetzt und unter Anleitung der Kindergärtnerin zur Teilnahme an den Gruppenspielen veranlaßt werden.

Ein bezeichnendes und durchaus charakteristisches Beispiel ist das Verhalten der Bewohner einer Kleinstadt an der Ostküste gegenüber einer Gruppe jugendlicher Gewerkschaftlerinnen aus Deutschland, die bei einer Reise durch die USA ihr am Strand im Sand steckengebliebenes Fahrzeug nicht mehr vor der aufkommenden Flut retten konnten. Nach Unterbringung für eine Nacht in verschiedenen Familien erhielten die jungen Damen am folgenden Tag, einem Sonntag, Hüte für den Kirchenbesuch. Durch die Teilnahme am Gottesdienst als Mitglieder oder Freunde der Gemeinschaft ausgewiesen, wurde ihnen die volle Hilfe der Gemeinde zuteil: Eine Sammlung nach dem Gottesdienst und der Preisnachlaß des ortsansässigen Gebrauchtwagenhändlers ermöglichten es der Gruppe, ihre Reise in einem eigenen Wagen fortzusetzen. Dies ist die positive Seite des Gruppenzwangs in Amerika; er verpflichtet auch die Gemeinschaft und bringt eine Hilfsbereitschaft hervor, wie man sie in Europa nur selten antrifft.

Zum Gruppenzwang in Amerika gehört auch die Demonstration von Gemeinsinn durch häufige Teilnahme an Parties und umgekehrt die Verpflichtung, regelmäßig zu Parties einzuladen. Weniger harmlos, aber ähnlich zwanghaft, war die angebliche Verteidigung des Staates vor kommunistischen Umtrieben in den Jahren 1950 bis 1954 durch den von McCarthy geleiteten Senatsausschuß, dem zahlreiche Intellektuelle zum Opfer fielen. Äußerst repressiv sind in den USA auch das Justizwesen und die Soldatenausbildung. Auf die gleiche Einwohnerzahl umgerechnet, gibt es in den Vereinigten Staaten siebenmal so viele Häftlinge wie in Deutschland. Wer bereits zwei schwere Straftaten begangen hat, wird in Kalifornien beim dritten Gesetzesverstoß lebenslänglich eingesperrt, ganz gleich, wie schwer oder leicht das dritte Vergehen war. Beim Militär bestand die Regel, zunächst den Willen der Rekruten zu brechen, um sie dann als Angehörige bestimmter Eliteeinheiten „wieder aufzubauen".

Es wäre aber töricht, die USA wegen der stark repressiven Form des Zusammenlebens zu schelten. Der Gruppenzwang ist unvermeidlich, wenn sich aus den auf dem nordamerikanischen Teilkontinent versammelten zahlreichen ethnischen und religiösen Gruppen aus der ganzen Welt eine einheitliche Wertegemeinschaft entwickeln soll. Er ist die Bedingung dafür, daß die Bürger der USA dereinst „eine Nation" werden, wie Präsident Busch das bei der Eröffnung der Olympischen Spiele antizipiert hat.

Allerdings ist die Einheit Amerikas inzwischen durch eine andere Art von Spaltung bedroht. Wir beobachten eine starke Polarisierung auf politischem Gebiet: Die beiden etwa gleich starken Lager der Demokraten und Republikaner stehen sich nicht nur als politische Konkurrenten, sondern eher feindlich gegenüber. Der Riß geht durch alle Gesellschaftsschichten und zeigt sich auch in Kampfabstimmungen der obersten Gerichte. Die „Demokratische Nation" ist tendenziell städtisch, weltlich und farbig, die „Republikanische" überwiegend ländlich, christlich und weiß. Unterschiede der Herkunft, durch Integrationsdruck eingeebnet, spielen wieder eine Rolle, insbesondere im Wahlkampf. Es ist schwer abzuschätzen, ob hierdurch divergierende Tendenzen eher kanalisiert und beherrschbar werden oder zu einer Art kaltem Krieg mit dauerhafter Majorisierung eines großen Teils der Bevölkerung durch den anderen Teil führen. In diesem Fall sind Entwicklungen wie in Europa nicht ausgeschlossen. England hat seine „Krankheit" in Gestalt wirtschaftlichen Niedergangs und hoher Arbeitslosigkeit weitgehend überwunden. Dafür steckte 2005 das ehemalige Wirtschaftswunderland Deutschland in der Krise. Auch in Amerika kann das Buhlen um den Wähler Fehlentwicklungen und Krisen zur Folge haben und zu einem Machtverlust in der Welt führen.

5.2 Einwanderung nach Deutschland

5.2.1 Einwanderung früher und heute

Es waren die Besten, mein Lieber!
Die Besten der Welt! Und warum?
Weil sich die Völker dort vermischt haben.

Carl Zuckmeier (65)

Entscheidend aus der Sicht der Evolution ist die Frage, ob Einwanderung einer Gemeinschaft zugute kommt und deren Bestand zu sichern hilft oder ob umgekehrt die Gemeinschaft durch die Einwanderung in ihrer Existenz bedroht wird (Abschnitt 5.2.3).

Beispiele einer für alle Beteiligten vorteilhaften Immigration sind die Polen (einige hunderttausend), die um die Jahrhundertwende (1900) ins Ruhrgebiet kamen; von ihrer Herkunft zeugen noch die Namen, z.B. die von früheren Fußballspielern von Schalke 04 (Czymanniak, Juskowiak, Libuda, Grabowski, ...); und die Franzosen (Hugenotten), die sich vor 1700 um Berlin ansiedelten. Deren Spuren findet man in der Umgangssprache (Mukkefuk = Moka faux, Parterre, Portemonnaie, Trottoir). Auch Fontane war einer ihrer Nachkommen und ein großer deutscher Dichter.

Zuckmeier führt in „Des Teufels General" die großen Begabungen und Leistungen vieler Deutscher (er bezieht sich auf das Rheinland und nennt Goethe, Gutenberg, Beethoven; siehe das o.g. Zitat) darauf zurück, daß sich hier viele Einflüsse einschließlich verschiedener Rassen vermischt haben. Und es ist in der Tat auch nicht einzusehen, welchen Vorteil permanente Inzucht, genannt „Reinhaltung der Rasse", haben soll.

176

Einwanderung wird als förderlich wahrgenommen, wenn sich die Neubürger integrieren und mithelfen, das Land wirtschaftlich voranzubringen. Die genannten Polen wurden für den Bergbau im Ruhrgebiet angeworben; die Franzosen (Hugenotten) gründeten Handwerks- und Gewerbebetriebe, z.B. zur Herstellung von Stoffen. Gefördert wurde die Integration durch Ansiedlung in Gebieten mit jeweils gleicher Konfession; z.T. auch (bei den Polen) durch behördlichen Integrationsdruck. Beide Gruppen sind inzwischen nicht nur integriert, sondern assimiliert.

Die heutige Einwanderung ist vielschichtig, unübersichtlich und in ihren Folgen kritischer einzuschätzen. Zu unterscheiden sind nicht weniger als sechs verschiedene Gruppen von Immigranten. Zur ersten zählen die EU-Bürger, deren Freizügigkeit durch die römischen Verträge garantiert ist. Aufgrund der Angleichung des Lebensstandards in den Ländern der Europäischen Union hat die Zahl der Zuwanderer aus der EU ständig abgenommen. Sie gehören zum gleichen Kulturkreis, so daß ihre Integration wie früher die der Franzosen und Polen keine Schwierigkeiten macht.

Ebenso unterliegt die zweite Gruppe, die der Juden aus Osteuropa, keiner Aufnahmebeschränkung. Etwa 150 000 Personen dieser Gruppe sind bis Ende 2001 unbürokratisch nach Deutschland eingereist, aber nur eine Minderheit davon hat sich den hiesigen jüdischen Gemeinden angeschlossen. Die Bevorzugung der jüdischen Einwanderer ist eine Folge des Holocausts, des wachgehaltenen schlechten Gewissens der Deutschen; sie stellt eine Art reziproke Diskriminierung dar, nämlich eine Bevorzugung aus religiösen Gründen. Eine Normalisierung mit Abschaffung der Sonderbehandlung müßte im Interesse der jüdischen Mitbürger liegen.

Die dritte Gruppe der Einwanderer sind Bürgerkriegsflüchtlinge, insbesondere aus dem ehemaligen Jugoslawien. Im europäischen Vergleich war die Zahl der in Deutschland aufgenommenen Flüchtlinge weit überproportional groß. Offiziell, gemäß Recht und Absprache, sollten diese nach dem Ende der Kämpfe wieder ins Heimatland zurückgeführt werden. Vielen gelingt es jedoch, auf Dauer hier zu bleiben. Sie werden unterstützt durch politische Gruppen, die sich durch Hinweise auf angebliche Fremdenfeindlichkeit Zuspruch erhoffen, durch die Kirchen, die ähnlich motiviert sind und ihre partikuläre Zuwendung über das Interesse der Gemeinschaft stellen, sowie durch die Medien, soweit sie sich dem Zeitgeist verpflichtet fühlen.

Auch in diesem Zusammenhang ist die Sonderrolle der Deutschen als Musterknabe aus dem Bestreben zu erklären, sich moralisch zu rehabilitieren. Dabei zweifeln nur noch die Deutschen selbst daran, ein ganz normales Volk zu sein; und allerdings sehen einige Politiker im Ausland sowie Interessenvertreter im Inland aufgrund von Nützlichkeitserwägungen keinen Anlaß, die Deutschen von ihren Selbstzweifeln zu befreien.

Die vierte Gruppe der Einwanderer nutzt das Recht auf Familienzusammenführung. Eine große Rolle spielt dabei die Neigung ausländischer Bürger mit Bleiberecht in der Bundesrepublik Deutschland, einen Partner aus dem Herkunftsland zu heiraten. Sobald diesem das Bleiberecht zugesprochen wird, kann auch er wieder Angehörige nachholen. Für diese Kettenwanderung gibt es nach geltendem Recht nur begrenzte Möglichkeiten der Steuerung, z.B. Senkung des Nachzugsalters von Kindern.

Ungeregelte Zuwanderung (Gruppe fünf) findet vor allem über das Asylrecht statt. Es wurde 1949 in die Verfassung aufgenommen und ist ein individuelles einklagbares Recht. Es wurde mit heißer Nadel gestrickt, in Zusammenhang mit der noch frischen Erinnerung an die Verfolgung im nationalsozialistischen Deutschland und die Gewährung von Asyl für deutsche Flüchtlinge in einigen westlichen Ländern. Das Asylgesetz ist so liberal, daß die Bundesrepublik Deutschland im Ernstfall überfordert würde. Es gibt viel mehr politisch oder religiös Verfolgte in der Welt, als in Deutschland unterkommen könnten. Kein Gesetz ist gut, dessen Bestand davon abhängt, daß die Betroffenen ihr Recht gar nicht wahrnehmen können, z.B. weil im konkreten Fall das Geld oder die Möglichkeit für eine direkte Einreise nach Deutschland fehlen. Völlig absurd ist die gelegentlich geäußerte Absicht, die Asylgründe noch um den der geschlechtspezifischen Verfolgung zu erweitern. Dies würde nach unserem Verständnis von Menschenwürde die Bereitschaft voraussetzen, die gesamte weibliche Bevölkerung fundamentalistischer islamischer Länder aufzunehmen. Offenbar werden Asylrecht und Zuwanderungsregelungen als Experimentierfeld für die moralische Selbstfindung der Deutschen angesehen; wofür sie aber denkbar ungeeignet sind.

Die Zuwanderung über das Asylrecht wird in großem Umfang mißbraucht. Nur etwa 3 % der im Mittel der vergangenen Jahre ca. 100 000 Antragsteller wurden als asylberechtigt anerkannt; weitere 7 bis 8 % erhalten vorläufigen Abschiebungsschutz ("kleines Asyl"). Aber auch die Mehrheit der übrigen Asylbewerber kann sich der Abschiebung entziehen und bleibt in Deutschland. Im Jahr 2003 ist die Zahl der Asylbewerber auf gut 50 000 gesunken.

Für die Einwanderung gibt es bei den genannten fünf Gruppen jeweils eine eigene Rechtsbasis. EU-Ausländer kommen häufig als Beschäftigte international tätiger Firmen ins Land. Insoweit kann ein Interesse der Bundesrepublik Deutschland an deren Einreise vorausgesetzt werden. Für die Einwanderer der übrigen vier Gruppen sind humanitäre Gründe ausschlaggebend.

Dies ist anders bei der sechsten Gruppe, der von der Wirtschaft gesuchten Fachkräfte. Mit oder ohne Greencard, solche Fachkräfte konnten schon immer einreisen. Nur war ihre Zahl noch nie sehr groß (weniger als 10 000 pro Jahr, die z.T. wieder abwandern), und lag immer deutlich unter der Zahl der auswandernden Deutschen (jährlich ca. 100 000). Auch die Auswanderer sind überwiegend qualifizierte Fachkräfte. Das Augenmerk sollte daher mehr darauf gerichtet sein, die Menschen mit hoher Qualifikation im Land zu halten, als Ausländer einzuwerben.

Als Begründung für die außerordentlich ungünstige Wanderungsbilanz bei Fachkräften sind zunächst die guten Arbeitsbedingungen in den USA zu nennen, ferner geringere Sprachschwierigkeiten. Fachkräfte beherrschen weltweit eher Englisch als Deutsch. Noch wesentlicher ist allerdings, daß durchsetzungsfähige und selbstbewußte Fachleute mehr auf die eigene Kraft vertrauen und weniger auf den Sozialstaat setzen. Sie sind deshalb auch selten bereit, hohe Steuern und Abgaben wie in Deutschland zu zahlen und überwiegend für den Sozialstaat zu arbeiten.

5.2.2 Sozioökonomische Aspekte der Einwanderung

Fremde werden stehen und eure Herde weiden, und
Ausländer werden eure Ackerleute und Weingärtner sein.

Bibel, Jesaja 61,5

Nach dem Krieg, in den Zeiten der Anwerbung von Arbeitern im Ausland, befand sich die deutsche Industrie im Aufbau, und es standen genügend Arbeitsplätze für Mitarbeiter geringer Qualifikation zur Verfügung. Gerade diese Arbeitsplätze fielen dann zunehmend der Rationalisierung zum Opfer, die durch Entwicklung modernerer Maschinen möglich und aufgrund des wachsenden Lohnniveaus nötig wurde.

Bei den Immigranten war der Anteil der Menschen im arbeitsfähigen Alter zunächst deutlich höher als bei der einheimischen Bevölkerung: Noch im Jahr 1985 war die Hälfte der hier lebenden vier Millionen Ausländer sozialversicherungspflichtig beschäftigt, damals ein Gewinn für die sozialen Sicherungssysteme. Bis 2000 erhöhte sich nur noch die Zahl der Ausländer (auf 7,32 Millionen), während die Zahl der versicherungspflichtig Beschäftigten sogar abnahm (auf 1,963 Millionen).

Im Ergebnis ist die Arbeitslosenquote bei den Ausländern heute mit ca. 20 % doppelt so hoch wie bei der alteingesessenen Bevölkerung. Bei den türkischstämmigen Berlinern beträgt sie mehr als 40 %. Die Industrie denkt betriebswirtschaftlich, ohne Rücksicht auf die volkswirtschaftlichen Auswirkungen. Sie stellt Leute ein, solange sie diese sinnvoll beschäftigen kann. Wenn die Arbeitsplätze dann wegen der fortschreitenden Rationalisierung wegfallen, werden die Mitarbeiter in den Sozialstaat entlassen und vom sozialen Netz aufgefangen, d.h. sie fallen nicht den früheren Arbeitgebern, sondern der Solidargemeinschaft zur Last. Als Folge ist der Anteil der Sozialhilfeempfänger bei den Ausländern heute etwa dreimal höher als bei der autochthonen Bevölkerung.

Zu Beginn der Anwerbung von Arbeitskräften konnte noch die Hoffnung bestehen, daß sich die Neubürger integrieren, spätestens deren Kinder die deutsche Sprache lernen und diese sich in ihrem Ausbildungsstand der deutschen Bevölkerung angleichen. Überwiegend ist das Gegenteil eingetreten. Vielerorts sind türkische Gettos entstanden, in Berlin allein sechs, in denen die Kinder kaum noch Deutsch lernen; und der Sog dieser Gettos ist größer als die Beharrung und Integrationsbereitschaft der Türken im Umfeld.

Die Kinder sprechen zu Hause, auf der Straße und im Laden beim Einkaufen türkisch, ebenso in der Schule, und sie sehen türkische Fernsehsender. Deutschland ist für sie keine Realität. Mehr als 20 % der ausländischen Schüler erreichen keinen Abschluß, und die Berufsausbildungsquote ist mit 38 % nur wenig mehr als halb so groß wie bei der deutschen Bevölkerung. Im allgemeinen erreichen die Kinder der zweiten und dritten Generation keine bessere Qualifikation, als sie bei den Einwanderern festzustellen war.

Aus individuell einreisenden Gastarbeitern mit Beschäftigungsgarantie ist vielerorts eine als geschlossene ethnische Gruppe in Erscheinung tretende Unterschicht mit großer und weiter wachsender Arbeitslosigkeit geworden. Sie stellt volkswirtschaftlich längst eine Belastung dar, d.h., sie wird von der autochthonen Bevölkerung subventioniert. Die Industrie verlangt dennoch weitere Einwanderung, wenn sie Arbeitskräftebedarf feststellt. Sie fragt nicht nach dem Verbleib der Leute, wenn die für sie und ihre Kinder geeigneten Arbeitsplätze durch weitere Rationalisierung wegfallen. Es macht keinen Sinn, auch nicht für die Zuwanderer, sie als künftige Arbeitslose und Sozialhilfeempfänger ins Land zu holen. Nur soweit Fachkräfte mit hoher Qualifikation gesucht werden, ist das Verlangen der Industrie gerechtfertigt, kann aber offenbar nicht befriedigt werden; siehe den vorigen Abschnitt.

Der volkswirtschaftliche Sinn der Einwanderung von Arbeitern geringer Qualifikation war und ist generell fragwürdig. Absolut gesehen mögen deren Löhne niedrig sein. Gemessen an der damit erzielten Wertschöpfung sind sie dennoch relativ hoch; daher die allgemein große Arbeitslosigkeit im Bereich der unteren Lohngruppen. Die von den Zuwanderern gezahlten Steuern und Abgaben sind vergleichsweise niedrig, die empfangenen Leistungen aufgrund Umverteilung durch den Sozialstaat dagegen überproportional groß.

Vielfach hört man die Meinung, Deutschland sei wegen seiner sozialen Sicherungssysteme auf Zuwanderung angewiesen. Richtig ist, daß diese Systeme durch die bisherige Zuwanderung nicht entlastet, sondern erheblich belastet werden. Der Sozialstaat braucht Bürger, deren Einkommen man umverteilen kann. Solche sind unter den nach Deutschland drängenden Einwanderern kaum zu finden. Daher sind Anpassungen des sozialen Netzes überfällig, oder die Wirtschaft wird weiter überfordert. Bereits jetzt ist Deutschland in der Wirtschaftsentwicklung Schlußlicht in Europa, mit nachteiligen Folgen für unseren Wohlstand, für das internationale Ansehen und die innen- sowie außenpolitische Handlungsfähigkeit.

5.2.3 Risiken der Einwanderung

Mißtrauen, Haß und Angst gegenüber dem Anderen
gehören zu den tiefsten Schichten unseres Seins.

Bernard Lewis

Die öffentliche Diskussion um die Einwanderung befaßt sich fast ausschließlich mit den im vorigen Abschnitt behandelten wirtschaftlichen und sozialen Aspekten. Die in diesem Zusammenhang vorhandenen Probleme werden häufig übersehen oder geleugnet. Sie sind erheblich, aber dennoch marginal im Vergleich zu den Gefahren, die aus dem Entstehen von Parallelkulturen erwachsen.

Wie in Kap. 3.1 dargelegt, ist der Mensch zugleich Individuum als auch Teil einer Gruppe oder Gemeinschaft. Sein Verhalten in der Gemeinschaft hat zwei deutlich zu unterscheidende Ausrichtungen. Nach innen ist er ein soziales Wesen mit einer angeborenen Moral. Diese Moral ermöglicht ein im wesentlichen reibungsfreies Zusammenleben zwischen den Gruppenmitgliedern. Sie verpflichtet die Mitglieder auch zur Treue gegenüber der Gemeinschaft und zur Bereitschaft, sich für diese einzusetzen. Treue schließt ein, die in der Gemeinschaft vorherrschenden Wertevorstellungen nicht in Frage zu stellen.

Gegenüber fremden Individuen besteht die Neigung, sie zu integrieren, gegenüber fremden Gemeinschaften die Tendenz zur Abgrenzung. Wo sich das Prinzip der Territorialität nicht durchsetzen läßt, existiert eine angeborene Verteidigungs- und Aggressionsbereitschaft. Die eigene Gemeinschaft bzw. deren Führer können bei der Gefolgschaft eine fast unbegrenzte Aggression abrufen, eventuell unter Manipulation der auslösenden Reize.

Die Moral für das Innenverhältnis gilt nicht gegenüber fremden Gemeinschaften; es besteht sogar ein Antagonismus: Je stärker die Zuwendung, Opferbereitschaft und Moral nach innen, desto rücksichtsloser und brutaler das Verhalten gegenüber der fremden Gemeinschaft; siehe die islamischen Selbstmordattentäter.

Dieser Zusammenhang ist besonders gefährlich. Entstehende Aggression stellt auslösende Reize für die Gegenseite dar; deren Reaktion verstärkt dann wieder die eigene Aggression. Das System ist rückgekoppelt und instabil, die Gegensätze schaukeln sich auf: Aus Nachbarn werden Erbfeinde, aus Angehörigen anderer Religionen Götzendiener und Teufelsanbeter. Die anfänglichen Ursachen des Streits sind später meistens nicht mehr auszumachen und bisweilen so unwesentlich, daß aus Erbfeinden in wenigen Jahren wieder zuverlässige Freunde werden können, wie z.B. Frankreich und Deutschland.

Derzeit besteht auf Seiten der autochthonen Bevölkerung in Deutschland die Neigung, in den Einwanderern Individuen und Gäste (daher der Ausdruck „Gastarbeiter") zu sehen, die man integrieren möchte. Mit einer allerdings entscheidenden Ausnahme scheint eine solche Betrachtung angemessen. Sie könnte realistisch sein für alle Zuwanderer außer der Mehrheit der Immigranten islamischen Glaubens.

Ausländer aus dem gleichen Kulturkreis (aus der EU) sind leicht zu integrieren oder zu assimilieren. Andere Einwanderer außer den Muslimen sind nicht sehr zahlreich und wenig augenfällig. Ein Hauch Exotik ist interessant und „bereichert die Gesellschaft".

Die hier lebenden Juden wollen ihre Religion und Identität bewahren. Im übrigen besteht aber große Integrationsbereitschaft. Zwar gibt es in der jüdischen Religion wie im Christentum und Islam die Vision einer Welt, die sich vollständig zu dem jeweils eigenen Gott bekennt. Bei David heißt es in Psalm 22: „Des Herrn werden sie gedenken und sich zu ihm bekehren, die an allen Enden der Erde wohnen. Vor ihm werden sich niederwerfen alle Geschlechter der Völker."

Anders als bei den Christen und Muslimen bedarf es hierfür aber allein des Willens Gottes, eine Hilfe der Menschen wird nicht erwartet. Die Juden sind daher keine missionierende Gemeinschaft. Sie bevorzugen ihre exklusive Rolle als auserwähltes Volk Gottes. Weder besteht die Absicht, die autochthone Bevölkerung zu bekehren, noch gibt es eine Möglichkeit, sie zu majorisieren. Dies ist eine gute Basis für eine friedliche Koexistenz. Natürlich fürchten die jüdischen Mitbürger neuen Antisemitismus. Diese Angst macht sie insoweit zum Tugendwächter in Deutschland. In Anbetracht des Holocausts sollten wir für eine solche Neigung Verständnis haben.

Dennoch kann die Existenz einer fremden ethnischen Gruppe auf dem eigenen Territorium nie als völlig unproblematisch angesehen werden, zumal wenn sie auf ihre Besonderheit und Selbstabgrenzung Wert legt und sie gelegentlich zur Schau stellt. Eine Leugnung würde wesentlichen Einsichten widersprechen, die diesem Buch zugrundeliegen bzw. durch das Buch vermittelt werden sollen. Aggressionsbereitschaft gegenüber fremden Wertegemeinschaften allgemein und besonders gegenüber Parallelgesellschaften auf dem eigenen Territorium gehört zum genetischen Erbe der Menschheit, das sich weder seit den Zeiten der Bibel (Ausrottung der Midianiter) noch seit Hitler geändert hat (Kap. 3.4); siehe auch das Zitat am Anfang dieses Abschnitts. Andererseits sind Juden und Deutsche gleichermaßen den westlichen Wertevorstellungen verpflichtet. Sie sind daher natürliche Verbündete und könnten Freunde sein oder bleiben, guten Willen auf beiden Seiten vorausgesetzt.

Hinzu kommt, daß mit der islamischen eine Parallelkultur in Deutschland im Entstehen begriffen ist, die an Auffälligkeit und Durchsetzungswillen alles übertreffen kann, was in diesem Land jemals zu ethnischen Konflikten geführt hat. Wir halten die

Annahme für begründet, daß die Mehrheit der in Deutschland lebenden islamischen Bevölkerung nicht integrierbar ist:

1. Der Islam ist eine missionierende, aggressive Religion. Unter den jungen Menschen in Deutschland halten nur 8 % der Evangelischen und 9 % der Katholiken die Religion für wichtig, aber 75 % der Muslime. In Anbetracht der anhaltenden Zuwanderung und der vergleichsweise hohen Geburtenrate bei den Muslimen dürfte bereits in weniger als einer Generation der Islam die am stärksten praktizierte Religion in Deutschland sein.

   Anders als z.B. in den USA und Frankreich werden bezeichnenderweise in Deutschland die Fruchtbarkeitsraten der Frauen bei den verschiedenen ethnischen Teilgruppen nicht gesondert ermittelt. Hinweise liefert aber eine Erhebung des Statistischen Bundesamtes mit Daten (1999) für Deutsche und Ausländer aus den fünf wichtigsten Herkunftsländern. Danach ist die durchschnittliche Zahl der Kinder in Haushalten der Ehefrauen im Alter zwischen 35 und 39 Jahren bei den hier lebenden türkischen Staatsangehörigen mit 2,61 Kindern am größten. Bei verheirateten deutschen Staatsangehörigen im gleichen Alter leben 1,73 Kinder im Haushalt. Deutsche Frauen leben häufiger in Single-Haushalten; türkische Frauen haben z.T. noch Kinder im Herkunftsland. Die mittlere Fruchtbarkeitsrate bei den türkischen Frauen dürfte daher nicht viel weniger als doppelt so hoch sein wie die der einheimischen Frauen. Die derzeit offizielle Fruchtbarkeitsrate von 1,4 für Deutschland gilt gemittelt über alle Gruppen. Für die autochthone Bevölkerung liegt sie nach aller Wahrscheinlichkeit unter 1,3.

2. Unter Berufung auf den Koran werden viele Normen der hiesigen Gesellschaft offen abgelehnt. Junge Mädchen dür-

fen nicht am gemeinsamen Turnunterricht, an Tanz oder Klassenfahrten teilnehmen. Turnhallen müssen beim Turnunterricht für Mädchen abgedunkelt werden. Städtische Freizeitangebote für gemischte Gruppen aus Mädchen und Jungen werden nicht angenommen. Auch Vorschriften betreffend Kleidung und Nahrung (z.B. Kopftuch, Schweinefleisch, Schächtung) betonen das Trennende zwischen der autochthonen Bevölkerung und den islamischen Einwanderern. Die unterschiedliche Rolle der Frau im Islam ist hinlänglich bekannt. Sie ist im übrigen mitverantwortlich für die gleichbleibend hohe Geburtenrate bei den muslimischen Immigranten.

3. Vielerorts werden außer den jedem zustehenden Individualrechten auch eigene Gruppenrechte gefordert. Die Etablierung einer Parallelkultur wird zum Programm erhoben. Islamische Religionsgemeinschaften verlangen das Recht auf Religionsunterricht in eigener Trägerschaft und Unabhängigkeit vom Staat. An staatlichen Hochschulen ohne entsprechende christliche Kapellen werden islamische Beträume eingerichtet. 2 300 Moscheen-Vereine sind in Deutschland aktiv; bei bestehenden Moscheen kämpft man um die Genehmigung, den Muezzin-Ruf durch Lautsprecher zu verstärken. Darüber hinaus fordert der Zentralrat der Muslime in Deutschland den Bau von Moscheen in den Innenstädten, die Beschäftigung muslimischer Militärbetreuer, staatlichen Schutz der islamischen Feiertage und die Einrichtung muslimischer Friedhöfe. Selbsternannte Kalifen (Metin Kaplan) rufen in Deutschland den Gottesstaat aus, ein Gegenkandidat wurde ermordet. Über 100 000 junge Türken haben sich bei einer Befragung für die Einführung der Scharia in Deutschland ausgesprochen.

4. An vielen Orten separieren sich die Muslime bereits von der alteingesessenen Bevölkerung (Türkengettos). Das Fernsehen verbindet die islamischen Bewohner mit ihrem Herkunftsland. Deutschland ist für sie keine Realität, siehe den vorigen Abschnitt.

5. Am Tag nach den Terroranschlägen auf das World Trade Center und das Pentagon kamen in manchen Städten die Kinder muslimischer Eltern übernächtigt in die Schule. Sie hatten gefeiert, „weil es den Amerikanern einmal so richtig gezeigt wurde". Deutschland ist bereits in das Netzwerk des islamischen Terrorismus einbezogen. Es war und ist sicherlich auch weiterhin Ruheraum für terroristische Gruppen und Vorbereitungsraum für Anschläge im Ausland, in den USA wie auch in Frankreich (geplanter Anschlag in Straßburg). In Deutschland wurden immerhin schon amerikanische und israelische Fahnen öffentlich verbrannt. Das Bundesamt für Verfassungsschutz zählt in Deutschland mehr als 30 000 Personen zur Anhängerschaft extremistischer islamischer Gruppen.

Diese Zahl mag noch relativ klein erscheinen, wird sich aber vergrößern. Sie wird mit der Zahl der Muslime in Deutschland wie auch anteilig zunehmen. Mit der Stärke des Islam in Deutschland werden auch das offene Bekenntnis sowie Eifer und Einsatz für diese Religion wachsen. Der Ernstfall tritt ein, wenn sich die Zahl der Muslime der der alteingesessenen Bewohner annähert. Maßgebend ist dann, wem die Loyalität der Mehrheit der Muslime gehören wird: dem Aufnahmeland oder der Religion, die keine weltliche Autorität neben sich duldet. Berücksichtigen wir auch, daß nach aller Erfahrung eine Gemeinschaft in der Diaspora ihrer Religion mit besonderem Eifer anhängt.

Wie heute in der Türkei könnte die Trennung von Religion und Staat dann nur noch durch das Militär garantiert werden, falls dies nicht auch durch islamistische Kräfte unterwandert wäre. Wir erinnern daran, daß in der Türkei das Tragen des Kopftuchs in öffentlichen Räumen generell verboten ist. Versuche der derzeitigen Regierung, das Verbot aufzuweichen, sind am Militär, der Justiz und auch am Staatspräsidenten gescheitert. Es ist grotesk, wenn ein deutscher Bundespräsident sich für das Kopftuch z.B. bei Lehrerinnen einsetzt, am Verlust der eigenen Identität mitarbeitet und einer Islamisierung den Weg ebnet.

6. Der erwähnte Zentralrat der Muslime in Deutschland stellt in einer Grundsatzerklärung fest, Muslime seien auch nach islamischem Recht verpflichtet, sich in der Diaspora „grundsätzlich an die lokale Rechtsordnung zu halten". Zu dieser Aussage brauchte es keine Überwindung, weil das Grundgesetz Freiheiten und Rechte gewährt, die nirgendwo, auch nicht ansatzweise, in der islamischen Welt Christen oder anderen Nicht-Muslimen zugestanden werden. Der gelegentlich geforderte Verfassungspatriotismus beeinträchtigt die Muslime nicht in ihrer Hoffnung, sich in spätestens fünf Generationen zur Mehrheitsgesellschaft zu entwickeln, wonach dann auf das heutige Grundgesetz keine Rücksicht mehr genommen werden müßte.

Eine ähnliche Entwicklung vollzieht sich derzeit in Mazedonien. Im Jahr 1975 lebten dort 17 % muslimische Albaner; 1994 wurde bei einer Volkszählung ein Bevölkerungsanteil von etwa einem Viertel ermittelt, heute sind es bereits mehr als 30 %. Im April 2001 erklärte der Sprecher der albanischen Nationalen Befreiungsarmee (UCK), Mazedonien könne „nicht länger das Eigentum einer ethnischen Gruppe bleiben", sondern müsse „zum Staat zweier

Völker werden". Sofern die eskalierende bewaffnete Auseinandersetzung nicht zu einer anderen Entwicklung führt,
dürften um 2040 in Mazedonien ebenso viele Albaner leben
wie Mazedonier. Wenig später wären die christlich-
orthodoxen slawischen Mazedonier eine bedrohte Minderheit im eigenen Land.

Das Christentum breitet sich, wenn überhaupt, durch Bekehrung aus, der Islam durch Bekehrung und Reproduktion. Der Anteil der Christen und Muslime an der Weltbevölkerung betrug in den achtziger Jahren des vorigen
Jahrhunderts 30 bzw. weniger als 20 %. Nach heutigen
Schätzungen wird der Anteil der Christen bis zum Jahr 2025
auf 25 % sinken, der der Muslime dagegen auf über 30 %
steigen. Der genannte Zentralrat sieht die Muslime in
Deutschland in der „Diaspora", also als Minderheit in einem fremden Land, nicht als Bürger in einer neuen Heimat.
Er legt ferner Wert auf die Bewahrung der „islamischen
Identität". Diese Formulierungen lassen keinen Raum für
die Annahme, daß damit eine Identität als Deutscher mit
islamischem Glauben gemeint ist.

7. Die Abneigung der Muslime gegen eine Integration wird auf
    fatale Weise verstärkt durch die Nachgiebigkeit, Gleichgül-
    tigkeit und Naivität unserer Gesellschaft, insbesondere
    durch das Gerede von einer multikulturellen Gesellschaft.
    Der Begriff ist ein Widerspruch in sich. Eine Gesellschaft ist
    eine Kultur- bzw. Wertegemeinschaft. Mehrere nebenein-
    ander existierende Kulturen bilden keine Gesellschaft. Mul-
    tikulti gibt keine Orientierung in Richtung auf eine Ge-
    meinschaft, in die man sich integrieren könnte. Tatsächlich
    sind, anders als in den USA, die Umrisse der eigenen Kultur
    und unsere Wertevorstellungen derzeit sehr unscharf. Hof-
    fen wir, daß sich Deutschland wieder auf seine Existenz als

altes Kulturland besinnt, auf eine nationale Identität, die nicht alles beherrscht, aber der Hinwendung zu Parteien übergeordnet ist.

Bereits heute gibt es eine Vielzahl von Sonderregelungen, die eine Integration verhindern und der Trennung Vorschub leisten. Das geht vom Einbau von Hocktoiletten für muslimische Mitarbeiter über die Gewährung von Gebetspausen bei gemischtkulturellen Veranstaltungen, selbst wenn sie willkürlich und ohne entsprechende Vorschrift durch den Koran verlangt werden, bis zur Abschaffung des Weihnachtsfests im Hamburger Frauenhaus aus Rücksicht auf andere Religionen und zur Genehmigung der Schächtung durch das Bundesverfassungsgericht.

Auch Teile der evangelischen Kirche zeigen wieder ihre Anfälligkeit gegen Anfechtungen durch den Zeitgeist. Auf dem Kirchentag werden Abendmahlsfeiern mit Gebeten und Symbolen aus anderen Religionen (Buddhismus, Hinduismus, Islam und Judentum) „angereichert" und zu multikulturellen Veranstaltungen umfunktioniert. In der evangelischen Kirche breitet sich eine Toleranzideologie aus, die letztlich auf einen Mischglauben hinausläuft. Da wundert es nicht mehr, daß der ehemalige Ministerpräsident der Türkei, Mesut Yilmaz, fordert, „die Europäische Union müsse ihre christlichen Wurzeln vergessen". Dann allerdings wäre sie reif für eine Übernahme durch den Islam.

8. Die Entwicklung ist gefährlich, nicht nur in Deutschland. In Frankreich nehmen die Spannungen zwischen der autochthonen Bevölkerung und den Neu-Franzosen nordafrikanisch-islamischer Herkunft dramatisch zu; dies geschieht unbeeinflußt durch die Tatsache, daß die in Frankreich geborene heutige Generation der Kinder ehemaliger Immi-

granten aus Nordafrika automatisch die französische Staatsbürgerschaft hat. Überall in Europa wurde und wird die Einwanderungspolitik von liberal auf restriktiv verändert.

Deutschland hängt, in der Diktion von Winston Churchill, niemand mehr an der Kehle und zeigt sich besonders ausländerfreundlich. Vergessen wir aber nicht, daß diese Gemütslage vorzugsweise mit unserer historischen Situation zu tun hat. Von den Genen her sind wir die gleichen wie im vorigen Jahrhundert, in der Zeit der Religionskriege oder der Kreuzzüge. Vor allem entsprechen unsere Gene denen unserer Nachbarn und sehr weitgehend auch denen der anderen Völker der Welt. Selbst wenn die Lektion, die die Geschichte uns erteilt hat, noch lange nachwirkt, wir allein können den Frieden in Deutschland nicht garantieren. Ohne eine volle Integration der Einwanderer mit Eingliederung in unsere Wertegemeinschaft wird Deutschland balkanisiert, und es entsteht ein unübersehbares Konfliktpotential. Bei Integration der Immigranten könnten wir auf eine friedliche Entwicklung hoffen. Wirkliche Sicherheit würde allerdings Assimilation voraussetzen.

Niemand mit unseren Erfahrungen und Einsichten darf davon ausgehen, daß die Existenz von Parallelkulturen in Deutschland unproblematischer ist als im ehemaligen Jugoslawien, Bosnien oder in Israel (Palästina), in der Türkei (Kurden) oder an vielen anderen Stellen in der Welt (Afghanistan, Angola, Baskenland/Spanien, Bhutan, Botsuana, Burundi: Hutu/Tutsi, Dschibuti, Indien/Pakistan: Hindus/Moslems, Indonesien, Kambodscha: Rote Khmer, Kongo: 250 Ethnien, Mazedonien, Moldawien, Nigeria: 434 Ethnien, Philippinen, Ruanda, Senegal, Sri Lanka: Tamilen/Singhalesen, Tschetschenien/Rußland, Sudan, Zypern

usw.). Auch ein multiethnisches Konstrukt wie die Tsche-
choslowakei konnte keinen Bestand haben.

Weder aus Fahrlässigkeit noch Unverstand, Gutgläubigkeit
oder fehlender Weitsicht dürfen wir unseren Kindern und
Enkeln ein Land hinterlassen, das auf ethnische Konflikte
hinsteuert. Sie werden uns sonst, wie ein CSU-Politiker
einmal formuliert hat, verfluchen. Palmströms Devise, „daß
nicht sein kann, was nicht sein darf", kann tödlich sein in
der realen Politik. Siehe auch den muslimischen Professor
für internationale Beziehungen an der Universität Göttin-
gen, Bassam Tibi: „ Die von der political correctness bestimmte Neigung, vor den kulturellen Unterschieden die
Augen zu verschließen, ist ein höchst riskanter und selbst-
zerstörerischer Weg", siehe Herzog (154).

Bezeichnenderweise wurde in Frankfurt eine Moschee nach
dem Berberfürsten Tarik Ben Ziad benannt, der im Jahr 711
von Nordafrika aus bei Gibraltar (arabisch: Berg des Tarik)
mit einem Heer nach Europa übersetzte, den letzten West-
gotenkönig Roderich besiegte, und die Eroberung Spaniens
in die Wege leitete.

9. Gelegentlich verweist man auf die Vereinigten Staaten von
Amerika als Vorbild für eine funktionierende multikulturelle Gesellschaft. Dabei wird übersehen, daß Amerika eine
beherrschende Leitkultur hat und von den Immigranten eine vorbehaltlose Einfügung in die bestehende Gesellschaft
verlangt (siehe Treueid, Kap. 5.1). In Deutschland übt man
sich im Laisser-faire. Auch sonst unterscheiden sich die Situation der Immigranten und das Verhalten der Gesellschaft
in der Einwanderungsfrage in praktisch allen Punkten von
den Umständen in Deutschland bzw. sind ihnen sogar entgegengesetzt:

194

In der ersten Hälfte des vorigen Jahrzehnts war der Zuzug von Ausländern nach Deutschland größer als in die USA, bei einer um den Faktor 3 kleineren Bevölkerungszahl und 23 mal kleineren Landfläche. Der Anteil der Muslime an der US-amerikanischen Bevölkerung ist mit 1,8 % weniger als halb so groß wie der in Deutschland (3,7 %). In unserem Land wurden weit überwiegend Menschen geringer beruflicher Qualifikation aufgenommen, die Aufnahme erfolgte seit 1973 praktisch nur noch aus humanitären Gründen. Amerika hat in den letzten Jahrzehnten im allgemeinen nur Fachkräfte ins Land gelassen.

Dies wirkt sich bereits auf den Wohlstand der Länder und deren Fähigkeit zu technischen Innovationen aus. Auf verschiedenen Technikfeldern (z.B. Weltraumtechnik, Waffentechnik) sind die USA weltweit überlegen. Auf dieser Grundlage lassen sich leicht Stolz und Nationalgefühl entwickeln, die zudem in den USA eingeübt und zur Pflicht gemacht werden. Deutschland pflegt hingegen seine Selbstzweifel und verleugnet die eigene Kultur.

Integrationsdruck und Gruppenzwang homogenisieren die Gesellschaft in den USA und vermindern die Reibung zwischen den Immigranten verschiedener Herkunft und der Mehrheitsgesellschaft. Soweit die fremden Religionen keine Konflikte verursachen werden sie toleriert, zur Privatsache erklärt und damit marginalisiert. In Deutschland werden die Symbole der eigenen Kultur mißachtet. Flagge zeigt man, im übertragenen wie im direkten Sinn, nur sehr selten. Fast hat es den Anschein, als ob man sich hierzulande, in vorauseilendem Gehorsam, auf eine islamische Mehrheitsgesellschaft einrichtet. Eine islamische Parallelgesellschaft ist bereits entstanden. Sie wächst weiter, während die autochthone Gesellschaft rapide schrumpft.

5.3 Die deutsche Gesellschaft

5.3.1 Die deutsche Gesellschaft als offene Gesellschaft

Verfluchtes Volk! kaum bist du frei,
So brichst du dich in dir selbst entzwei.
War nicht der Not, des Glücks genug,
Deutsch oder teutsch, du wirst nicht klug.

Goethe, Zahme Xenien IX

Die offene Gesellschaft nach Popper hat einen entscheidenden Fehler: Sie ist erklärtermaßen eine Konstruktion der Vernunft. Zusammenleben auf der Grundlage der Ratio ist aber nicht identitätsstiftend und macht es schwer, emotionale Beziehungen zur Gemeinschaft zu entwickeln. Popper lehnt emotionale Bindungen an die Gemeinschaft überhaupt ab.

Diese Einstellung ist ähnlich extrem aber entgegengesetzt der Haltung, zu der das deutsche Volk in der Zeit des Nationalsozialismus erzogen werden sollte, gemäß dem Spruch: „Du bist nichts, dein Volk ist alles." Popper sieht im Menschen nur das Individuum, der totalitäre Staat ausschließlich einen Teil des „Volkskörpers". Die Evolution hat dem Menschen aber eine Position zwischen den Extremen zugewiesen; darauf beruht seine Überlegenheit in der Natur (Kap. 3.1).

Als Normalfall sehen wir den Zustand an, bei dem Individualismus und Gemeinsinn in einem ausgewogenen Verhältnis zueinander stehen; wobei sich freilich die Eigenschaft „ausgewogen" nicht objektiv definieren läßt. Subjektiv, nach unserer Einschätzung, sind z.B. die derzeitigen Staaten der Europäischen Union außer Deutschland normale nationale Gemeinschaften.

196

Abweichungen vom Normalzustand entstehen durch äußere Einflüsse, insbesondere bei Bedrohung durch fremde Gemeinschaften, der Deutschland aufgrund seiner zentralen Lage in der Mitte Europas in besonderem Maße ausgesetzt war. Wie kaum ein anderes Land war das Zentrum Europas im Laufe seiner Geschichte Schauplatz von Kriegen. Allein im Dreißigjährigen Krieg verlor Deutschland mehr als 40 % seiner Bevölkerung, in manchen Gegenden über 65 %. Die Folge waren Lebensangst und Unsicherheit, die auch heute noch, im Sinne kultureller Prägung, zum Nationalcharakter der Deutschen gehören. Das entsprechende Lebensgefühl wird durch Sprache und Kultur weitervermittelt; wir verweisen auf das Wiegenlied aus dem Dreißigjährigen Krieg von Ricarda Huch am Anfang von Kapitel 3.1. In seiner Urfassung gehört es zum Volksgut, und es ist in ganz Deutschland bekannt. Einen ähnlichen Beitrag zur deutschen Identität liefert auch das Kinder- bzw. Volkslied vom Maikäfer:

Maikäfer flieg!
Dein Vater ist im Krieg,
Die Mutter ist in Pommerland,
Pommerland ist abgebrannt,
Maikäfer flieg!

Diese kulturelle Prägung gehört zu den erworbenen Eigenschaften. Sie überlagert sich dem angeborenen und nach Schopenhauer konstanten Charakter.
Angst und Unsicherheit sind die Ursachen, daß die Deutschen bis heute keinen sicheren Platz im Normalbereich zwischen Individualismus und Gemeinschaftsdenken finden konnten. Fallweise verlassen sich die Menschen in einer entsprechend labilen Lage auf die eigene individuelle Stärke, oder sie sind anfällig,

sich ohne Vorbehalte in die „Geborgenheit" eines Kollektivs zu begeben und sich diesem sogar auszuliefern.

Mehr als andere Länder hat Deutschland große Persönlichkeiten hervorgebracht, die als Individuen über der existierenden Ordnung standen. Wir erinnern an Martin Luther und sein Auftreten auf dem Reichstag zu Worms im Jahre 1521, als er seine Thesen verteidigte und mit den Worten schloß: „Hier steh ich, ich kann nicht anders, Gott helfe mir, Amen." Die Liste großer unabhängiger Persönlichkeiten ist lang; sie enthält Namen wie Lessing, Kant, Schiller, Goethe, Beethoven, Schopenhauer, Nietzsche, um nur einige zu nennen. Ihnen verdankt Deutschland den Ruf, das Land der Dichter und Denker zu sein.

Auf der anderen Seite sind auch die totalitärsten kollektivistischsten Gesellschaftsordnungen der Neuzeit in Deutschland entstanden. Der Nationalsozialismus wurde zur alles beherrschenden Ideologie in Deutschland, der Kommunismus nach Karl Marx zum Exportschlager und Erfolgsmodell in vielen anderen Ländern der Erde. Auf seiner Grundlage entstand die Sowjetunion, später, als Folge des Krieges, der Ostblock. Darüber hinaus erfaßte der Marxismus China, Indochina, Teile Vorderasiens, Afrikas und Mittelamerikas.

Karl R. Popper (Kap. 4.4) entstammt der gleichen Kultur, in deren Spannungsfeld sich bedeutende Persönlichkeiten als Individualisten entfalten konnten, in der aber auch radikale kollektivistische Ideologien entstanden sind. Nach seinem eigenen Werdegang mit Emigration von Österreich nach Neuseeland und England ist verständlich, daß Popper die emotionale Hinwendung zur Gemeinschaft als kollektivistisches Merkmal überhaupt ablehnt und die offene Gesellschaft propagiert, in der die Individuen auf der Grundlage von Moral und Vernunft zusammenleben. Er sieht diese Gesellschaft zum großen Teil realisiert in den zur westlichen Kultur gehörenden Ländern. Aus unserer Sicht haben aber z.B. Engländer, Franzosen, Spanier, Italiener usw. zuvorderst eine eigene nationale Identität, ebenso die US-Amerikaner. Zu einem kleinen Teil fühlen sich die Bewohner unseres Kontinents auch als Europäer.

Tatsächlich ist aber in einem der Länder der westlichen Welt die Vorstellung Poppers von einer offenen Gesellschaft weitgehend verwirklicht, und zwar in Deutschland. Eine offene Gesellschaft mit minimaler innerer Bindung konnte hier entstehen, weil der Nationalcharakter der Deutschen extremes Verhalten zuläßt und jede Form von Nationalbewußtsein durch Hitler kompromittiert wurde. Der Hitler-Schock und moralische Selbstzweifel haben die deutsche Gesellschaft an den Rand der Selbstauflösung gebracht; das Staatswesen ist nur noch eine Verwaltungseinrichtung, ansonsten eine leere Hülle.

Verzögert wurde diese Entwicklung zunächst durch nationalgesinnte Männer wie Kurt Schumacher, auch durch den Sieg bei der Fußballweltmeisterschaft 1954 in Bern und durch das Wirtschaftswunder, in deren Folge zunächst wieder etwas Selbstbewußtsein aufkam. Verstärkt wurde sie durch die 68er-Bewegung, vor allem seit die 68er-Generation, nach dem Marsch durch die Institutionen, die Macht in Deutschland übernommen hat, ferner auch durch die Wiedervereinigung. Sichtbar ist die Selbstauflösung der deutschen Gesellschaft, wenn eine Gedenkeinrichtung im Innenhof des Reichstags nicht mehr dem deutschen Volke, sondern der deutschen Bevölkerung gewidmet wird, oder wenn die Sieger einer Bundestagswahl das Land nicht wie ihre Heimat, sondern wie ihre Beute behandeln.

Wie zur Zeit Goethes (siehe das o.g. Zitat), tun sich die Deutschen auch heute schwer, ein normales nationales Identitätsbewußtsein zu entwickeln. Dem Zerfall in Teilstaaten damals entspricht heute eine Auflösung der Gesellschaft in Parallelgemeinschaften, nicht eingerechnet die als Folge der Einwanderung entstehenden Parallelkulturen. Der politische Bürger hierzulande fühlt sich nicht dem Staat verpflichtet, sondern sucht seine Heimat innerhalb einer Partei. Als deren Anhänger betrachtet er die Sympathisanten anderer Parteien als Feinde. Die in einigen Teilen Deutschlands noch zu beobachtende Hinwendung zur gewachsenen bodenständigen Kultur bedeutet für andere bereits Fremdenfeindlichkeit und Nationalismus. Anhänger linker Parteien üben sich in nationalem Selbsthaß und betreiben die Etablierung einer multikulturellen Gesellschaft. Die Grünen-Bewegung kämpft vorgeblich für den Schutz der Umwelt, in Wirklichkeit aber um Macht und Machterhalt. Ohne einem wirksamen Umweltschutz näherzukommen, nimmt sie Verluste unserer Volkswirtschaft im mehrstelligen Milliardenbereich in Kauf (Ausstieg aus der Kernenergie, Windkraft, Dosenpfand). Liberale Politiker ereifern sich für Freiheit und Freizügigkeit, auch wenn die Zuwanderung unsere Gesellschaft sprengt. Kirchen treiben Politik auf Kosten der Gesellschaft, soweit sie sich dadurch Zuspruch erhoffen.

5.3.2 Probleme unserer Gesellschaft

Es geht um etwas Selbstverständliches, Banales,
nämlich endlich um die Einsicht,
daß Deutschland schon lange chronisch krank ist.

Arnulf Baring 2002

Das Leben in einer technischen Zivilisation ist nicht artgerecht. Die Gemeinschaft ist somit ohnehin in ihrer Existenz bedroht (Kap. 2.1). Die zusätzlichen Probleme in Zusammenhang mit unserem Nationalcharakter waren Gegenstand des vorigen Abschnitts 5.3.1. Darüber hinaus nötigt der Zeitgeist in Deutschland die Menschen zu einem Leben im Randbereich möglichen Verhaltens: Orientierungslosigkeit und Abkehr von unserer Kultur werden als Freiheit von Bevormundung und staatlichem Zwang ausgegeben, Rücksichtslosigkeit und Konsummaximierung als Elemente der Selbstverwirklichung begrüßt. Existentielle Probleme werden verdrängt. Daher ist die deutsche Gesellschaft mehr als andere in akuter Gefahr. Die Folgen für das deutsche Volk sind absehbar und z.T. bereits offenkundig. Die größten der bestehenden Probleme lassen sich wie folgt zusammenfassen:

1. Die Deutschen werden immer weniger. Aufgrund der niedrigen Geburtenrate und auch Auswanderung sterben wir in wenigen Generationen aus.

2. Schon wesentlich früher werden wir durch Nachkommen von Einwanderern majorisiert, d.h. zur ethnischen Minderheit im eigenen Land.

201

3. Im Übergangszeitraum entsteht und wächst die Gefahr von Bürgerkriegen.

4. Die Kontinuität in Tradition und Kultur geht verloren. Als lebendige Kulturnation spielen die Deutschen eine zunehmend geringere Rolle, die deutsche Kultur stirbt in Deutschland aus.

5. Das mittlere Intelligenzniveau der Deutschen nimmt stetig ab: Die Deutschen werden immer dümmer.

6. In Relation zu den anderen Industrienationen werden wir immer ärmer.

7. Deutschland wird weltpolitisch und wirtschaftlich immer unbedeutender und damit Spielball anderer Mächte.

Das Aussterben der Deutschen nach Punkt 1 ist kaum noch zu verhindern. Weder besteht die Bereitschaft, im Überleben unserer Gesellschaft ein Staatsziel zu sehen, noch ist ein Paradigmenwechsel erkennbar, der die Familie wieder aufwertet und ihre staatstragende Funktion deutlich macht; siehe Kap. 2.4 sowie Abschnitte 3.2.6 und 3.2.7. Eingewanderte Muslime und deren Nachkommen werden in absehbarer Zeit die Mehrheitsgesellschaft bilden (Punkt 2). Auf dem Weg dorthin treten sie als Parallelgesellschaft in Erscheinung, deren Mitglieder sich nicht in die bestehende Gesellschaft integrieren lassen (Kap. 5.2). Auch werden die Muslime ihr generatives Verhalten beibehalten: Die hohe Geburtenrate ist auf deren Religion und die Rolle der Frau im Islam zurückzuführen.
Wir verweisen darauf, daß sich die Bevölkerung der Türkei in den letzten 50 Jahren trotz erheblicher Abwanderung deutlich mehr als verdreifacht hat. Eine Aufnahme der Türkei in die EU

mit Gewährung von Freizügigkeit würde die angestammte Bevölkerung in Deutschland vorzeitig noch in diesem Jahrhundert zur bedrohten Minderheit machen. Zudem werden die Angehörigen der Turkvölker Mittel- und Zentralasiens (Aserbeidschaner, Tataren, Baschkiren, Turkmenen, Usbeken, Kasachen, Kirgisen, Jakuten, Altaier, Uiguren und andere) bei Nachweis der Turksprachigkeit und sunnitischer Konfessionszugehörigkeit problemlos in die Türkei eingebürgert, und sie hätten dann auch ein Zuzugsrecht in die Bundesrepublik Deutschland (Scheuning 2002).

Vielfach wird die Meinung vertreten, Zuwanderer würden sich unter dem Einfluß der im Aufnahmeland herrschenden Bedingungen dem Verhalten der dort lebenden Bevölkerung angleichen. Einen exzellenten Gegenbeweis finden wir in der Bibel: 70 Personen kamen mit Jakob, dem Bruder Josephs, nach Ägypten, als Zuwanderer und geschätzte Gäste; innerhalb von 430 Jahren vermehrten sie sich auf 630 000 erwachsene Personen zuzüglich der Kinder (2. Mose 1,5 und 12,36 sowie 12,40): „Da kam ein neuer König auf in Ägypten, der wußte nichts von Joseph und sprach zu seinem Volk: Siehe, des Volks der Kinder Israel ist viel und mehr als wir." Vor einer ähnlichen Erkenntnis, bezogen auf die Nachkommen islamischer Zuwanderer, könnte in wesentlich kürzerer Zeit ein deutscher Bundeskanzler stehen.

Abgesehen von den ca. 20 % Kurden ist die Türkei heute ein ethnisch und religiös gesäubertes Land. 99 % der Bevölkerung sind Muslime. Die mehr als zweieinhalb tausend Jahre im Gebiet der heutigen Osttürkei ansässigen und seit 1700 Jahren christlichen Armenier wurden zwischen 1895 und 1916 vernichtet, vertrieben oder flüchteten; das Wort Holocaust für Völkermord wurde in der Neuzeit erstmals in diesem Zusammenhang gebraucht. Eine große Zahl von Griechen wurde unter Atatürk ausgebürgert, die letzten, einige Zehntausend, mußten

1955 das Land verlassen. Nichts spricht dafür, daß die autochthone Bevölkerung in Deutschland als ethnische Minderheit
eine Überlebenschance hätte, und daß wir bei einer Balkanisie-
rung Deutschlands von den dort üblichen Konflikten verschont
blieben; siehe auch Abschnitt 5.2.3.

Dem Abreißen der Tradition und Verlust unserer Kultur
(Punkt 4) ist ein eigener Abschnitt (5.3.4) gewidmet. Punkt 5
bezieht sich auf die angeborene Intelligenz, nicht auf die
schlechte Ausbildung unserer Kinder. Die Ausbildung läßt sich
jederzeit wieder verbessern, auch wenn der Weg von der Ge-
schwätz- und Spaßschule zurück zur Lernschule schwierig ist
und nicht vom Zeitgeist geebnet wird. Nicht korrigierbar ist dagegen die stetige Verschlechterung unseres Genpools als Folge
der gesellschaftlichen Umstände:

Zur Klarstellung sei betont, daß die Begabung der Kinder im
Einzelfall nicht aus den Schulzeugnissen der Eltern abgelesen
werden kann. Goethe war ein Hüne, sein Sohn nach eigenem
Bekunden nur ein Hühnchen. Jedoch hat eine ausgewählte
Teilgesellschaft mit höherem Begabungsdurchschnitt Nachkommen mit im Mittel ebenfalls höherer Begabung. Hier nun
kommt zum Tragen, daß in unserer Gesellschaft das Einkommen zu großen Teilen über die progressive Steuer sozialisiert
und zu einem kleinen Teil je nach Bedürftigkeit an die Familien
zurückgegeben wird. Der „Familienlastenausgleich" besteht
nicht in einer Förderung der Familien durch die Gesellschaft,
sondern die Familien mit höherem Einkommen finanzieren die
mit niedrigem Einkommen. Der Lebensstandard der Familien
mit höherem Einkommen sinkt dramatisch, wenn Kinder großzuziehen sind, bei kleinem Einkommen steigt er dagegen. Aus
diesen und anderen Gründen (Abschnitt 3.2.6) ist die Zahl der
Kinder bei den Leistungsträgern in unserer Gesellschaft deutlich niedriger als bei den Sozialhilfeempfängern oder den Beschäftigten in weniger qualifizierten Berufen. Die entsprechen-

den Fähigkeiten, soweit sie genetisch in den Leistungsträgern angelegt sind, werden daher weniger an die nachwachsende Generation weitergegeben.

Nach D. Vining (Eibl-Eibesfeldt 1997, 35) werden auch in anderen modernen Gesellschaften (USA 1982) in den weniger gebildeten und ökonomisch weniger erfolgreichen Gesellschaftsschichten mehr Kinder geboren als in den erfolgreichen, wodurch das mittlere Intelligenzniveau um etwa einen Punkt pro Generation absinkt; vergl. auch Kapitel 2.2. Die Auswirkung dürfte heute und in Deutschland noch weit größer sein. In unserer Umverteilungsgesellschaft haben 41 % der Akademikerinnen keine Kinder, aber nur etwa halb so viele Frauen ohne Lehre bzw. mit Anlernausbildung. Ebenso spielt eine Rolle, daß aus Deutschland durchweg hochqualifizierte Menschen auswandern. Dagegen kommen überwiegend Menschen geringer Qualifikation ins Land, die auch nicht qualifizierbar sind. Soweit sie sich überhaupt in die Gesellschaft integrieren, trägt auch dies zur Senkung des mittleren Intelligenzniveaus bei.

Wir werden immer ärmer (Punkt 6), weil wir unsere Volkswirtschaft zwanghaft selbst zugrunde richten, siehe hierzu den folgenden Abschnitt 5.3.3.

5.3.3 Wirtschaftlicher Niedergang

Wenn wir so weitermachen wie bisher,
sind wir im Jahr 2000 keine international
führende Industrienation mehr.

Karl Steinbuch 1968

Unser soziales Gewissen ist angeboren und durchaus artgemäß. Unverschuldet in Not geratene Bürger dürfen mit unserer Hilfe rechnen. Solidarität und Brüderlichkeit sind in den Menschen angelegt, Gleichheit nur im Sinne von Chancengleichheit. Nicht artgerecht ist der bestehende Rechtsanspruch von Personen ohne eigenes Einkommen auf gleichbleibende Vollversorgung durch den Staat. Er untergräbt das Bewußtsein der Eigenverantwortlichkeit und fördert Mißbrauch und unsoziales Verhalten. Es ist Klientelpolitik und stellt die Welt auf den Kopf, wenn gerade diejenigen in unserer Gesellschaft einen einklagbaren Rechtsanspruch auf sichere Versorgung haben, die nicht arbeiten und z.T. auch nicht arbeiten wollen.

Faktisch kann eine solche Versorgungszusage nicht mehr zurückgenommen werden. Versuche zur Anpassung an veränderte Bedingungen lassen sich jederzeit mit dem Totschlagsargument „Sozialabbau" abwehren. Sozialstandards sind der feste Punkt, von dem aus man die Welt aus den Angeln heben kann, allerdings nicht im Sinne von Archimedes. Sie bedeuten Staatsausgaben, bevor man über die Einnahmen verfügt. Um sie einzuhalten, muß man in Krisenzeiten die Sozialtransfers zu Lasten der Leistungserbringer in unserer Gesellschaft erhöhen. Daher wurde die Volkswirtschaft zunehmend mit Steuern und Abgaben belastet. „Die Belastbarkeit der Wirtschaft erproben", war schon immer eine Forderung linker Ideologen. Auf diesem Weg verstärkt man dann die Krise, und die Abwärtsspirale geht in eine neue Runde.

Immerhin wird allgemein anerkannt, daß vom Staat verfügte Abgaben zur Krise in unserer Wirtschaft beitragen. Jedoch nutzt es wenig, wenn eine Abgabe (Rentenbeitrag) geringfügig reduziert und dafür eine neue Steuer („Ökosteuer") eingeführt wird, zumal wenn diese dem Volumen nach die Abgabenentlastung weit übersteigt. Bedeutungslos in Hinblick auf eine Entlastung der Wirtschaft ist die Abgabensenkung um ein halbes Prozent, wenn in der nachfolgenden Runde die Löhne um mehrere Prozent erhöht werden. Zu hohe Abgaben sind schädlich, zu hohe Löhne ebenso; was zählt ist die Summe von Abgaben und Löhnen.

Der letzte Krieg hatte die Deutschen zur Bescheidenheit erzogen. Über einige Jahre blieben nach der Währungsreform die Lohnforderungen hinter den Produktivitätssteigerungen zurück. Dies war die Zeit des Wirtschaftswunders. Sie ging zu Ende, als die Forderungen das Wachstum einholten: Seit Anfang der sechziger Jahre leidet die deutsche Volkswirtschaft unter zu hohen Löhnen. Der Anteil am Sozialprodukt, der in die Wirtschaft zurückfließt, ist zu gering. Ohne das alljährliche Ritual überzogener Lohnforderungen und zu hoher Abschlüsse hätte sich das Wirtschaftswunder bis heute fortsetzen können. Das Bruttosozialprodukt und der allgemeine Wohlstand wären sehr viel größer; und ohne eine notleidende Wirtschaft hätten wir keine Arbeitslosigkeit.

Ebenso können in Zeiten der Globalisierung zu große Lohnunterschiede nicht mehr durch Rationalisierung und Standortvorteile kompensiert werden, so daß in bezug auf Massen- und Standardgüter die Wettbewerbsfähigkeit verlorengeht. Erforderlich ist in diesem Fall eine permanente Ausrichtung der Industrie auf innovative Produkte. Auch das Geld für deren Entwicklung bis zur Marktfähigkeit muß verdient und darf der

Wirtschaft nicht durch zu hohe Löhne und Abgaben entzogen werden.

Zwei Argumente werden immer wieder zur Rechtfertigung der falschen Politik herangezogen. Nach dem Kaufkraftargument führen höhere Löhne zu mehr Nachfrage nach Wirtschaftsgütern, damit zu mehr Absatz, höherer Produktion und mehr Arbeitsplätzen. Woher aber soll die Kaufkraft kommen, wenn die Schulden bereits zu hoch sind und Gelddrucken nicht erlaubt ist. Eine Art Urzeugung von Kaufkraft gibt es nicht. Daher werden die Gewerkschaften ermuntert, „einen Schluck aus der Pulle" zu nehmen und das „Ende der Bescheidenheit" auszurufen. So aber entsteht keine Kaufkraft, sie wird nur verlagert. Sie wird der Volkswirtschaft, der Industrie, entzogen, die sie für Investitionszwecke dringend benötigt, und den Arbeitnehmern an die Hand gegeben. Investitionen sind aber weitaus beschäftigungswirksamer als der Konsum, bei dem die Verbraucher zunehmend auf ausländische Anbieter von Waren und Dienstleistungen zurückgreifen. Außerdem wird die deutsche Produktion durch höhere Löhne verteuert, die Nachfrage sinkt, immer mehr Arbeitsplätze werden unrentabel und fallen weg.

Zu den dümmsten Argumenten zählt der Spruch, daß Autos keine Autos kaufen (Oskar Lafontaine). Besser ist die Einsicht, daß Automobilfabriken Maschinen kaufen und Maschinenfabriken Fahrzeuge brauchen, also Autos. Tatsächlich ist eine Volkswirtschaft denkbar, die wesentlich nur für sich selbst arbeitet, für den Ersatz ausgedienter Maschinen und Geräte und für immer neue Erweiterungsinvestitionen. Konsumgüter würden in der Industrie dann nur noch hergestellt, soweit sie zur Erhaltung des Produktionsfaktors Mensch notwendig sind. Niemand will eine solche Volkswirtschaft, aber sie ist denkbar und würde maximal hohe Wachstumsraten aufweisen. Nicht existenzfähig ist dagegen eine Wirtschaft, die alle Gewinne über die Löhne dem Konsum zuführt und sogar die Substanz aufzehrt. Durchaus vernünftig ist der mittlere Weg, auf dem sich die Lohnpolitik am Produktionsfortschritt orientiert. Wer hohe Wachstumsraten in der Wirtschaft anstrebt, müßte aber die Lohnzuwächse deutlich unter der Produktivitätszunahme halten.

Ein gutes Lehrbeispiel ist die Konjunkturentwicklung nach der Wiedervereinigung Deutschlands. Vor diesem Ereignis war die Wirtschaft auf einem guten Kurs, die Zahl der Beschäftigten in der alten Bundesrepublik war um drei Millionen gestiegen. Mit der Wiedervereinigung und Eingliederung der maroden Staatswirtschaft der DDR erfolgte dann, gemittelt über die ganze Republik, ein Einbruch in der Produktivität von mehr als 10 %. Überdeckt wurde dieser Umstand zunächst durch die infolge Währungsumtausch künstlich erzeugte hohe Kaufkraft im Osten und den entsprechenden Nachfrageschub. Auch wurden die Löhne im Osten nicht gleich an das Westniveau angeglichen, und ein Teil der Kosten der Wiedervereinigung wurde über Schulden finanziert. Nichtsdestoweniger hätte der Rückgang der Produktivität zu einer Anpassung und Senkung der Nettolöhne im Westen um ca. 7 % führen müssen, bei Verwendung der Differenz zu einer Kompensation der geringeren Produktivität im Osten. Statt dessen wurden im Jahr 1990 besonders hohe Lohnsteigerungen und zusätzlich Arbeitszeitverkürzungen durchgesetzt, d.h. die Lasten der Wiedervereinigung wurden ausschließlich auf die Wirtschaft abgeschoben.

Der Abbau dieser Überforderung dauerte neun Jahre. Er erfolgte durch Rationalisierung, Verlagerung von Produktion ins Ausland, Schließen unrentabler Betriebe oder Betriebsteile, verbunden mit Arbeitsplatzabbau, und später auch den Verzicht auf Nettolohnsteigerungen für einige Jahre. Als Ergebnis zeichnete sich ab 1998 ein Aufschwung ab, die Arbeitslosigkeit ging zurück. Der Erfolg war aber nur von kurzer Dauer. Durch zusätzliche bzw. höhere Abgaben und überzogene Lohnerhöhungen wurde die Wirtschaft unter der neuen Regierung erneut überfordert, und die Arbeitslosigkeit nahm ab 2001 zunächst beständig zu.

Wir fassen zusammen, daß Konsumverzicht und niedrigere Löhne heute zu mehr Wachstum und wesentlich höherem Wohlstand morgen führen. Ohne die Gier von früher wären unser derzeitiger Wohlstand erheblich größer und die Arbeitslosigkeit entsprechend niedriger. Der Zusammenhang ist eigentlich trivial und ähnlich wie in dem Beispiel von den Rindern, die man füttern oder auf die Weide schicken muß, wenn man die Kühe melken will und die Herde wachsen soll. Unsere Hinweise scheinen dennoch nicht überflüssig, weil sich auch triviale Einsichten offenbar nur schwer durchsetzen, wenn sie persönlichen Interessen entgegenstehen. Dies mag bei den Gewerkschaften sogar verständlich sein, deren falsche Betrachtungsweise eine Berufskrankheit ist. Aber die Regierung disqualifiziert sich, wenn sie nur eine Klientel bedient, Einsichten unterdrückt und die Wohlfahrt der ganzen Republik aufs Spiel setzt.

Das zweite unsinnige Argument liegt in der Behauptung, man könne die Arbeitslosigkeit durch Senkung der Arbeitszeit bekämpfen, ohne gleichzeitig die Löhne dauerhaft überproportional zu kürzen. Offenbar sind die Vertreter der Arbeitszeittheorie in der Schule nur bis zur Lösung einfacher Dreisatzaufgaben gekommen.

Besser zu verstehen ist das Problem, wenn man in der Physik nach dem Zusammenhang von Zentrifugalkraft und Radius fragt. Die Antwort hängt von den experimentellen Bedingungen ab. Zum Beispiel gibt es auf vielen Jahrmärkten rotierende Scheiben, die der Volksbelustigung dienen. Dort nimmt die Zentrifugalkraft zu, je weiter man außen sitzt. Für den Autofahrer nimmt dagegen die Zentrifugalkraft mit zunehmendem Kurvenradius ab. Physikalisch gesprochen ist die Zentrifugalkraft bei gleicher Winkelgeschwindigkeit proportional zum Radius, bei gleicher Geschwindigkeit dagegen umgekehrt proportional.

Bei Anwendung auf den Zusammenhang zwischen Arbeitslosigkeit und Arbeitszeitverkürzung sieht man sogleich, daß ein positiver Effekt nur auftritt, wenn der Umfang der Arbeit unabhängig vorgegeben ist. Dies ist aber nicht der Fall. Bestimmende Größe im Wirtschaftsleben ist das erwirtschaftete Kapital. Wird die Arbeit infolge Arbeitszeitverkürzung teurer, dann kann der Kunde sie sich nicht mehr leisten und sie wird weniger nachgefragt. Arbeitszeitverkürzung ohne überproportionale Lohnsenkung muß zur Erhöhung der Arbeitslosigkeit führen. Eine Ausnahme bildet die Herstellung von Waren, für die der Verbraucher überhöhte, d.h. Liebhaberpreise zu zahlen bereit ist.

Arbeit an sich kann nicht knapp werden, außer wenn die Menschen keine materiellen Wünsche mehr hätten; zu denen auch Aufwendungen für die Gesundheit gehören. Was fehlt, ist bezahlbare Arbeit. Wer die Arbeitslosigkeit abbauen will, muß vorübergehend auf Besitzstände verzichten und bereit sein für eine neue Bescheidenheit. Wir sind auf die gleiche Weise gefangen wie die Affen, die mit gestreckter Hand in eine Kürbisflasche greifen, dort mit der Faust eine Banane umschließen und dann die Hand nicht mehr herausziehen können, weil sie die Banane nicht loslassen wollen.

Geburtenschwund und wirtschaftlicher Niedergang wirken sich natürlich auch auf die Altersversorgung aus. Es ist selbstverständlich, daß von einer Gesellschaft zu einer bestimmten Zeit immer nur das verbraucht werden kann, was in dieser Zeit erwirtschaftet wird; der Generationenvertrag regelte dann die Verteilung der verfügbaren Mittel auf die im Erwerbsleben stehenden Mitglieder der Gesellschaft und die Rentner. Ohne eine Umverteilung zu Lasten einer der beiden Gruppen kann man die Situation der anderen Gruppe nicht verbessern, auch nicht durch Umstellung des Rentensystems vom Umlage- auf das Kapitaldeckungsverfahren. Mit oder ohne Riester ist gespartes Geld keine Gewähr für eine sichere Altersversorgung. Sein Wert hängt von der Leistungsfähigkeit der Volkswirtschaft bis zu dem Zeitpunkt ab, an dem man das Geld benötigt.

Vermögen oder Kinder ist nur für den eine Alternative, der in einer Gemeinschaft mit ausreichendem Nachwuchs lebt. Wenn unsere Kinder nicht die Brötchen backen, müßten wir alle im Alter verhungern. Geld kann man nicht essen. Die Frage der Wertentwicklung von angespartem Vermögen ist sehr komplex. Wir verweisen hier lediglich auf Geldentwertungen (Inflation), die extreme Kapitalvernichtung durch Kursverluste auf dem Aktienmarkt oder Verluste beim Immobilienvermögen, wenn die Wohnungen oder Häuser bei einer schrumpfenden Bevölkerung nicht mehr oder nur noch unter Wert verkauft oder vermietet werden können.

In erster Näherung bedeuten das Kapitaldeckungsverfahren und Eigenvorsorge eine Individualisierung der Altersversorgung: Wer mehr spart, kann im Alter mehr verbrauchen. Alle Anzeichen stehen aber auf Nivellierung und Kollektivierung. Und Totalverweigerer bei der Eigenvorsorge werden auch weiterhin in den Genuß der Mindestrente kommen. Zudem wird die Wirtschaft nicht wirklich durch eine Senkung der Rentenbeiträge entlastet, wenn die nächsten Lohnerhöhungen den Vorteil wieder ausgleichen oder überkompensieren. Allenfalls hat der Staat einen Vorteil, soweit die Rente aus seiner Verantwortung herausfällt und privatwirtschaftlich organisiert wird.

5.3.4 Zerfall unserer Kultur

Wer nicht von dreitausend Jahren
Sich weiß Rechenschaft zu geben,
Bleib' im Dunkel unerfahren,
Mag von Tag zu Tage leben.

Goethe (2, 50), West-östlicher Divan

Der von Hitler ausgelöste Kulturschock war nachhaltig und tiefgehend. Aber die Zeit unter Hitler war zu kurz, um uns von unseren kulturellen Wurzeln zu trennen. Männer wie Konrad Adenauer, Theodor Heuss und Carlo Schmid, um nur drei Politiker zu nennen, waren Symbole und Garanten für die Wiederherstellung der kulturellen Kontinuität. Dennoch ging diese in der Nachkriegszeit zu großen Teilen verloren. Wirkungsvoll war die Umerziehung, insbesondere die Indoktrinierung mit der sozialistischen Ideologie in der DDR. Nicht wesentlich weniger nachhaltig wirkte und wirkt die Abwertung der Familie und die Lockerung bis Auflösung des Familienverbands in der modernen Industriegesellschaft. Nur selten noch erleben die Kinder den Vater allgemein und im Beruf als Mann mit großen Fähigkeiten, den man achten und sich als Vorbild nehmen kann, und häufig genug ist auch die Mutter kein Anlaß für eine emotionale Bindung an die tradierte Kultur. Zudem fehlte es der Generation der Eltern an Selbstbewußtsein. Sie hat sich durch Hitler mißbrauchen lassen und sah sich moralischen Vorwürfen ausgesetzt. Als Kriegsgeneration war sie zunächst auf die Sicherung der materiellen Existenz und die Schaffung von Wohlstand ausgerichtet.
Es kommt hinzu, daß die Evolution den Menschen in seiner Jugend mit einer besonderen Neigung zu Kritik und Ablehnung ausgestattet hat. Diese ist an sich arterhaltend, weil sie die An-

passung an veränderte Bedingungen und einen partiell notwendigen Wandel fördert. Wenn aber die Eltern als Vorbilder ausfallen, hält sich die nachfolgende Generation nicht mit der Prüfung der tradierten kulturellen Werte auf. Sie fragt nicht, ob diese wertvoll, gut und richtig oder entbehrlich und schlecht sind, sondern sie verurteilt pauschal, radikal und vor allem überheblich. So sieht sich auch der Student im zweiten Teil des Faust als Mittelpunkt des Universums, wir zitieren: „Dies ist der Jugend edelster Beruf: Die Welt, sie war nicht, eh ich sie erschuf! Die Sonne führt ich aus dem Meer herauf; Mit mir begann der Mond des Wechsels Lauf."

So entstand die sogenannte 68er Generation. Nicht nur in den Hochschulen roch sie den Muff von 1 000 Jahren, sondern in unserer gesamten überlieferten Kultur. Eine Beschäftigung mit den Klassikern wurde abgelehnt. Sie habe nur Sinn in Zeiten verminderter eigener geistiger Leistungsfähigkeit. Sich selbst bescheinigte man überlegenes geistiges Niveau; und ein früherer Kultusminister (!) des Bundeslandes Hessen formulierte: „Es geht auch ohne Goethe." Inzwischen hat die 68er Generation ihren Marsch durch die Institutionen vollendet. Der Generationenkonflikt ist integriert in die allgemeine politische Auseinandersetzung. Deren Frontlinie verläuft heute in allen Altersgruppen zwischen Menschen, die unsere Hochkultur bewahren wollen bzw. sich einer gewachsenen überlieferten Kultur verpflichtet fühlen und Leuten ohne Zugang zu unserer Kultur, die angeblich einen Neuanfang wollen. Diese seien daran erinnert, daß eine neue Kultur nicht in wenigen Jahren oder Jahrzehnten entsteht und zur Hochkultur wird, sondern daß dazu einige Jahrhunderte bis Jahrtausende nötig sind. Wir fürchten, daß die Evolution uns diese Zeit nicht mehr geben wird. Genie wird man nicht allein aus Begabung, sondern man benötigt dazu den Hintergrund einer alten großen Kultur.

Unsere Kultur gründet sich auf das Christentum und die Antike. Die anderen Länder der Europäischen Gemeinschaft haben die gleichen kulturellen Wurzeln. Wenn wir sie vergessen, sind wir keine Wertegemeinschaft mehr, sondern nur ein Zweckverband. Dieser wird sich wieder auflösen, wenn die Interessen auseinanderlaufen. Zum Wohle Europas sollten wir daher unsere Gemeinsamkeiten pflegen. Dazu gehört, daß wir in der Präambel einer europäischen Verfassung auf unsere christlichen Wurzeln hinweisen. National sollten wir unser Erbe bewahren, humanistische Bildung fördern und uns die Fähigkeit erhalten, Rechenschaft über dreitausend Jahre Geschichte zu geben, im Sinne des oben zitierten Verses von Goethe.

Leider ist auch die Kirche selbst keine Hilfe mehr bei der Bewahrung tradierter Werte. Nur 19 % der Katholiken in Deutschland sind noch ihrer Kirche eng verbunden, davon sind zwei Drittel älter als 60 Jahre. Ähnliche Zahlen gelten für die evangelische Kirche, die sich in besonderem Maße dem Zeitgeist andient. Das World Economic Forum in Davos hat nach dem Ansehen verschiedener Institutionen in der Welt gefragt. Nur in einem von 47 Ländern war die Kirche nicht im vorderen Feld zu finden: In Deutschland lag sie auf dem letzten Platz. Durch Säkularisierung der Kirche selbst und Anbiederung an gesellschaftliche Randgruppen ist sie selber zur Randgruppe geworden.

6 Bezüge zur aktuellen Politik

6.1 Der Wahlbürger in einer komplexen Gesellschaft

> The fundamental cause of trouble
> in world today is,
> that the stupid are so cocksure,
> while the wise are full of doubt.
>
> Bertrand Russel

Wie in Abschnitt 2.4 dargelegt, ist unsere technische Zivilisation das Ergebnis von Spezialisierung und Zusammenarbeit. Der Trend geht dahin, daß sich die Spezialisten auf ihren engen Teilgebieten immer besser und auf anderen Teilgebieten immer weniger auskennen. Das gleiche gilt im übrigen auch für die Bereiche unserer Gesellschaft außerhalb von Technik und Naturwissenschaften. Schon vor Jahrzehnten wurde als typisch für unsere Situation der theoretische Nationalökonom herausgestellt, der seine eigene Steuererklärung nicht ausfüllen kann. Personen außerhalb der Volkswirtschaftslehre und ohne Spezialkenntnisse im Steuerrecht haben damit ohnehin ihre Schwierigkeiten. Allgemein ist das Leben so komplex geworden, daß der Mensch in seinem Bemühen um eine Einsicht in größere Zusammenhänge ständig überfordert ist. Dennoch soll er sich, als Bürger eines demokratischen Staates, permanent an Entscheidungsprozessen beteiligen; er soll Einfluß nehmen auf Vorgänge und Entwicklungen, die er nicht wirklich versteht. Dies gilt für den einfachen Wahlbürger wie auch, nur wenig eingeschränkt, für die politische Elite.

In dieser Lage treten Sachfragen in den Hintergrund. Statt dessen entscheidet der Bürger bei den Wahlen nach den Kriterien des Eigennutzes und der Sympathie. Er votiert für Parteien, die ihm persönliche Vorteile versprechen. Jedoch kann er nicht sicher sein, daß die Versprechungen gehalten werden oder der erstrebte Vorteil auf dem vorgeschlagenen Weg überhaupt zu erreichen ist. Größere Bedeutung haben deshalb emotionale Gründe, vorzugsweise die weltanschauliche Nähe oder das Erscheinungsbild der konkurrierenden Parteien.

Bei Prägung des Bürgers durch Herkunft, Umfeld oder Religion spielt die weltanschauliche Ausrichtung der Parteien die größte Rolle. Katholische Wähler und solche mit einer starken Bindung an die gewachsene bodenständige Kultur entscheiden sich überwiegend für eine christliche Partei. Evangelische Wähler sind heute seltener bekennende Christen, sondern sehen dem Zeitgeist entsprechend in ihrer Religion mehr eine sozialethische Volksbewegung. Sie tendieren in größerem Umfang in die sozialdemokratische Richtung. Bürger der neuen Bundesländer sind aufgrund jahrzehntelanger sozialistischer Indoktrination mehrheitlich auf linke Parteien fixiert. Aus den genannten Gruppen rekrutieren sich die Stammwähler der betreffenden Parteien.

Häufig jedoch läßt die im Umfeld zu beobachtende Meinungsvielfalt eine starke weltanschauliche Bindung nicht zu und macht die Wahlbürger zu Wechselwählern. Deren Verhalten wird überwiegend durch das dem Menschen angeborene Bedürfnis bestimmt, nicht zu den Verlierern zu gehören, und daher ist für sie das Erscheinungsbild der Parteien besonders wichtig. Wesentlich für das Erscheinungsbild ist das Selbstverständnis, mit dem die Repräsentanten der Parteien auftreten. Überzeugend ist nur, wer keine Selbstzweifel erkennen läßt; schlimm ist bereits zögerndes Auftreten. Verheerend ist darüber hinaus der Eindruck, wenn sich die Vertreter einer Partei widersprechen oder sogar bekämpfen. Wahlplakate, die eine Herabsetzung bis Verunglimpfung des politischen Gegners zum Gegenstand haben, werden vom Wahlbürger toleriert und erfüllen sogar ihren Zweck, wenn die eigene Partei die Aussage des Plakats nicht selbst in Frage stellt.

Selbstbewußtsein der Person an der Spitze der Partei, möglichst gepaart mit Eloquenz, führt zum Erfolg. Es hilft, die eigenen Anhänger zu motivieren, mobilisiert neue Anhänger und demoralisiert den politischen Gegner. Den richtigen Hinweis gibt Mephisto dem Schüler in Goethes Faust: „An Kühnheit wird's euch auch nicht fehlen, und wenn ihr euch nur selbst vertraut, vertrauen euch die andern Seelen."

Schade nur und belastend für die Demokratie ist der Umstand, daß kluge Leute selten ganz sicher und dumme in ihrer Selbstsicherheit häufig kaum zu übertreffen sind, siehe das obige Zitat von Bertrand Russel. Das Problem ist nicht wirklich zu lösen, sondern erfordert ständige Wachsamkeit der Demokraten. Klugen Politikern ist zu raten, im Sinne von Kleist („Marionettentheater") zum zweiten Mal vom Baum der Erkenntnis zu essen. Das heißt, daß sie sich nicht als Bedenkenträger präsentieren dürfen und eigene Zweifel unterdrücken müssen, wenn die Umstände eine Entscheidung fordern, obwohl die letzte Sicherheit fehlt. Auch sollten sie sich nicht entschuldigen. Fehler sind menschlich und daher normal. Eine Anschuldigung durch den politischen Gegner gehört zum Geschäft und wird von der Öffentlichkeit kaum wahrgenommen. Zur Affäre wird die Angelegenheit erst durch Vorwürfe aus den eigenen Reihen und eine in eine Entschuldigung gekleidete Selbstbezichtigung. Hier gilt das Sprichwort: „Wer sich entschuldigt, klagt sich an."

6.2 Aspekte der Kernenergienutzung

Was wir heute weit wegwerfen,
müssen wir morgen weit holen.

Volksweisheit

Energie ist die ultimate Ressource. Praktisch alle „Grenzen des Wachstums" lassen sich beseitigen oder weit verschieben, wenn genügend billige Energie zur Verfügung steht. Durch vermehrten Energieeinsatz können auch magere Erze verhüttet oder Metalle einschließlich Uran sogar aus den Weltmeeren gewonnen werden. Dort sind sie zwar nur in geringer Konzentration gelöst, aber dennoch, aus menschlicher Sicht, in unbegrenzter Menge vorhanden. Unter bestimmten Bedingungen fallen gelöste Metalle in der Tiefsee auch ohne menschliche Technik aus (Manganknollen).

Statt fossile Brennstoffe zu verbrauchen, könnte man die entsprechenden Kohlenwasserstoffe durch Reduktion aus Kohlendioxid und Wasserstoff herstellen. Kohlendioxid erhält man z.B. durch Brennen von Kalk und Wasserstoff durch Elektrolyse. Der gebrannte Kalk würde dann wieder Kohlendioxid aus der Atmosphäre binden. Im Kreisprozeß bliebe der Kalk erhalten.

Lebensmittel lassen sich unter Energieeinsatz in eventuell mehrstöckigen Gewächshäusern gegenüber heute in vielfacher Menge erzeugen. Ebenso hat der mit Energieverbrauch verbundene Einsatz landwirtschaftlicher Maschinen die Nahrungsmittelproduktion vervielfacht. Auch wäre die Weltbevölkerung ohne die Anwendung von Handelsdünger heute schon nicht mehr zu ernähren, und insbesondere die Produktion von Stickstoffdünger ist energieaufwendig. Panem et circenses (Brot und Spiele), nach Juvenal die Forderungen der Bürger des alten Roms, sind auch heute in der Form „gutes Essen und Fernsehen" die Grundlage für die Zufriedenheit der Bürger. Ohne Energie ist beides nicht zu haben. Allgemein gilt: Energie ist Wohlstand.

Natürlich ist nichts gegen Energieeinsparung einzuwenden, wenn mit weniger Energie der gleiche Effekt zu erzielen ist. Darauf aber die Energiepolitik auszurichten, heißt blind zu sein gegenüber den zwangsläufigen Entwicklungen in unserer technischen Zivilisation und offenbart mangelnde Zukunftsfähigkeit. Energie zu verteuern, ob durch Steuern oder aufwendige Erzeugung, z.B. mittels Windgeneratoren oder Solarzellen, stranguliert die Wirtschaft und mindert den Wohlstand. Zudem verunstalten die Windgeneratoren die Landschaft, sie stören bis zerstören die natürliche Umwelt. Ebenso sind mit Solarzellen bestückte Dächer nicht unbedingt eine Zierde im Stadtbild.

Auch wenn fossile Energieträger noch für einige Generationen verfügbar sind, ihr Vorrat ist endlich. Durch Einsatz von Kohle, Öl und Gas werden große Mengen Kohlendioxid erzeugt und in die Atmosphäre eingeleitet. Der Einfluß auf das Klima mag noch nicht wirklich geklärt sein. Aber allein die Möglichkeit einer Klimaänderung durch das „Treibhausgas" Kohlendioxid sollte uns zu einer Einschränkung im Verbrauch fossiler Brennstoffe veranlassen.

Zur Kernenergie gibt es daher keine Alternative. Jede moderne Technologie ist potentiell gefährlich, und z.B. im Verkehr auf der Straße, in der Luft und zur See nehmen wir die Gefahren bewußt in Kauf. Das Risiko durch moderne westliche Kraftwerke ist vergleichsweise klein. Selbst die Katastrophe von Tschernobyl war keine Folge mangelnder Beherrschbarkeit dieser Technologie. Diese Katastrophe ist nicht „passiert", sondern wurde durch unglaubliche Fehlleistungen im Rahmen einer Versuchsreihe herbeigeführt. Unsere modernen Kernkraftwerke arbeiten nach anderen Konstruktionsprinzipien und lassen derartige Fehlleistungen nicht zu. Außerdem benutzen sie Wasser als Moderator. Im Falle einer Überhitzung und Verdampfung würde die Kettenreaktion automatisch zum Erliegen kommen. Auch bei anderen, neuen Reaktortypen, wie dem Hochtemperaturreaktor, ist eine Kernschmelze konstruktionsbedingt ausgeschlossen.

Darüber hinaus sitzt bei modernen Kernkraftwerken der Reaktor in einer Betonglocke (Containment), die auch im schlimmsten Fall einer Kernschmelze das Austreten von Radioaktivität verhindert. Das Einschließen in ein Betongehäuse, in Tschernobyl nach der Katastrophe durchgeführt, gehört bei modernen Reaktoren bereits vor Inbetriebnahme zum Sicherheitsstandard.

Ein Ausstieg aus der Kernenergie ist sehr teuer, in Hinblick auf den Umweltschutz kontraproduktiv, führt zum Vergeuden fossiler Energieträger bzw. Rohstoffe, die wir unseren Nachkommen wegnehmen und zwingt zur Energieeinfuhr aus Nachbarländern, die diesen Weg nicht mitgehen. Er beeinträchtigt unseren Wohlstand, benachteiligt uns bei der Wirtschaftsentwicklung, vermindert unsere Konkurrenzfähigkeit gegenüber den befreundeten Ländern und reduziert unseren politischen Einfluß. Der Verzicht auf Kernenergie ist sachlich nicht zu rechtfertigen. Er belastet unsere Zukunft.

Die Gründe für den beschlossenen Ausstieg aus der Kernenergie sind ideologischer und politischer Natur; er war 1998 Bedingung bei dem Spiel um die Macht im Lande. Die Zustimmung der Energiewirtschaft war erpreßt; es hätte ja noch schlimmer kommen können. Außerdem denkt diese wie jede Industrie betriebswirtschaftlich und nicht volkswirtschaftlich. Sie kann mit konventioneller Energie genausogut Geld verdienen wie mit Kernenergie; und die besten Geschäfte macht man mit knapper Energie, wenn die Kernkraftwerke einmal abgeschaltet werden. Hoffentlich werden sich bis dahin neue Einsichten durchsetzen, dann aber möglicherweise zu spät: Inzwischen geht der deutsche Vorsprung in der Reaktortechnologie verloren, was einem Verlust an Volksvermögen im Milliardenbereich gleichkommt und mitverantwortlich für die hohe Arbeitslosigkeit ist.

In Hinblick auf die Bedrohung durch Terroranschläge mit entführten Flugzeugen gilt folgendes: Das Containment der Anlagen in Deutschland ist so ausgelegt, daß es dem Aufprall leichter Maschinen bzw. von Kampfflugzeugen (z.B. Phantom) standhält. Dies mag derzeit für schwere Bomber und Jumbo-Jets nicht zutreffen. Ebenso gibt es Spezialbomben, die den Betonmantel durchschlagen können. Erfolgreiche Angriffe auf Kernkraftwerke mit solchen Mitteln könnten einen Atomkrieg auslösen, der ohnehin nicht kalkulierbar ist. Ein mindestens ebenso hohes Risiko besteht in der Möglichkeit, Flugzeuge über Massenveranstaltungen (Demonstrationen, Sportveranstaltungen) zum Absturz zu bringen. Im übrigen ist die Kernenergie derzeit nicht verzichtbar. In Zukunft mag bei Fortdauer terroristischer Bedrohung die Entwicklung dahin gehen, daß man das Containment weiter verstärkt oder die Kernkraftwerke unterirdisch anlegt, wobei sich allerdings die Kühltürme über Tage befinden müßten. Bei Bereitstellung einer ausreichenden Kühlreserve wäre hierin kein Risiko zu sehen.

Schließlich lohnt sich noch der Hinweis auf die Situation in anderen Ländern. Weltweit sind 33 Kernkraftwerke im Bau, davon 21 in Asien. Nach deren Fertigstellung liegt die Kapazität der 474 KKWs insgesamt bei 386 Gigawatt. Viele weitere KKWs sind geplant, z.B. ca. 50 in den USA und 26 in China. Nur Schweden, Deutschland und Belgien haben noch ein „Atomausstiegsgesetz". Italien verbietet die Errichtung neuer Kernkraftwerke im Inland, erlaubt den Versorgungsunternehmen aber inzwischen, sich an Kernkraftwerken im Ausland zu beteiligen. Das belgische Gesetz gestattet den Weiterbetrieb für 40 Jahre, aber die belgische Regierung kann diese Frist nach eigenem Ermessen verlängern. In Schweden wurde der Ausstiegstermin 2010 ersatzlos gestrichen. Nur das Deutschland der rotgrünen Koalition hat noch feste Ausstiegspläne. Es steht zu hoffen, daß eine spätere Regierung den Schaden begrenzen und Deutschland wieder in den Kreis der fortschrittlichen Industrienationen zurückführen wird.

6.3 Genforschung und Gentechnik

Wissen sie nichts Vernünftiges zu erwidern,
schieben sie's einem gleich ins Gewissen hinein.

Arthur Schopenhauer

Die moderne Genforschung liefert Erkenntnisse über die Grundlagen unserer Existenz. Durch Genanalyse könnten Erbkrankheiten schon kurz nach einer in-vitro-Befruchtung der Eizelle erkannt werden (PID). Man erwägt, Embryonen zu selektieren und allgemein schon an dessen Beginn Eingriffe in das Leben vorzunehmen. Aussonderungen und Experimente mit dem Leben sind Begriffe, die an schlimme amoralische Zeiten erinnern. Es wundert daher nicht, daß in der Diskussion über die Nutzung gentechnischer Möglichkeiten moralische Vorhaltungen eine große Rolle spielen. Dennoch, es gibt keine natürliche Basis für eine Bioethik. Ob die Gentechnik dem Leben dient oder ihm letzlich schadet, konnte sich noch nicht erweisen. In den Zeiten der Evolution gab es noch keine Gentechnik und daher keinen Selektionsdruck, der Befürwortern oder Gegnern der Anwendung gentechnischer Methoden Überlebensvorteile geboten und deren Grundeinstellung in den Rang moralischer Prinzipien gehoben hätte.

Soweit moralische Kategorien in die Diskussion eingebracht werden, handelt es sich um unzulässige Extrapolationen und Analogien. Hierzu gehört auch das Bemühen, in-vitro-befruchteten Eizellen eine Würde zuzusprechen und sie unter den Schutz des Grundgesetzes zu stellen.

Der Bedeutung des Gebiets entsprechend haben sich zahlreiche Fachleute, Autoritäten und Entscheidungsträger mit zustimmenden oder ablehnenden Reden und Artikeln zu Wort gemeldet, angefangen von früheren Bundespräsidenten über Ministerpräsidenten der Bundesländer, verschiedene Minister und Politiker, die frühere Präsidentin und einen ehemaligen Präsidenten des Bundesverfassungsgerichts, Präsidenten der Deutschen Forschungsgemeinschaft bzw. der Max-Planck-Gesellschaft, Philosophen und Soziologen bis zu Würdenträgern der katholischen und evangelischen Kirche. Bei einigen Beiträgen wird man an den oben zitierten Spruch Schopenhauers erinnert. Insgesamt hätte der Chor der Diskussionsteilnehmer nicht dissonanter sein können. Auch dies weist auf die fehlende moralische Grundlage hin.

Nichtsdestoweniger verlangt die Situation nach Entscheidungen und Gesetzen. Eine Problemlösung sieht man in der Berufung eines Beratergremiums, eines sogenannten Ethikrates. Jedoch ist auch dieser keine übergeordnete moralische Instanz, und sein Votum hängt von der Auswahl der Berater ab. Hauptsächlich hat der Ethikrat eine Alibifunktion. Er erlaubt, nach Opportunität zu regieren, ohne die Verantwortung tragen zu müssen.

Da eine Bioethik nicht zu begründen ist, besteht die Gefahr, daß eine Bioideologie die Lücke ausfüllt. Dies sollte verhindert werden. Entscheidungen müssen ohne Eifer und mit Verstand getroffen werden: Wo die Forschung nicht ohne menschliche Stammzellen auskommt, sollte man deren Verwendung nicht ausschließen. Die Forschung an Stammzellen ist ohnehin nicht zu verhindern. Wenn nicht in Deutschland, findet sie im Ausland statt. Nur mit Rabulistik läßt sich ein Verbot dieser Forschung begründen, wenn gleichzeitig die Abtreibung straffrei bleibt. Unverantwortlich wäre auch ein Verbot der Präimplantationsdiagnostik, die bei Gefahr schwerer Erbschäden einem Paar hilft, ein gesundes Kind zur Welt zu bringen. Völlig absurd wäre eine alternative Regelung, die eine Frau zwingt, mit einem eventuell kranken Kind schwanger zu werden, damit sie es dann abtreiben lassen kann.

Allerdings werden auch die Grenzen dessen sichtbar, was der Mensch sich erlauben darf. Die Evolution hat drei bis vier Milliarden Jahre gebraucht, um das Leben von den ersten Einzellern bis zum heutigen Menschen weiterzuentwickeln. Am Weg des Lebens liegen Millionen ausgestorbener Arten und Billionen toter Individuen, und nur eine Art, nur der Mensch, hat den Stand erreicht, über den Bauplan des Lebens forschen und ihn entschlüsseln zu können. Die Zeit war zu lang, der Aufwand zu groß und das Ergebnis zu bedeutend, als daß wir uns erlauben dürften, auf die Evolution des Menschen selbst Einfluß zu nehmen. Das Risiko eines Fehlschlags, die Gefahr der Erschaffung von Monstern oder der Bedrohung durch unsere eigenen Geschöpfe wäre zu groß. Spielen wir nicht den Zauberlehrling aus dem gleichnamigen Gedicht Goethes: Definitiv verboten sollte sein, die Evolution selbst durch gentechnische Manipulationen ersetzen zu wollen.

6.4 Finanzielle Aspekte der Familienpolitik

Die deutsche Gesetzgebung krankt an dem ärgerlichen
Widerspruch, daß der Staat die Eltern zu Unterhalts-
leistungen verpflichtet, die er beim Festsetzen der Steuer-
schuld entweder gar nicht oder nicht angemessen
berücksichtigt. Ein Arbeitszimmer ist absetzbar, ein
Kinderzimmer nicht: warum?

Konrad Adam 2002

Wie groß ist der finanzielle Vorteil, den ein Leben ohne Kinder mit sich bringt? Genaue Abschätzungen kann es nicht geben, weil die Kosten für ein Kind von vielen Faktoren abhängen und individuell verschieden sind. Einige Punkte sind Lebensstandard, Wohnort, anteilige Wohnkosten je nach Größe der Wohnung bzw. des Hauses, Art der Schule (öffentlich, privat oder Internat), Beiträge für Sportvereine vom Turnverein bis Tennisklub. Wesentlich geht in die Gesamtkosten auch die Dauer der Ausbildung ein, bei einem Hochschulstudium ferner die Möglichkeit der Unterbringung zu Hause oder auf Miete in einer fremden Stadt. Die Kosten für die Erziehung eines Kindes bis zur Selbständigkeit sind daher sehr unterschiedlich. Genannt werden Beträge von 80.000 EUR bis 300.000 EUR, eventuell noch mehr. Hinzuzurechnen ist gegebenenfalls der Einkommensverlust der nicht berufstätigen Ehefrau und Mutter, der je nach Qualifikation und Dauer bei 150.000 EUR bis über 2 Millionen EUR liegen kann.

Bei der Familienplanung können solche Überlegungen prohibitiv wirken. Angeblich sieht sich der Staat in der Pflicht, die Familien zu entlasten und ihnen die Entscheidung für Kinder zu erleichtern. Tatsächlich gibt es keinen Familienlastenausgleich, weil mindestens bei Familien mit mittlerem und höherem Ein-

228

kommen die steuerlichen Freibeträge weit unter den Kosten der Kinder liegen und die übrigen Ausgaben über die Einkommensteuer belastet werden. Außer bei niedrigen Einkommen werden unsere Kinder in Wirklichkeit besteuert, und zwar progressiv mit dem Einkommen der Eltern.

Dies trifft selbst dann zu, wenn wir von dem scheinbar gerechten Ansatz einer gleichen Versorgung für alle Kinder ausgehen, z.B. einer Versorgung in Höhe von 600 EUR monatlich. Dieser Mittelwert liegt eher an der unteren Grenze. Andere Abschätzungen ergeben Beträge bis 900 EUR. Im konkreten Fall richten sich die Kosten aber nach dem Einkommen der Eltern. Zum Beispiel sind die Kosten für den Kindergartenplatz gestaffelt. Sie unterscheiden sich ebenso erheblich für die Kinderzimmer im sozialen und frei finanzierten Wohnungsbau, auch bei gleicher Größe der Zimmer. Einkommensabhängig sind ferner das Wohngeld, die Krankenkassenbeiträge, die Zuzahlung für Medikamente und Krankenhaus, das Erziehungsgeld, BAFÖG, Eigenheimzulage usw.. Gleiche Leistung heißt somit nicht gleiche Kosten der Kinder, sondern der Nettoaufwand bei einer mittleren Versorgung von 600 EUR pro Monat steigt mit dem Einkommen von typischerweise 300 EUR auf über 900 EUR.

Aber sogar die gerechtere Forderung gleicher Kosten bei gleicher Versorgung für alle Kinder muß hinterfragt werden. Das gesellschaftliche Umfeld der Familien hängt im allgemeinen von der Stellung und dem Einkommen der Eltern ab. Hier gibt es geringere Anforderungen auf der einen Seite und Zwänge auf der anderen. Entsprechend werden Unterhaltszahlungen von den Gerichten nach der sozialen Stellung der betreffenden Elternteile festgesetzt, sie wachsen proportional zum Einkommen. Die Kostenschere geht weiter auseinander.

Mit dem Einkommen steigende Kosten der Kinder bei gleicher Versorgung, unvermeidlich steigender Aufwand und die progressive Steuer führen in unserem Land zu Verhältnissen, bei denen die einen von den Kindern leben können, d.h. von Subsidien des Staates, während die mit den angeblich breiten Schultern unter größten Opfern für die Kinder leben müssen. Im Fall mehrerer Kinder (z.B. vier) bei mittlerem Einkommen liegt das den Eltern verbleibende Geld pro Elternteil häufig unter den Ausgaben für jedes Kind.

6.5 Steuern

Steuern werden nicht aus Patriotismus,
sondern aus Zwang gezahlt.

Otto von Bismarck

Außer dem Finanzminister gibt es wohl niemanden, dem die Steuern nicht generell zu hoch sind. Die Frage nach einer gerechten Verteilung der Steuerlasten wird jeder nach seinen Verhältnissen anders beantworten, ohne daß sein Gewissen ihn stört. Dementsprechend wird Steuerverkürzung von der Mehrzahl der Bürger als Kavaliersdelikt angesehen, wenn nicht sogar als Notwehr entschuldigt. Man schätzt, daß das durch die Schattenwirtschaft ohne Steuerkarte erarbeitete Sozialprodukt in Deutschland im Jahr 2002 bei 350 Milliarden EUR lag, das sind ca. 16,5 % des offiziellen Bruttoinlandsprodukts.

In bezug auf die Steuergesetze steht der Gesetzgeber ständig unter Rechtfertigungszwang. Dies hat zur Einführung und Berücksichtigung zahlloser Ausnahmetatbestände geführt. Eine zusätzliche Komplizierung ergab sich durch Nutzung des Steuerrechts für Zwecke der Wirtschaftslenkung.

Natürlich gibt es auch einen parteipolitisch motivierten Einfluß auf die Steuergesetzgebung: Das Versprechen von Steuergeschenken soll helfen, die nächste Wahl zu gewinnen. Besonders hilfreich in Hinblick auf Wahlerfolge ist ein vorgeblich moralischer Anspruch, der viele auf Begünstigung hoffen läßt und nur wenige besorgt macht, benachteiligt zu werden. Ideal in diesem Sinne ist der Anspruch, sich in besonderem Maße für die Gerechtigkeit einzusetzen, zugunsten der Masse der Wahlbürger und zu Lasten der Reichen, der Besserverdiener, der „mit den breiten Schultern".

Das Ergebnis ist ein Steuerrecht, das kaum jemand akzeptiert und nur wenige verstehen, offenbar nicht einmal alle Finanzbeamten: In nicht ganz einfachen Fällen wartet der Steuerbürger bisweilen jahrelang auf den Steuerbescheid. Dieses Steuerrecht ist aus keiner Art von Moral herzuleiten, natürlich auch nicht aus der in uns durch die Evolution angelegten Moral. Es gründet sich allein auf die Macht des Staates, siehe das o.g. Zitat Bismarcks. Akzeptanz finden könnte nur ein radikal vereinfachtes Steuerrecht, in Verbindung mit einer allgemeinen Steuersenkung.

Darüber hinaus ist unser Steuerrecht mitverantwortlich für den wirtschaftlichen Niedergang Deutschlands. Die Einsicht wächst, daß das Steuersystem reformiert werden muß. Favorisiert wird ein Tarif mit drei Stufen. Die vorliegenden Modelle unterscheiden sich in den Steuersätzen und den Stufengrenzen, nicht im Prinzip. Die Einführung eines Drei-Stufen-Systems mit niedrigen Steuersätzen und einer breiten Bemessungsgrundlage hätte ohne Zweifel günstige Auswirkungen auf die Wirtschaftsentwicklung, wäre aber noch nicht die optimale Lösung:

Viele osteuropäische Länder haben auf einen einheitlichen proportionalen Tarif (Flat Tax) umgestellt, mit z.B. nur 13 % Steuern in Rußland, 19 % in der Slowakei, 26 % in Estland bis 33 % in Litauen. Die Erfahrungen mit dem Flat Tax hinsichtlich Steueraufkommen und Verbesserung der wirtschaftlichen Situation sind mehr als gut. Auch entspricht nur eine proportionale Steuer dem Gebot gleicher Behandlung aller Bürger und ist damit gerechter. Sie ist übersichtlicher, erlaubt den Abbau von Bürokratie, erzieht zur Steuerehrlichkeit und schadet nur dem Berufsstand der Steuerberater.

Freilich würde die Einführung des Flat Tax in Deutschland zunächst auf eine Steuersenkung besonders für die Bezieher hoher Einkommen hinauslaufen. Aber diese hohen Einkommen sind nicht gottgewollt, sondern eine Folge unseres bisherigen ungerechten Steuersystems. Leistungsträger werden nach ihrem Wert für die Unternehmen bezahlt, mit dem Nettoeinkommen als Maßstab. Die überproportional hohen Steuern müssen zusätzlich aufgebracht werden und gehen letztlich zu Lasten der Wirtschaft. Wer die Wirtschaft entlasten will und sich um eine Deckelung oder Senkung der Sozialabgaben bemüht, muß auch die Reduzierung der Steuern und damit der Bruttolöhne der Leistungsträger in Betracht ziehen. Auch Steuern sind Lohnnebenkosten.

Außer den abhängig Beschäftigten würden natürlich auch Selbständige und Unternehmer von einem entsprechenden Tarif profitieren. Die Selbständigen könnten ihre Leistungen und Dienste billiger anbieten; ein neues Gleichgewicht würde sich einstellen, das z.B., im Fall der Ärzte, auch die Krankenkassen entlastet. Und tatsächlich würde auch mehr Geld in den Unternehmen verbleiben. Zusätzliches Geld, liquide Mittel machen die Betriebe krisensicher. Als Risikogeld, Wagniskapital und Investitionsmittel könnte es für einen wirtschaftlichen Aufschwung und die Schaffung neuer Arbeitsplätze zur Verfügung stehen.

Protagonist einer proportionalen Steuer ist Milton Friedman, der mit seinem Buch „Kapitalismus und Freiheit" die Steuerpolitik der genannten osteuropäischen Staaten beeinflußt hat. Zu seinen Anhängern zählt auch der ehemalige Bundesverfassungsrichter Paul Kirchhof. In Ländern mit einer vom Umverteilungsdenken geprägten Steuergesetzgebung wie Deutschland fehlt bisher die Einsicht in den Vorteil eines einheitlichen linearen Tarifs. Immerhin bietet der Übergang zu einem Drei-Stufen-Tarif die Chance, sich auch mit einem Ein-Stufen-Tarif anzufreunden. Die Konkurrenz der osteuropäischen Länder in einer erweiterten europäischen Union dürfte dies zur Notwendigkeit machen.

233

Ein proportionaler Tarif mit gleichen Freibeträgen für Kinder wie für Eltern könnte durch Wahl des Steuersatzes an die Erfordernisse des Staates angepaßt werden. Wer allerdings bei der Lohn- und Einkommensteuer alle Steuerbürger entlasten will, müßte für zusätzliche Einnahmen des Staates sorgen. In diesem Fall, und nur in diesem, wäre eine Erhöhung der Mehrwertsteuer zu akzeptieren, wenn insgesamt eine Nettoentlastung übrigbleibt.

6.6 Evolution und Gerechtigkeit

Soziale Gerechtigkeit ist das Gegenteil von Gerechtigkeit:
Jeder bekommt das, was er nicht verdient.

Alexander Schuller 2002

Jedem das Seine, fordert die Gerechtigkeit,
jedem dasselbe, fordert der Neid.

Alexander Rüstow

Nach der Logik der natürlichen Evolution überleben bevorzugt die Erfolgreichen. Sie übertragen ihre Gene auf die Nachkommen, was zu einer Höherentwicklung der Art führt. Die Evolution des Menschen heute ist nicht mehr eine Angelegenheit der Bewährung in der Natur, sondern im Wettbewerb und Kampf mit anderen Menschen (Kap. 8.1). Die Einheiten der Selektion (Kap. 7.1) werden nicht nur ausgelesen, sondern nehmen selbst bestimmenden Einfluß auf die Selektion. Ob diese innerartliche Selektion noch eine Höherentwicklung zuläßt, soll in Kapitel 8.2 diskutiert werden.

Unsere Wertevorstellungen sind entweder direkt in den Genen angelegt oder ergeben sich aus der Neigung, den Vorschriften der Gemeinschaft zu entsprechen (Abschnitt 3.3.3). Zu diesen Vorschriften gehören Regeln, die auf die Erhaltung der Gemeinschaft und des Herrschaftssystems abzielen. Ein besonders wichtiges Beispiel ist das Prinzip der Gerechtigkeit. Zu allen Zeiten haben Religionsstifter, Philosophen wie auch die Anführer der Gemeinschaften bzw. Völker diesem Prinzip die ihnen passende Bedeutung gegeben.

Allein in der Bibel finden sich mehr als 200 Textstellen zu diesem Thema, überwiegend mit Gottesbezug. Für den evangelischen Christen kommt Gerechtigkeit aus dem Glauben. Gerechtigkeit vor Gott kann man nicht erwerben, sondern ist Gnade. Sie wird dem zuteil, der treu zum Glauben hält. Auch andere Religionen haben ihre eigene Gerechtigkeit, der Islam z.B. die Scharia.

Auch für Platon war der Begriff eng mit dem geltenden Wertesystem verknüpft: „Der Staat ist gerecht, ... wenn jede seiner drei Klassen der eigenen Arbeit nachgeht." Dies besagt nach Popper (1, 109), daß für Platon im gerechten Staat „der Herrscher herrscht, der Arbeiter arbeitet und der Sklave front". Popper kritisiert diese Auslegung. Apodiktisch weigert er sich, mit Leuten zu reden, die Gerechtigkeit mit Klassenherrschaft verbinden. Folgerichtig ist er gegen totalitäre Systeme, z.B. die Diktatur des Proletariats, den sowjetischen Sozialismus und Kommunismus.

Aus der Sicht der natürlichen Evolution ist der Kritik Poppers zuzustimmen, soweit Platons Philosophie den Menschen ungleiche Lebenschancen zuweist. Allerdings ist auch nicht zu rechtfertigen, wenn Poppers „Offene Gesellschaft" bzw. die von ihm favorisierte Demokratie den Fähigen und Tüchtigen die Lebenschancen beschneidet, um die Güter der Zivilisation möglichst gleichmäßig an die Masse zu verteilen. Beweggrund für eine solche Verteilung ist keinesfalls eine höhere Moral, sondern entspringt der Absicht, sich die Zustimmung der Masse der Wahlbürger durch Zuwendungen auf Kosten der Minderheit zu erkaufen: Wer verteilt hat Macht.

Die Evolution steht nicht auf der Seite Poppers. Sie bevorzugt Aristoteles, den Schüler Platons, den Popper ebenfalls ablehnt. Nach Aristoteles soll nicht jedem das gleiche zukommen, sondern das, was ihm aufgrund von Leistung und Stellung gebührt. Tatsächlich leben unsere Politiker nach diesem Grundsatz und bedienen sich ihrer Stellung entsprechend. Um ihre Stellung im

Staat zu sichern, verweigern sie aber den anderen Leistungsträgern die gleichen Rechte.

Das Problem beginnt bei dem demokratischen Grundsatz „One man – one vote". Gleichem Recht der Entscheidung im Staat müßten aber gleiche Pflichten entsprechen, d.h. gerechterweise auch die gleiche Steuerpflicht, was eine Kopfpauschale für alle voraussetzt. Umgekehrt müßte eine Steuer nach Leistungsfähigkeit eine Gewichtung der Stimmen zur Folge haben. In der Praxis sehen wir allerdings keine Chance, wieder ein Drei-Klassen- oder ähnliches Wahlrecht wie in der Zeit vor 1918 in Deutschland einzuführen. Statt dessen kann auf Amerika verwiesen werden, wo das finanzielle Engagement leistungsstarker Bürger im Wahlkampf eine große Rolle spielt und das Ergebnis der Wahl beeinflußt. Auch auf diesem Weg kann Leistung zu mehr Einfluß führen. Die Stabilität und Überlegenheit der amerikanischen Demokratie liegt wesentlich in diesem Umstand begründet.

Gerechtigkeit hat in der Natur keine Bedeutung. Sie ist deshalb auch kein Gegenstand der natürlichen Evolution. Als Prinzip der innerartlichen Evolution wurde sie zum Herrschaftsinstrument. Soziale Gerechtigkeit dient, bei wohlwollender Auslegung, zur Aufbesserung der Lebensverhältnisse der weniger Tüchtigen auf Kosten der Leistungsträger. Sie erlaubt den Begünstigten, sich in höherem Maße der Reproduktion zu widmen. Das Prinzip der natürlichen Evolution (Überleben der besser Angepaßten in ihren Kindern) ist auf diese Weise in sein Gegenteil verkehrt; der Genpool verschlechtert sich, und die Evolution versagt.

Die Rechtfertigung einer Begünstigung der Leistungsschwachen könnte darin bestehen, daß die Stärke einer Gemeinschaft mit der Zahl ihrer Mitglieder wächst und daß daher das Überleben aller Mitglieder von Vorteil für die Gemeinschaft ist. Hiergegen ist einzuwenden, daß es bei der sozialen Gerechtigkeit unserer

Tage schon längst nicht mehr um das Überleben geht. Die sogenannte Hilfe zum Lebensunterhalt in unserer Gesellschaft übertrifft bei weitem die Mittel, mit denen der weitaus größte Teil der Menschheit anderswo auskommt. Sie ist auch viel größer als der Unterhalt, der der arbeitenden Bevölkerung z.B. in Deutschland und Europa noch vor ein bis zwei Generationen oder früher zur Verfügung stand. Das Überleben der Gesellschaft ist somit kein Beweggrund für die große und wachsende Umverteilung in unserer Republik:

1950 verblieben den Arbeitnehmern noch 75 % ihres Einkommens zur freien Verwendung, in den siebziger Jahren noch 65 % bzw. heute ca. 50 %, nicht eingerechnet die hohen Verbrauchssteuern bis hin zur sogenannten Ökosteuer. Der Aufwand für soziale Zwecke hat sich in dieser Zeit real verzehnfacht, und 20 % der Steuerzahler mit den höchsten Einnahmen bestreiten 2/3 des Steueraufkommens.

Diese Umverteilung ist nicht gerecht, weil sie das Kriterium der Leistung (nach Aristoteles) außer acht läßt. Darüber hinaus ist der Begriff „Gerechtigkeit" unangebracht, wenn es sich um Hilfe für Bedürftige handelt. Hilfe hat es schon immer gegeben, früher sogar eine Ethik der Fürsorge; sie wird auch in der Bibel angemahnt, aber für sie muß das Kriterium der Freiwilligkeit gelten.

Der jüngste Sproß einer üppig wachsenden Familie von Gerechtigkeiten ist die sogenannte Generationengerechtigkeit. Auch hier wird der Begriff in einem Sinne gebraucht, der den objektiven Gegebenheiten entgegengerichtet ist. Er dient dazu, das Versagen der Politik zu kaschieren und die im Ruhestand lebende Generation gefügig zu machen, daß sie die ständige Beschneidung ihrer Rechte kritik- und klaglos hinnimmt. Abhängig vom Einzelfall wurden die Rentenansprüche im Vergleich zum ursprünglichen Rentenrecht z.T. um mehr als 1/3 gesenkt, bei deutlich höheren Beiträgen. Zum Beispiel wurden die Bewertung der Ausbildungszeiten und die Zahl der anrechenbaren Ausbildungsjahre mehrfach gekürzt und schließlich die rentensteigernde Wirkung der Ausbildungszeiten völlig abgeschafft. Anders als bei Arbeitslosen entfällt damit bei Aus- und Weiterbildung die Berücksichtigung von Zeiten unvermeidlicher Erwerbslosigkeit.

Natürlich waren die Verantwortlichen für solche Entscheidungen, d.h. die Politiker, in ihren Pensionsansprüchen nicht selbst betroffen. Begründet wird die Leistungskürzung bei den Rentnern mit der Aussage, man könne der arbeitenden Generation nicht mehr an Belastung zumuten, als die Rentner in ihrer aktiven Zeit an Sozialbeiträgen zahlen mußten. Aber warum eigentlich nicht? Die aktive Generation verweigert sich einer Aufgabe, die die Rentner von heute zu ihrer Zeit noch erfüllt haben. Sie ist nicht mehr bereit, Kinder in einer Zahl großzuziehen, daß die Leistungsfähigkeit unserer Wirtschaft erhalten bleibt, und spart die Kosten für die Kinder. Es wäre ein Gebot der Gerechtigkeit, sie statt dessen dafür in Anspruch zu nehmen, daß die Senioren die einstmals zugesagte Rente auch tatsächlich erhalten.

Natürlich weiß auch die Rentnergeneration, daß ein Beharren auf erworbenen Ansprüchen die gesamtwirtschaftliche Situation nicht verbessert. Sie wird sich der Realität beugen und Einschnitte hinnehmen, auch wenn diese ungerecht sind. Hier gilt der Spruch von der normativen Kraft des Faktischen oder auch die Volksweisheit „Wo nichts ist, hat der Kaiser sein Recht verloren".

Besonders verheerend hat sich das Primat der „sozialen Gerechtigkeit" in der Politik auf die Wirtschaft ausgewirkt. Vielfach wird die Meinung vertreten, daß eine Unterordnung des Wirtschaftsgeschehens unter die Sozialpolitik wettbewerbsneutral und daher unschädlich ist. Tatsächlich stranguliert ein Übergewicht auf der Lohn- und Abgabenseite wie auch bei gesellschaftlichen Auflagen (Umwelt) die Wirtschaft, reduziert unseren Wohlstand und führt in die Armut. Die Wirtschaft muß zu angemessenen, unter Umständen großen Teilen für sich selbst arbeiten, nicht nur für die Sozialpolitik und soziale Gerechtigkeit. Vollends auf die Verliererstraße gerät unsere Wirtschaft bei freiem Warenverkehr, wenn andere Länder ihren Volkswirtschaften geringere Belastungen zumuten und konkurrenzfähiger sind.

Inzwischen wächst die Erkenntnis, daß die Bindung der Ressourcen durch den ausufernden Sozialstaat in Deutschland wirtschaftliches Wachstum verhindert und Arbeitslosigkeit verursacht. Dies ist aber nur ein Teilaspekt. Die Verteilung der Ressourcen möglichst gleichförmig auf die Mitglieder beeinträchtigt die Leistungsfähigkeit einer Gesellschaft allgemein und reduziert die Bereitschaft und Fähigkeit zu kulturellen und zivilisatorischen Hochleistungen. Sozialstaat und Zivilisation sind daher Gegensätze.

Wer sich bei dieser Einsicht unbehaglich fühlt, aber bereit ist, Weltgeltung zum Maßstab für die Bedeutung und Kraft einer Zivilisation zu machen, den erinnern wir an die Machtverhältnisse in der Welt. Die USA sind die derzeit einzige Supermacht. Sie verdanken diese herausragende Stellung ihrer liberalen und nicht auf Gleichheit ausgerichteten Gesellschaftsordnung, während der Sozialstaat Deutschland vergleichsweise bedeutungslos geworden ist.

Auch in früheren Zeiten waren kulturelle Hochleistungen das Ergebnis konzentrierter Anstrengungen: Nach Herodot haben 100 000 Arbeiter 20 Jahre lang die Quader der Cheopspyramide aufeinandergeschichtet, und die übrige Bevölkerung Ägyptens hat Transportmittel und Nahrung für die Arbeiter bereitgestellt. Die Schlösser, Kirchen und Dome Europas wie auch die Monumente und Sakralbauten in der übrigen Welt wurden zu Zeiten errichtet, in denen vielerorts existentielle Not herrschte.

Zur Finanzierung des Petersdoms wurden auch die Armen genötigt, ihr Scherflein in den Ablaßkasten zu werfen.

Insoweit, d.h. in bezug auf die Notwendigkeit einer Bündelung der Mittel anstelle von Gleichverteilung, entsprechen sich frühere Kulturen und die heutige technische Zivilisation; aber es gibt doch einen wesentlichen und für uns günstigen Unterschied. Opfergaben früher waren Verzicht ohne materielle Gegenleistung. Einschränkungen heute zugunsten von Investitionen in die Volkswirtschaft führen dagegen über eine höhere Produktivität zu größerem allgemeinem Wohlstand.

6.7 Europäische Türkei oder türkisches Europa?

Die Türkei wird jetzt von einer islamisch verwurzelten Partei
regiert, die das Land zur führenden Macht in der muslimischen
Welt machen will.

Hassan Fatah

Nicht nur beantragt die Türkei eine Aufnahme in die EU, sie fordert sie. Für den Fall einer Ablehnung werden Sanktionen angedroht. Gleichzeitig entfernt sich die Türkei ihrer inneren Verfassung nach zunehmend von Europa. Der am westlichen Staatsverständnis orientierte laizistische Staat im Sinne Atatürks ist in der Krise. Sein Bestand wird nur noch durch das Militär garantiert.

Die Mehrheit liegt bei der tief im orthodoxen Islam verwurzelten Zivilgesellschaft, die die Religion über den Staat stellt. Die Bevölkerung in der Türkei ist sogar weitaus religiöser als in der Islamischen Republik Iran. Zum Beispiel beteiligen sich 90 Prozent der Türken am Fasten im Monat Ramadan.

Ein ähnliches Verhalten findet sich auch in der muslimisch-türkischen Parallelgesellschaft in Deutschland. Deren Mitglieder sind noch religiöser, und sie werden es immer mehr. Nach einer Untersuchung des Zentrums für Türkei-Studien für die Türken in Deutschland (Essen 2003) bezeichnen sich zwanzig Prozent der Türken in der Bundesrepublik als sehr religiös und 71 Prozent als religiös.

Die stärkste Partei AKP mit Ministerpräsident Erdogan an der Spitze hat bei den türkischen Wahlen 2002 die für eine Verfassungsänderung nötige Zweidrittelmehrheit nur knapp um vier Sitze verfehlt. Seitdem wird der laizistische Staat immer mehr herausgefordert. Die Frauen des Ministerpräsidenten und der Minister sind gehalten, in der Öffentlichkeit stets das Kopftuch zu tragen. Dies ist dann Anlaß, sie von der Teilnahme an offiziellen Veranstaltungen wie Staatsempfängen auszuschließen. Zwar zeigt der türkische Staat damit, daß er die Trennung von Staat und Religion noch aufrechterhalten kann. Gleichzeitig werden aber, im Sinne des orthodoxen Islam, die Präsenz und Bedeutung der Frau im öffentlichen Leben immer mehr eingeschränkt.

Atatürk wollte aus der Türkei ein modernes westliches Land machen. Die heutige Regierung versucht, diesen Prozeß umzukehren und das Land zu re-islamisieren. Sie muß wissen, daß sie damit in Europa Bedenken und Angst auslöst. Erdogan hat sich dennoch zu einer Vorwärtsstrategie entschlossen. Er verläßt sich darauf, daß die eingebürgerten Türken und andere Muslime in Deutschland wie bei den Wahlen 2002 einer SPD-geführten Regierung auch in Zukunft zu einer Mehrheit verhelfen werden und diese im Gegenzug den Plänen Erdogans entgegenkommt. Dazu gehören der baldige EU-Beitritt, eine rasche Einbürgerung möglichst vieler Muslime nach Deutschland, weiterer starker Zuzug und nötigenfalls Versorgung der sich rapide vermehrenden muslimischen Bevölkerung durch die deutschen Sozialsysteme. Für die übrigen europäischen Länder könnten als Fernziel ähnliche Pläne bestehen.

Wenn zielführend, geht der Islam den direkten Weg; Forderungen werden offen ausgesprochen. Zum Beispiel soll die Europäische Union aufhören, ein „Christenklub" zu sein. Bei eigener Unterlegenheit und drohendem Widerstand folgt man der Lehre von der doppelten oder verborgenen Wahrheit. Sie findet sich in Ansätzen schon in der Frühzeit des Islam, ist Teil der islamischen Philosophie des Ibn Ruschd (lat. Averroes, 1126–98) und wurde im Mittelalter auch unter christlichen Philosophen diskutiert. Nach dieser Lehre kann etwas philosophisch wahr, aber theologisch falsch sein und umgekehrt. Auch sind falsche Lehren und Täuschungen rechtens, wenn sie den Islam begünstigen. Erlaubt sind Verstellungen und Notlügen (Taqijah), die zur Verbreitung des Islam beitragen. Nur so erklärt sich die angebliche Wandlung Erdogans von einem Anhänger des Islamisten Erbakan zu einem europäischen Staatsmann. Toleranz gegenüber anderen Religionen und Bekenntnis zum Laizismus in Europa und der Türkei aus Überzeugung dürfen wir aber nicht erwarten.

Die Erfolge Erdogans nehmen der hiesigen muslimischen Parallelgesellschaft jeden Anreiz, sich zu Deutschland zu bekennen und zu integrieren. Die türkischen Gemeinschaften in Deutschland werden zu Brückenköpfen der Türkei. Berücsichtigen wir noch die Bevölkerungsentwicklung bei den verschiedenen ethnischen Gruppen (Abschn. 5.2.3), so ist zu erkennen, daß die Türkei sicher nicht europäisch, sondern Europa eher türkisch wird. Die Übernahme Europas durch den Islam konnte in den Türkenkriegen 1716–18 abgewehrt werden (Prinz Eugen). Der jetzige Versuch stößt auf weniger Gegenwehr.

Integration bedeutet auch Angleichung im politischen Verhalten. Eine Parallelkultur orientiert sich aber in großer Geschlossenheit am eigenen Gruppenziel und gewinnt dadurch überlegenen politischen Einfluß. Regierungen ohne Geschichtsbewußtsein, ohne Bindung an tradierte Werte und ohne Einsicht in menschliches Verhalten entsprechend den in uns durch die Evolution angelegten Normen, werden auf diese Weise zu Geiseln der Parallelgemeinschaft.

7 Die Evolution betreffende Erkenntnisse und Folgerungen

7.1 Die Einheiten der Selektion

Die Selektion setzt immer bei den Phänotypen an, bei den Individuen oder auch Gruppen. Ausgelesen werden aber letztlich die Gene als die eigentlichen Replikatoren.

Nach Eibl-Eibesfeldt (1997, 547)

Was wird im Rahmen der Evolution selektiert, sind es die besseren Gene, tüchtigere Individuen, leistungsfähigere Sippen oder sogar Gruppen, die sich in ihrer Geschlossenheit als lebensfähiger erweisen? Eine erste Antwort gibt Eibl-Eibesfeldt, siehe die o.g. Aussage. Danach spielen die Gene eine passive Rolle; ihr Bestand ist nur gesichert, wenn die Individuen überleben und sich reproduzieren. Für Gruppen als Einheiten der Selektion ist der Zusammenhang komplexer. Gegebenenfalls hängt deren Bestand gerade davon ab, daß sich Individuen für die Gemeinschaft opfern, wodurch ihre Gene für die Zukunft verlorengehen.

Dies läßt Zweifel aufkommen hinsichtlich der Grundannahme moderner Soziobiologen, wonach die sogenannte „Eignung" von Organismen am größten oder am höchsten zu bewerten ist, wenn jedes Individuum für die maximale Verbreitung seiner persönlichen Gene sorgt. Letztlich diene das Großziehen von Kindern dem Erhalt der eigenen Gene, und wer zwei seiner Kinder rettet und dabei sein Leben verliert, dessen Opfer habe sich „gelohnt". Aus solchen Überlegungen wird ein „Egoismus der Gene" abgeleitet. Weitergehende Modelle ziehen in Betracht, daß die gleichen Gene mehr oder weniger auch in der

Sippe oder Gruppe vorhanden sind. Es wird gefolgert, daß die Individuen ihr Verhalten gegenüber anderen Menschen nach dem Grad der genetischen Verwandtschaft ausrichten.

Selbstverständlich hängt die Arterhaltung von der Bereitschaft der Individuen zu eigenen Kindern ab. Aber selbst diese ist nicht unbedingt an die eigenen Gene gekoppelt. Sie veranlaßt Paare, Kinder zu adoptieren und sie als eigene großzuziehen. Wir bezweifeln, daß Männer überhaupt merken, wenn Kinder in der Familie einen fremden Vater haben. Entsprechendes gilt auch für Mütter, deren Kinder im Krankenhaus vertauscht wurden. Die „Stimme des Blutes" ist oftmals kaum zu vernehmen: Im Hildebrandslied muß der Vater den Sohn töten, weil dieser ihn herausfordert und sich nicht überzeugen läßt, daß er den Vater vor sich hat.

Wir verweisen darauf, daß jeder Mensch vor tausend Jahren etwa 10 Milliarden Vorfahren hatte, zur Zeit von Christi Geburt noch 10 Milliarden mal mehr (gleich 10 hoch 20, das ist eine Zahl 1 mit 20 Nullen). Das heißt, daß die damals lebenden Menschen unzählige Male in unserer Ahnenreihe vorkommen, soweit eine Vermischung überhaupt stattfinden konnte. Gene sind daher nicht besonders exklusiv, höchstens deren jeweilige Kombination beim einzelnen Individuum. Ähnliche Gen-Kombinationen bei Verwandten begründen keine Überlebensgemeinschaft, und eine Ansammlung verwandter Individuen ist keine Einheit der Selektion. Allenfalls entsteht eine solche, wenn man sich kennt und zu vertrauen gelernt hat. Letztlich kommt es auf den Erhalt des Genpools an, nicht den individueller Gene.

Der Kuckuck legt seine Eier in fremde Nester, und die Stiefeltern brüten die Eier aus. Sie füttern den Jungvogel, bis er flügge ist. Ihre Zuwendung bleibt sogar bestehen, wenn der Kuckuck die eigenen Jungen aus dem Nest wirft. Daß der junge Kuckuck nicht nur fremde Gene hat, sondern sogar zu einer fremden Art gehört, spielt keine Rolle.

Auch zu unserer genetischen Ausstattung gehört eine starke Bereitschaft zur „Brutpflege", bis hin zur Aufopferung für die Kinder; die aber nicht notwendig die eigenen Gene haben müssen. Selbst der Sexualtrieb ist nicht auf die Weitergabe bestimmter Gene ausgerichtet, nicht einmal überhaupt auf Zeugung und Reproduktion. Das Sexualprinzip ist indirekt, primär ist der Lustgewinn; siehe hierzu die Abschnitte 3.2.1 und 3.2.2. Für die Lust werden Empfängnis und Schwangerschaft in Kauf genommen, nicht selten in der Hoffnung, daß es nicht zu einer Schwangerschaft kommt. Falls doch und man sich nicht zur Abtreibung entschließen kann, nimmt die Natur ihren Lauf, und nur dann werden Kinder geboren.

Das schließt nicht aus, daß Kinder auch erwünscht sein können und die Eltern ihnen mit Freude und Hoffnung entgegensehen, manchmal auch mit Berechnung; neuerdings ist der Begriff Familienplanung in Mode gekommen, eigentlich ein Unwort. Natürlicher ist die Aussage einer Mutter von sieben Kindern, der Sozialministerin von Niedersachsen Ursula von der Leyen: „Die Kinder kamen wie ein Geschenk. Ruck, zuck. Erst dann wurde mir klar, was das alles bedeutet." Häufiger als der Wille und die Bereitschaft zum Kind ist jedenfalls das Verlangen nach Lust, und es gibt heute viele Möglichkeiten, das eine vom andern zu trennen. Wir verweisen auf die bekannten Verhütungsmittel, auf Kondome, Pille und Abtreibung (Abschnitt 3.2.2). Einen Egoismus der Gene bzw. die Fähigkeit, diesen zu entfalten, können wir nicht erkennen.

Was also sind die Einheiten der Selektion? Es sind genau die in Kap. 3 vorgestellten Existenzformen des Menschen: Ohne Zweifel ist der Mensch zunächst als Individuum für sich und seine Familie selbst verantwortlich. Zweitens hängt die Existenz des Menschen von der Überlebensfähigkeit der Gemeinschaft ab, zu der er gehört.

Der Mensch als Individuum hat in unserer Zivilisation immer weniger Möglichkeiten, sich eine unabhängige Existenz aufzubauen oder zu bewahren. Vergleichsweise autark war noch der Bauer, solange er seinen Hof und die Felder selbst bewirtschaftete und die Preise für Agrarprodukte nicht vom Staat festgelegt wurden. Eine eigene Existenz haben auch Handwerker und Unternehmer sowie mehr oder weniger alle, die aufgrund ihrer Fähigkeiten und Leistung in der Volkswirtschaft gebraucht und gesucht werden. Ein selbstbestimmtes Leben, soweit heute noch möglich, macht die Menschen zu aktiven Einheiten der Selektion.

Tatsächlich behandelt der Staat die Individuen oder Familien (im Rahmen des Ehegattensplittings) als solche Einheiten. Überwiegend sind die Steuern personenbezogen. Nicht Sippen, Gruppen oder Gemeinschaften werden besteuert und auch Unternehmen nur in begrenztem Umfang: Gewerbe- und Körperschaftssteuer erbringen nur fünf bis zehn Prozent des gesamten Steueraufkommens.

An die Stelle der Individuen bzw. sogenannten Kleinfamilien treten in anderen Kulturen Großfamilien, die eine Erwerbs- und Lebensgemeinschaft bilden. Einbezogen sind dort auch Geschwister und andere Familienangehörige. Die Grenzen sind fließend.

Überwiegend aufgrund innerartlichen Evolutionsdrucks hat sich bei den Menschen das genetisch verankerte Bedürfnis herausgebildet, zu einer Gemeinschaft zu gehören, die in ihr herrschenden Wertevorstellungen anzunehmen und sich für deren Existenz und Überleben einzusetzen (Kap. 3.3 und 3.4). In der Folge teilt der Mensch deren Schicksal, d.h. auch die Wertegemeinschaften sind Einheiten der Selektion. Es erübrigt sich eigentlich, dies durch Beispiele zu belegen. Jedem ist geläufig, daß man als Mitglied einer prosperierenden Gemeinschaft am allgemeinen Wohlstand teilhaben und ohne existentielle Not leben oder andererseits als Angehöriger einer ethnischen oder religiösen Gruppe verfolgt und umgebracht werden kann.

Der Begriff Wertegemeinschaft nach Abschnitt 3.4.2 ist weit gefaßt und schließt Gruppen ein, die fallweise in Eintracht mit ihrer Umgebung leben und von dieser auch nicht als störend oder fremd wahrgenommen werden. Ein Beispiel sind Religionsgemeinschaften in einem säkularen Staat, die sich mit dem Staat arrangiert haben, und mit ihm gewissermaßen in Symbiose leben. Eine Bedrohung für die Religionsgemeinschaft kann aber alsbald entstehen, wenn die Macht im Staat in andere Hände übergeht, wie 1917 als Folge der Oktoberrevolution in Rußland oder 1933 durch die Machtübernahme Hitlers in Deutschland. Umgekehrt kann eine religiöse Gemeinschaft wie der Islam einen säkularen Staat bedrohen, seine Regierung stürzen und den Gottesstaat ausrufen wie 1979 im Iran.

Auch saturierte und ohne besondere Herausforderung existierende Wertegemeinschaften können somit in kurzer Zeit zu bedrohten Schicksalsgemeinschaften werden. Die meisten Staaten und die Kulturen im Sinne von Huntington wie auch bestimmte Sekten und Bewegungen verstehen sich grundsätzlich und dauerhaft als Schicksalsgemeinschaften. Als solche können Staaten zur Weltmacht aufsteigen oder in die Bedeutungslosigkeit absinken, mit entsprechenden Folgen für die Bürger. Stadtgemeinschaften können Reichtum anhäufen und wieder verlieren wie Venedig, oder aus Konkurrenzgründen sogar vernichtet werden wie Karthago. Der Adel kann Macht und Besitz gewinnen und wie in der Französischen Revolution verfolgt und aufs Schafott geschleppt werden. Religionsgemeinschaften eignen sich Macht an oder verbünden sich mit ihr und gewinnen fast unbegrenzten Einfluß (Islam, Christentum). Zu anderen Zeiten wurden oder werden ihre Mitglieder verfolgt und umgebracht.

Ideologisch motivierte Gemeinschaften organisieren sich über Stammes-, Staats- und Religionsgrenzen hinweg. Auch sie suchen Erfolg durch das Streben nach Geschlossenheit und zahlenmäßiger Größe, wie das z.B. in dem Ruf „Proletarier aller Länder vereinigt euch" zum Ausdruck kam.

7.2 Kultur und Evolution

*Schimpansen und Bonobos gehen mit Werkzeugen um
und tradieren deren Gebrauch. Sie jagen und fressen
Fleisch. Man darf annehmen, daß unser mit ihnen
gemeinsamer Vorfahre dies auch schon tat.*

Pascal Picq (25)

Die Entwicklungslinien von Menschenaffen (Schimpansen)
und Menschen trennten sich vor ca. sechs Millionen Jahren.
Schon vor dieser Zeit könnten Holz und Steine als Werkzeuge
in Gebrauch gewesen sein, siehe das o.g. Zitat. Die ersten von
Menschen hergestellten Werkzeuge waren scharfkantige Abschläge von Steinen, später behauene Steine. Solche finden sich
in zweieinhalb bzw. zwei Millionen Jahre alten Ablagerungen,
zusammen mit Überresten der Hominiden aus dieser Zeit. Vor
1,4 Millionen Jahren wurden komplexere Werkzeuge hergestellt, z.B. symmetrisch geformte spitze Faustkeile mit je einer
Schneide auf beiden Seiten sowie Spaltkeile mit einer einzigen
Schneide am Ende senkrecht zur Längsrichtung. Es handelte
sich bereits um standardisierte Produkte, deren Fertigung quasi
industriell erfolgte. Als Abschläge von vorgeformten Steinker-
nen wurden vor 500 000 Jahren Pfeilspitzen und Klingen routi-
nemäßig in großer Stückzahl hergestellt.
Vor einigen zehntausend Jahren schufen der Homo sapiens und
auch der Neandertaler außer Werkzeugen bereits eindrucksvol-
le Kunstwerke wie Skulpturen und Schmuck. Berühmt sind die
ca. 30 000 Jahre alten Höhlenmalereien z.B. in Höhlen in
Frankreich. Kunstsinn und symbolisches Denken werden aber
auch unseren viel älteren Vorfahren zugeschrieben. Ausgrabun-
gen in einer Höhle in Südafrika förderten neben zwei bis drei
Millionen Jahre alten Australopithecus-Überresten einen Quar-

zitstein zutage, der offenbar dorthin verbracht worden war. Er hatte die Form eines Primatenkopfes und deshalb das Interesse der damaligen Hominiden gefunden (R. Rudgley, Tafel 28). Von einem Hominiden-Fundort in der Olduvaischlucht in Ostafrika stammt ein behauener Stein, an dem ebenfalls Primatengesichtszüge zu erkennen sind. Das Alter des Artefakts wurde auf 1,6 bis 2,2 Millionen Jahre datiert. Quarzkristalle haben den Schönheitssinn des Homo erectus angesprochen. Er hat sie gesammelt und aufbewahrt, wie die an verschiedenen Ausgrabungsstellen gefundenen Exemplare belegen. Ein 250 000 Jahre alter Faustkeil wurde so gestaltet, daß sich eine auf der Wetterseite am Feuerstein angeheftete fossile Muschel zentral auf der Oberfläche des Faustkeils befindet. Selbstverständlich ist auch die Existenz von Grabstätten ein Beweis für symbolisches Verhalten. Offenbar wurden schon vor mehr als 100 000 Jahren Menschen planmäßig bestattet.

Ohne Zweifel hatten die kulturellen Errungenschaften, d.h. Werkzeuge und symbolisches Denken, auch Einfluß auf die Evolution; erworbene Fertigkeiten verändern den Evolutionsdruck: Wer Nüsse mit Hilfe von Steinen aufschlagen kann, braucht kein zum Nüsseknacken taugliches Gebiß. Distanz-Jagdwaffen, wie Steine zum Werfen, Speere und Pfeile, reduzieren die Anforderungen an den Jäger in bezug auf Schnelligkeit und Kraft, und vergrößerten den Jagderfolg. Über lange Zeit tradierte und ausgeübte Fähigkeiten hinterließen daher Spuren in unserer genetischen Ausstattung. Das soll nicht heißen, daß die erworbenen Fertigkeiten zu erblichen Eigenschaften wurden. Eher wirkt der Selektionsdruck in Richtung der Ausbildung neuer nützlicher Fähigkeiten, die bisher weder ererbt noch überliefert waren. Prinzipiell könnten erworbene tradierte Fähigkeiten wieder verlorengehen, wenn die Tradition abreißt. Die Verzahnung mit der Evolution würde jedoch den Verlust als Lücke spürbar werden lassen und die Fähigkeit zur Erfindung der Kulturerzeugnisse (z.B. Jagdwaffen) erneut aktivieren. Symbolisches Denken ist eine Abart des begrifflichen Denkens. Begriffe bezeichnen das einer Vielfalt von Erscheinungen Gemeinsame. Gebilde aus Holz mit einem Stamm, Ästen und Blättern oder Nadeln sind Bäume, unabhängig von der speziellen Art und Form. Symbole drücken Beziehungen aus; sie stehen für Zugehörigkeit, Freundschaft und Glauben. Fahnen, Zeichen, im allgemeinen auch Kunstwerke, sind Symbole, aber auch Könige, Kaiser und Götter. Die Verehrung der Mitglieder der englischen Königsfamilie (Royals) als Personen hält sich in England in Grenzen; als Symbol für das Commonwealth ist Queen Elizabeth unumstritten. Die Entwicklung symbolischen Denkens ermöglichte den Zusammenschluß von Menschen über den Familienverband und die Sippe hinaus zu großen Gemeinschaften.

Die natürliche Evolution hat den Menschen mit einem besonders leistungsfähigen Großhirn ausgestattet. Mit seiner Hilfe konnte er sich weitgehend von der Natur emanzipieren. Das Großhirn hat die Aufgabe gelöst, das Überleben in der Natur zu sichern. Nach Steve Jones (415) „degenerieren alle Eigenschaften, wenn sie ihre Aufgabe erfüllt haben. Hört die Selektion auf, macht sich das Chaos der Natur breit, und die Evolution verliert ihre Richtung". Somit wäre zu erwarten, daß unser Gehirn und mit ihm der Mensch degenerieren. Allerdings ist dem Gehirn eine neue Aufgabe zugewachsen. Es dient jetzt zur Selbstbehauptung in einer Welt, die nicht mehr von der Natur, sondern vom Menschen beherrscht wird. Bei der Auseinandersetzung mit anderen Kulturen wie auch in unserer eigenen technischen Zivilisation sind wir zunehmend auf das Gehirn angewiesen.

Wir dürfen davon ausgehen, daß die Menschen schon immer in Horden und Gruppen bzw. später in Stämmen zusammengelebt haben. Der Verstand hat daher nicht nur dem Individuum Überlebensvorteile geboten. Er wurde auch benötigt, um in der Natur Gemeinschaftsaufgaben zu lösen, z.B. erfolgreich zu jagen. Später traten andere Menschen bzw. konkurrierende Gesellschaften an die Stelle der Natur: Der Evolutionsdruck in modernen Zivilisationen geht praktisch nur noch vom Menschen aus, d.h. von der eigenen Art (Kap. 7.3 und 8.1).

Die natürliche Evolution ist im allgemeinen ein langsamer Prozeß. Die Höherentwicklung erfolgt in kleinen Schritten. Jeweils kleine Abänderungen in den Genen bleiben bevorzugt erhalten, wenn sie sich als vorteilhaft erweisen, worauf sich nach vielen Generationen eine weitere Verbesserung durchsetzt. Für den in der Vergangenheit gültigen Zeitrahmen formulieren wir eine Faustregel: In geschichtlicher Zeit hat es keine wesentlichen Veränderungen im Erbgut gegeben. Es ist kein Anachronismus, wenn in Historienfilmen Schauspieler von heute Personen aus der Geschichte verkörpern wie Moses, Cheops, Alexander oder Caesar. Über längere Zeiträume haben sich jedoch Unterschiede herausgebildet. Zur vorherrschenden Lehrmeinung zählt, daß die heutige Menschheit eine gemeinsame Wurzel hat, andere Frühformen ausgestorben sind und sich die verschiedenen zur Zeit existierenden Rassen in den letzten 100 000 Jahren aus einem einzigen Stamm entwickelt haben.

7.3 Innerartliche Selektion bei Tieren und Selektion durch den Menschen

Die Natur liefert allmählich mancherlei Abänderungen; der
Mensch summiert sie in gewissen ihm nützlichen Richtungen:
Der Schlüssel liegt in dem accumulativen Wahlvermögen
des Menschen.

Charles Darwin
Über die Entstehung der Arten (48)

Bei Fehlen äußeren Evolutionsdrucks (z.B. von Freßfeinden) führt die innerartliche Selektion zur Ausbildung skurriler Gebilde wie dem Geweih der großen Hirsche oder dem Federschmuck der Pfauenhähne. Die Geweihe wachsen jährlich neu, was mit großem Aufwand verbunden ist, und sie sind für die Lebensbewältigung in der Natur eher schädlich; Pfauen sind durch den Federschmuck nur noch begrenzt flugfähig und wenig beweglich. Gelegentlich wurden Versuche gemacht, dem Geweih der Hirsche oder dem Rad der Pfauen Überlebensvorteile für das Individuum zuzuschreiben. Die jeweiligen Begründungen sind aber wenig überzeugend.
Allerdings signalisiert ein großes und schönes Geweih bzw. unversehrtes Rad, daß sich das Tier im Wettbewerb mit Nebenbuhlern bisher gut gehalten hat und auch seine Nachkommen einen vorderen Platz in der Rangordnung einnehmen können. Dies bringt Vorteile bei der Brautwerbung. Männliche Tiere ohne diese Zierden haben nur geringe Chancen.
Auch der in Abschnitt 7.1 diskutierte Begriff vom „Egoismus der Gene" umschreibt ein innerartliches Phänomen. Eine ungewöhnliche Beobachtung scheint diesem Begriff Substanz zu geben. Es wird berichtet, daß männliche Löwen, die ein Rudel übernehmen, die Jungen des Vorgängers töten. Die Weibchen

können dann nicht mehr stillen, geraten in Paarungsbereitschaft (Östrus), und das dominante männliche Tier kann seine eigenen Gene unterbringen. Ähnliche Beobachtungen wurden bei Schimpansen, Pavianen und anderen Affenarten gemacht.

Die Erkenntnisse sind nicht eindeutig. Einige Autoren halten die Kindstötung für ein angeborenes, adaptives Verhalten, was Eibl-Eibesfeldt (1999, 459) „noch" bezweifelt. Er räumt aber ein, daß unter der Annahme von Individual- und Sippenselektion zwingend folgt, daß ein Verhalten wie der Infantizid als Anpassung zu werten ist.

Wir erinnern zunächst daran, daß der Sexualtrieb bei Tieren wie bei Menschen primär auf Lust ausgerichtet ist und nicht auf Gene oder Nachkommen. Die Reproduktionsstrategie ist indirekt (Abschnitt 3.2.1). Nur ein starker Sexualtrieb garantiert ausreichenden Nachwuchs. In der Sondersituation eines eben erreichten Aufstiegs zum Alphatier und infolge des aufgestauten sexuellen Drucks kann die Hemmung versagen, die die Jungtiere vor sexuell induzierten Übergriffen schützt. Ein schwächerer, jederzeit zu kontrollierender Sexualtrieb würde den Fortpflanzungserfolg des Rudels bzw. der Horde oder Art eventuell stärker beeinträchtigen als der Verlust der Jungtiere.

Auch beim Menschen wird die Grenze eines im Sinne der Reproduktion förderlichen Verhaltens oft überschritten, von der Verwendung von Verhütungsmitteln bis zu Sexualmorden. Insbesondere werden bei Sexualmorden an Frauen gegebenenfalls auch die Gene des Täters vernichtet. Eine besonders nachhaltige Tötung jungen Lebens stellen in Deutschland die jährlich weit über 100 000 Abtreibungen dar, wobei im Gegensatz zum Infantizid bei Löwen und Affen sogar die eigenen Gene beseitigt werden. Für eine Vorstellung vom „Egoismus der Gene" bleibt kein Raum.

Bei Wildtieren geht der Selektionsdruck überwiegend von der Umwelt aus. Abhängig von der Tierart spielt aber auch die innerartliche Selektion eine mehr oder minder große Rolle. Beispiele sind Kämpfe um die Rangordnung in der Gruppe (Rudel oder Horde) oder Revierkämpfe. Ein Sonderfall ist die vom Menschen gesteuerte Evolution, besonders zu beobachten an unseren Haustieren. Zufällige günstige Änderungen im Erbgut bringen in der Natur im allgemeinen nur kleine Überlebensvorteile, zum Teil gehen sie auch wieder verloren. Wenn dagegen ein Züchter auf eine Eigenschaft aufmerksam geworden ist, können Überleben und Vermehrung zu hundert Prozent gesichert sein. Das für die betreffende Eigenschaft verantwortliche Gen wird nicht durch Kreuzung des Tieres mit beliebigen anderen Individuen der gleichen Art in deren Genpool entlassen, wo es sich entweder verliert oder nach einiger Zeit durchsetzt. Es wird durch Inzucht kontrolliert weitergegeben, häufig durch Kreuzung des Vatertiers mit der Tochter (sog. Zucht in gerader Linie).

Auf diese Weise gelingt den Menschen über wenige Generationen hinweg die Züchtung neuer Unterarten, wozu die Natur mehrere hundert bis einige tausend Generationen braucht: Die Einflußnahme des Menschen bringt sehr viel schnellere Ergebnisse als die natürliche Evolution. Allerdings zielen die Eingriffe des Menschen im allgemeinen auch nicht auf eine bessere Überlebensfähigkeit der Tiere in der Natur. Die Produkte der Züchtung sollen seinem Nutzen und seinen Launen dienen. Dementsprechend könnte die Mehrzahl unserer Haustiere nicht mehr in der freien Wildbahn überleben, schon gar nicht in einer Natur, in der die großen Raubkatzen noch nicht ausgerottet sind. Selektion durch den Menschen liegt auch vor, wenn durch sein Verhalten (Jagd oder Zerstörung von Lebensraum) Tierarten aussterben.

8 Die aktuelle und zukünftige Entwicklung der Menschheit

8.1 Der Mensch als Produkt natürlicher und inner-artlicher Evolution

> Das Bedürfnis, einer Gemeinschaft anzugehören
> und sich mit ihr zu identifizieren, ist bei uns
> Menschen stark ausgeprägt.
>
> Eibl-Eibesfeldt (1997, 848)

Der Mensch hat die Erde dicht besiedelt. Menschenleere Frei-räume in der Natur gibt es nicht mehr. Auch sind in unserer Zi-vilisation die elementaren Probleme der Existenzsicherung ge-löst. Sehen wir von dem sehr unwahrscheinlichen Fall einer kosmischen Katastrophe ab, so kann uns die Natur nur noch in Gestalt von Viren und Bakterien gefährlich werden. Daß diese Bedrohung noch besteht, liegt an der außerordentlich schnellen Generationenfolge der Mikroorganismen und der daraus resul-tierenden Fähigkeit zur schnellen evolutionären Anpassung. Andere Gefahren wie gelegentliche Überschwemmungen wer-den nicht mehr der Natur zugeschrieben, sondern Behörden oder Staat angelastet, die keine ausreichende Vorsorge getrof-fen haben. Schäden werden sogleich als Versicherungsfall oder Gegenstand staatlichen Ausgleichs in den innerartlichen Be-reich übernommen.

Einige Personen empfinden unsere Situation besonders deutlich als bequem und sicher, aber unnatürlich. Sie suchen einen Zu-stand, der dem der früheren Existenz der Menschen zu Zeiten der natürlichen Evolution wieder nahekommt. Daher wächst die Begeisterung für Extremsportarten, für „Rafting", „Freitauchen", „Freiklettern", „Ironman", d.h. für Bewährung in der Natur unter schweren Bedingungen. Wir können auch „Bungee-Jumping" und Fallschirmspringen wegen des durch diese Sportarten vermittelten Lebensgefühls hinzurechnen, obwohl sie vollständig auf moderne Hilfsmittel angewiesen sind.

Unsere technische Zivilisation kann Nahrung, Kleidung und Unterkunft allen Mitgliedern ausreichend zur Verfügung stellen. Armut wird nicht mehr an der Fähigkeit gemessen, die eigene Existenz zu sichern und zu überleben, sondern an der Menge Luxus, die der einzelne zur Verfügung hat. Es gibt nicht nur keine Bedrohung durch die Natur mehr, die Natur kommt bei vielen gar nicht mehr vor. „Mutti, kommt die Milch von der Kuh oder von der Moha (Molkerei)?" hat das Kind schon vor Jahrzehnten in der Radiowerbung gefragt. Heute geht der Evolutionsdruck beim Menschen nur noch von der eigenen Art aus.

Selektion durch den Menschen kann die Evolution schnell und nachhaltig beeinflussen (Kap. 7.3), nicht nur bei Tieren. Zum Beispiel löscht Völkermord in Monaten oder Jahren aus, was als Ergebnis der Evolution in Jahrtausenden bis Jahrzehntausenden entstanden ist. In den betroffenen Völkern bevorzugt angelegte Fähigkeiten gehen verloren.

Mehr als bei Tieren ist unser Erbgut das Ergebnis nicht nur der natürlichen, sondern auch der innerartlichen Evolution, mit unterschiedlichen Anteilen in den verschiedenen Bereichen: Wenig Einfluß hatte der von den Menschen selbst ausgehende Evolutionsdruck auf unsere körperlichen Fähigkeiten und Merkmale, die sich im Laufe von Jahrmillionen herausgebildet haben. Soweit in den letzten 100 000 Jahren Unterschiede zwischen den Rassen entstanden sind (Hautfarbe, Augenschnitt), beruhen diese auf der Wirkung des Klimas oder Zufälligkeiten.

Im Bereich der Reproduktion (Kap. 3.2) spielte die innerartliche Evolution dagegen eine große Rolle, wie auch bei den Tieren. Ihr Ergebnis ist arterhaltend, wenn sich die angepaßteren und stärkeren Individuen bei der Vermehrung durchsetzen und schwächere zurückdrängen. Zu Fehlentwicklungen kommt es, wenn die Sieger in Rivalenkämpfen aufgrund von Eigenschaften erfolgreich sind, die nicht zur Überlebensfähigkeit in der Natur beitragen oder sogar die Existenzfähigkeit der Art beeinträchtigen. Wir verweisen auf das Geweih der großen Hirsche und das Rad der Pfauen, Kap. 7.3.

Bei Männern wirken sich körperliche Stärke und Sportlichkeit im Wettbewerb um Frauen günstig aus. Jedoch werden Erfolg in der Gesellschaft, d.h. Stellung und Einkommen, inzwischen höher geschätzt, seltener auch intellektuelle Qualitäten. An die Stelle des Geweihs bei Hirschen ist beim Menschen der Mercedes getreten. Großes Geweih und teures Auto, beides sind Symbole innerartlicher Überlegenheit. Die Ausbildung des Geweihs ist direkt in den Genen angelegt, ebenso aber auch die Wertschätzung von Erfolgssymbolen in der menschlichen Gesellschaft. Vorgezeigter Wohlstand und Luxus bringen daher Vorteile bei der Partnerwerbung.

Als Teil einer Gemeinschaft sind wir soziale Wesen, die in ständigem Kontakt mit anderen Individuen der gleichen Art leben. Dennoch ist die Vermutung falsch, daß unsere Moral überwiegend auf innerartliche Einflüsse zurückgeht. Sie wurde bereits in früher Vorzeit in uns angelegt, als die Menschen in Horden und Sippen zusammenlebten und der Evolutionsdruck von der Natur ausging. Die Umwelt hielt noch tödliche Gefahren bereit, und die Menschen konnten nur überleben, wenn sie sich gegenseitig geholfen, nicht geschädigt und so verhalten haben, daß keine Zeit mit Mißtrauen verschwendet werden mußte. Das entsprechende Benehmen und die Regeln dazu gehören zu unserem Erbgut. In schriftlicher Fassung finden wir sie als Gebote fünf bis zehn im Dekalog.

Die Gebote eins bis vier beziehen sich auf Gott, rituelles Verhalten und die Wertschätzung der Eltern. Diese setzen begriffliches, insbesondere symbolisches Denken voraus und sind allerdings das Ergebnis innerartlichen Evolutionsdrucks. Ihnen liegt das Selbstverständnis zugrunde, daß wir das Leben und Überleben unseren Eltern verdanken, aber auch das Bewußtsein, daß unsere Existenz durch die Gemeinschaft gesichert wird, in religiösen Gemeinschaften durch Gott. Die Bibel ist voll von Beispielen, wie Gott die Kinder Israel lenkt, sie in den Kampf schickt und ihnen den Sieg schenkt. Sie werden bestraft, wenn sie sich von der Gemeinschaft und ihren Symbolen, d.h. von Gott, abwenden.

Die Gebote fünf bis zehn des Dekalogs repräsentieren das Fundament unserer Moral, die ersten vier Gebote erweitern sie zur Religion. Als Resultat der natürlichen Evolution ist die Moral für das Zusammenleben in der Gemeinschaft konkret und hat eine klare Richtung; sie ist ähnlich in verschiedenen Religionen und findet sich auch in der Gesetzgebung der Nationalstaaten. Als Ergebnis der innerartlichen Evolution besteht in den Menschen das Bedürfnis, den Vorstellungen der jeweiligen Gemeinschaft zu entsprechen, wie verschieden diese auch sein mögen. Die speziellen Forderungen (Verbindlichkeit der Vorstellung von Gott, Weltanschauung, Riten, Gesetze, Regeln, Abgaben, Dienste) können sich bei verschiedenen Gemeinschaften fast beliebig unterscheiden. Einheitlich ist diese Moral nur insofern, als sie Identifizierung mit der Gemeinschaft und Einsatz für diese fordert (Kap. 3.4).

8.2 Einbahnstraße und Sackgasse

Daher können wir auf eine Zukunft von gleichfalls
unberechenbarer Länge blicken. Und da die natürliche
Zuchtwahl nur durch und für das Gute eines jeden
Wesens wirkt, so wird jede fernere körperliche und
geistige Ausstattung desselben seine Vervollkommnung
zu fördern streben.

Charles Darwin (564)

Ich habe keinen Glauben an die Welt
und habe verzweifeln gelernt.

Goethe

Die Evolution geht nie den gleichen Weg zurück, sie ist eine Einbahnstraße: Wir wissen zum Beispiel, daß das Leben im Wasser entstanden ist und später das Land erobert hat. Bei Rückkehr von Landsäugetieren in das Wasser haben sich diese nicht zu Fischen zurückgebildet, sondern auf neue Weise dem Meer angepaßt. Auch kann sich die „Einbahnstraße" gabeln: Arten spalten sich in Unterarten, die sich auseinanderentwickeln. Mit zunehmender Anpassung reduziert sich der Selektionsdruck, die Evolution verlangsamt sich. Angepaßte Tiere können hundert bis zweihundert Millionen Jahre lang nur wenig verändert auf der Erde überleben. Beispiele sind die Haie, Schildkröten, auch verschiedene Schneckenarten im Wasser und auf dem Land („Durchläufer").
Die Evolution kann in kurzen Zeitabschnitten zu tiefgreifenden Veränderungen führen; sie kann auch stetig in kleinen Schritten erfolgen (Darwin), und sie kann stagnieren. Für alle drei Möglichkeiten findet man viele Beispiele bzw. Beweise. Dies hat

zu Kontroversen unter den Wissenschaftlern geführt, auch zu neuen Erklärungsversuchen: S. J. Gould und N. Eldredge sehen in den Spezies genetische Informationseinheiten, deren Schicksal nicht allein von der natürlichen Selektion abhängt. Der Streit wurde von dogmatischen Gegnern benutzt, die Evolutionslehre überhaupt in Frage zu stellen.

Die Auseinandersetzungen waren völlig überflüssig und sind deshalb zu bedauern. Zwischen den drei Vorstellungen über die Geschwindigkeit der Evolution besteht gar kein Gegensatz: Die Entwicklung hängt nicht nur von der Zahl der Mutationen, sondern auch davon ab, ob sich die bei den Individuen auftretenden Änderungen in der Gruppe durchsetzen oder wieder verschwinden. Nur positive Änderungen bleiben erhalten und führen zu einer Höherentwicklung der Art. Mäßigen Evolutionsdruck vorausgesetzt, kann diese Entwicklung langsam aber stetig vor sich gehen (Darwin).

Bei vollständig angepaßten Arten sind dagegen Änderungen des Erbmaterials immer schädlich. Sie können nur vom optimalen Zustand wegführen; daher stagniert die Evolution. Erst ein Zwang zu neuer Anpassung bringt die Evolution wieder in Fahrt, wobei die Geschwindigkeit vom Evolutionsdruck abhängt. Großer Evolutionsdruck ist gleichbedeutend mit Streß, die Population schrumpft, aber er führt auch zu schnellen evolutionären Fortschritten und zur Bildung neuer Arten. Evolutionsdruck entsteht z.B. bei Klimaänderungen, auch durch Auswandern in andere Ökosysteme oder wenn neue Freßfeinde auftreten. Optimal im Rahmen einer Entwicklungslinie an bestimmte Lebensbedingungen angepaßte, d.h. spezialisierte Arten haben es daher besonders schwer, mit neuen Anforderungen zurechtzukommen. Die Einbahnstraße wird zur Sackgasse, die betreffende Art stirbt aus.

Auch beim Menschen haben sich die Lebensumstände schnell und extrem geändert, allerdings nicht aufgrund äußerer Einwirkungen, sondern durch den Menschen selbst. Unsere technische Zivilisation bietet ein angenehmes Leben, dessen Bestand gesichert erscheint. Dieses Leben ist jedoch alles andere als artgerecht (Kap. 2.1), was zu Bedenken hinsichtlich der weiteren Entwicklung Anlaß gibt. Welchen Weg also kann oder wird die Menschheit zukünftig nehmen? Stehen wir vor einer Zeit weiteren evolutionären Fortschritts, der Stagnation aufgrund erfolgter Anpassung oder einem Ende in der Sackgasse?

Natürlich ist auch der Weg des Menschen eine Einbahnstraße. Anders als in der Tierwelt ist unsere genetische Ausstattung jedoch bereits zu wesentlichen Teilen das Ergebnis innerartlicher Evolution (Kap. 8.1). Auch wird der Einfluß der natürlichen Evolution durch den inzwischen vorherrschenden innerartlichen Evolutionsdruck zurückgedrängt.

Bei der natürlichen Evolution muß der Mensch sich in der Umwelt behaupten. Dies gibt der Evolution eine klare Richtung: Der Mensch verbessert seine Fähigkeiten zum Überleben in der Natur. Rücksicht auf die Natur war dabei kein Thema und ist in uns nicht angelegt. Erst durch die starke Zunahme der Weltbevölkerung und den gelegentlich schon von früheren Zivilisationen verübten Raubbau wurde und wird die Natur überfordert. Das schadet uns selbst, und wir lernen, mit der Umwelt pfleglich umzugehen.

Bei der innerartlichen Evolution steht der Mensch in Konkurrenz zu seinesgleichen. Sie hat dazu geführt, daß sich die Menschen zu Gemeinschaften zusammenschließen und für diese einsetzen. Dazu gehört die Bereitschaft zur Verteidigung wie auch eine latente Aggressionsbereitschaft, die von der Führung bzw. den Regierenden abgerufen werden kann (Kap. 3.4): Der Krieg als Möglichkeit der Auseinandersetzung ist ein Ergebnis der innerartlichen Evolution.

Aggressionsbereitschaft und Territorialität mögen dafür gesorgt haben, daß die Gemeinschaften auf Distanz bedacht waren und

im allgemeinen nicht in die gegenseitigen Lebensräume einge-
drungen sind (Abschnitt 3.4.9). Vielleicht sind aus den Kriegen
der Vorzeit, geführt im Nahkampf und mit einfachen Waffen,
auch tatsächlich die Besseren als Sieger hervorgegangen, was
gegebenenfalls zur Höherentwicklung der Menschheit beigetra-
gen hat. In geschichtlicher Zeit sind solche Zusammenhänge
nicht mehr zu erkennen. Caesar konnte die Gallier besiegen
und viele von ihnen töten, weil die Römer im Kriegshandwerk
geübter, besser organisiert und besser bewaffnet waren, nicht
aufgrund angeborener körperlicher oder intellektueller Überlegenheit. Ähnliches gilt praktisch für alle Kriege aus geschichtlicher Zeit. Vollends absurd wäre es, den Kindersoldaten in Ruanda, Nigeria oder im Kongo und ihren Kriegsherren heute
moralische oder geistige Überlegenheit zuzusprechen, die deren
Sieg und die von ihnen verübten Völkermorde aus Sicht der
Evolution als Weg zur Höherentwicklung der Art rechtfertigen
könnte.

Den Bedrohungen in der Natur durch Freßfeinde oder die Un-
bilden des Winters fallen vorzugsweise schwache Tiere zum Opfer, die starken überleben. Die Natur trifft eine positive Auslese.
Moderne Waffentechnik unterscheidet dagegen nicht zwischen
der Elite der Menschheit und denen, die zum Fortschritt, wie
immer man ihn definiert, wenig beitragen. Auch kann moderne
Technik von denen für Anschläge genutzt werden, die sich an
ihrer Entwicklung selbst nicht beteiligt haben und dazu vielleicht auch nicht imstande sind; wir erinnern an den Anschlag
auf das World Trade Center vom 11. September 2001. Anders
als in der Natur ist heute die Auslese bei zwischenmenschlichen
Konflikten, Terroranschlägen und Kriegen negativ. Berücksichtigen wir noch, daß sich die Verbreitung von Massenvernichtungswaffen nicht wird verhindern lassen, außer um den Preis
einer ständigen Überwachung und Kontrolle vieler Staaten mit
Einschränkung ihrer Souveränität, und daß die Atombombe die

Existenz der ganzen Menschheit bedroht, dann hat uns die innerartliche Evolution im Bereich des Intergruppenverhaltens wahrlich in eine Sackgasse geführt.

Beim Intragruppenverhalten haben wir zu unterscheiden zwischen den Beziehungen der Gruppenmitglieder zur Gemeinschaft als Institution und der Menschen untereinander. Als Folge der innerartlichen Evolution besteht bei den Mitgliedern der Gesellschaft die genannte Disposition zur Unterordnung. Daß sie unkritisch ist, wird evident allein schon durch Vergleich der verschiedenen in der Welt existierenden Religionen und Ideologien. Für weitgehend alle Menschen scheinen der eigene Glaube und ihre Weltanschauung zwingend oder mindestens vernünftig, die der anderen exotisch, fragwürdig bis absurd. Bis heute gibt es christliche Märtyrer, die sich fremden Ideologien verweigern und dabei ihr Leben aufs Spiel setzen oder als Missionare in den Tod gehen. Beinahe täglich erfahren wir von Selbstmordattentätern, die für den Islam sterben. In Indien kämpfen Hindus gegen Muslime und umgekehrt. Japaner haben sich als Kamikaze-Piloten für den Tenno und das Vaterland geopfert.

Selbst die größten Denker der Völker waren dem in der jeweiligen Gesellschaft herrschenden Glauben verbunden, so auch Immanuel Kant. In seinen Betrachtungen zur Naturphilosophie finden sich Überlegungen, denen das aus der Bibel ermittelte Alter der Welt von 6 000 Jahren zugrundegelegt wurde. Unter dieser Annahme führte eine Abschätzung der Wassermenge in den Weltmeeren und der jährlichen Regenmenge über festem Land zu der Aussage, daß das Salz in den Meeren nicht durch Auswaschung über die Flüsse in die Ozeane gelangt sein kann. Auch wäre die Zeit von 6 000 Jahren für die Evolution zu kurz gewesen, um das Leben in seiner Vielfalt und heutigen Ausprägung hervorzubringen.

Die verschiedenen Religionen und Ideologien unterscheiden sich erheblich und schließen sich zum Teil sogar aus. Sie können daher nicht in den Genen angelegt sein. Andernfalls wären sie das Kennzeichen von Unterarten, in die sich die Menschheit aufspaltet. Dennoch besteht das angeborene Bedürfnis des Menschen nach einer Identität als Angehöriger einer Gemeinschaft, die sich durch Religion, Ideologie oder Weltanschauung definiert. Auf welche Weise der Mensch diesem Bedürfnis nachkommt und welche Identität er annimmt, hängt mehr oder weniger von Zufälligkeiten oder den Umständen ab, z.B. in welcher Gesellschaft er aufwächst, ob diese gefestigt oder labil wie die deutsche ist.

Es gibt nicht nur zwischen den Religionen und Staaten alle nur denkbaren Unterschiede; auch in zeitlicher Abfolge wechseln die Überzeugungen und Verhaltensweisen. Nur eine Generation liegt in Deutschland zwischen einer Zeit, in der Frauen mit mehreren Kindern mit dem Mutterkreuz ausgezeichnet wurden und einer Gesellschaft, die Kinder mit Steuermitteln abtreiben läßt. Auf die Zeit der Bevorzugung blonder und blauäugiger Typen folgten die Blondinenwitze, beides Verirrungen und Geschmacklosigkeiten. Nach Zeiten befohlener und gelebter Staatstreue wird inzwischen gern die eigene Identität verleugnet, bis hin zur Abqualifizierung bevorzugt der eigenen Sportler in den Medien. Parallel dazu war die Leistung der eigenen Sportler bei den Olympischen Spielen 1936 herausragend, heute ist sie aufgrund fehlenden Erwartungsdrucks und der damit in Zusammenhang stehenden niedrigen Kapitulationsschwelle bei den Sportlern im allgemeinen kaum mittelmäßig. Im Gegensatz zu den früheren Leistungen auf dem Gebiet der Waffenentwicklung ist die heutige Waffentechnik in Deutschland fast bedeutungslos. Aus den in Kap. 5.3 genannten Gründen sind die Richtungs- und Paradigmenwechsel in der deutschen Gesellschaft besonders schnell und gründlich. Es gibt sie genauso aber auch in anderen Gemeinschaften.

Da der innerartliche Evolutionsdruck mit den Wertevorstellungen in den jeweiligen Gemeinschaften zusammenhängt, hat dieser auch verschiedene und wechselnde Ausrichtungen; wir sehen nur Mode und Willkür. Eine allgemeine oder mittlere Richtung für die Menschheit ist nicht zu erkennen, schon gar keine, die eine weitere Höherentwicklung zur Folge haben könnte. Also endet auch in diesem Bereich der Beziehungen der Mitglieder zur Gesellschaft die Evolution in einer Sackgasse.

Ähnliches gilt, wenn wir die Rolle betrachten, die die innerartliche Evolution den Anführern bzw. Regierenden zugeteilt hat. Dem Bedürfnis der Mitglieder, sich die Wertevorstellungen der Gemeinschaft zu eigen zu machen, sich unterzuordnen und dem Zeitgeist und den Vorgaben der Gemeinschaft zu folgen, entspricht eine Überhöhung der Position der Regierenden: Die Inka-Herrscher galten als Nachkommen des Sonnengottes, die Pharaonen als irdische Vertreter der Götter, römische Kaiser haben sich zu Göttern erheben lassen, und der Tenno war himmlischer Souverän mit Abstammung von der Sonnengöttin. Das Christentum hat den absolutistischen Herrschern verwehrt, ihre Herkunft auf Gott zurückzuführen, aber sie waren von Gott autorisiert, d.h. Könige von Gottes Gnaden. Auch Hitler und Stalin forderten kultische Verehrung; ebenso die muslimischen Religionsführer als Sachwalter Allahs.

Wer in Demokratien Macht anstrebt oder sie behalten will, muß sich Wahlen stellen. Dies ist jedoch nur scheinbar eine ideale Lösung. Die Neigung des Volkes zur Unterordnung und Anpassung macht es verführbar. Schon im alten Rom hat man die Zustimmung der Bürger mit Brot und Spielen erkauft, gelegentlich auch mit Geld und Gold, das in Kriegen erbeutet wurde. Heute verführt man mit Ideologie und mit Wahlversprechen, die man gelegentlich, zum Schaden der Gemeinschaft, sogar hält. Wohltaten werden versprochen oder verteilt, wo sie Stimmen bringen, auf Kosten der Wohlfahrt des Gemeinwesens. Es mag die Politiker entschuldigen, daß sie häufig selbst nicht wissen, was sie anrichten; und manchmal versuchen sie sogar, ihre Fehler zu korrigieren. Hoffnung für die Zukunft ist daraus nicht zu gewinnen.

Unsere Politiker haben über lange Zeit das Anspruchsdenken vieler Bürger gefördert und entsprechende Wünsche durch Umverteilung erfüllt. Dies erhöhte ihre Beliebtheit bei der Mehrzahl der Bürger und diente dem Machterhalt, schädigte aber die Gesellschaft. Manche der Schwierigkeiten sind allerdings spezifisch für Deutschland und nicht notwendig eine allgemeine Folge der innerartlichen Evolution. Generell problematisch und in das Bild einer Sackgasse passend ist jedoch die Überhöhung der Macht der Regierenden.

Schließlich sind noch das Verhalten der Mitglieder innerhalb der Gemeinschaft, d.h die Beziehungen der Menschen untereinander zu betrachten. Die in uns angelegte Moral macht das Zusammenleben erträglich bis harmonisch. Sie verhindert jedoch nicht, daß wir in der Gesellschaft um einen forderen Platz in der Rangordnung bemüht sind. Alle wollen in der Gesellschaft geachtet und beachtet werden, nicht zuletzt in der Hoffnung auf Chancen beim anderen Geschlecht. Dieser Eigenschaft entspringt beruflicher und gesellschaftlicher Ehrgeiz, der besonders die Männer nach Titeln, imponierenden Berufsbezeichnungen und Symbolen wirtschaftlichen Erfolgs streben läßt.

Der Wunsch nach Kindern einerseits und das Trachten nach Erfolg in der Gesellschaft andererseits sind als Ergebnis der natürlichen bzw. innerartlichen Evolution genetisch in uns angelegt. Wenn beide in Konkurrenz zueinandertreten, kann die aktuelle gesellschaftliche Situation den Ausschlag geben. Sie bewirkt in den technischen Zivilisationen, daß das Überleben in unseren Kindern dem Erfolgsdruck geopfert wird, siehe Abschnitte 3.2.6, 3.2.7 und Kap. 6.4.

Das Streben nach Erfolg in der Gesellschaft, nach „Selbstverwirklichung", ist allerdings nur eine Ursache, den Wunsch nach Kindern zurückzustellen: Parallel zum Neugierverhalten hat sich im Menschen die Neigung entwickelt, außergewöhnlichen und höherwertigen Gegenständen oder höherrangigen Wesen mit Faszination zu begegnen, d.h. ihrem Besitz bzw. ihrer Nähe andere Bedürfnisse unterzuordnen. Katholische Priester, zum Dienst für Gott entschlossen, verzichten auf Kinder. Religionen bedienen sich der Kunst, um zu beeindrucken. Auch moderne technische Produkte nehmen den Sinn der Menschen gefangen, und ihnen wird viel Zeit gewidmet. In Amerika bedurfte es eines Stromausfalls, einer Nacht ohne Licht und Fernsehen, um einen allerdings kurzen Babyboom auszulösen. In ähnlicher Weise wie Menschen sich für Kunst, moderne Geräte, Fahrzeuge, Weltraumtechnik und Forschung begeistern, interessieren sich Rabenvögel für glitzernde Gegenstände: Elstern stehlen Schmuck und silberne Löffel, und Raben lassen sich mit einer im Feld deponierten Kamera vom besten Futter weglocken. Außer dem Streben nach Erfolg und der von unserer Zivilisation ausgehenden Faszination sind schließlich auch die Annehmlichkeiten unserer Zivilisation und der Aufwand zu ihrer Beschaffung für viele Anlaß, auf Kinder zu verzichten.

Zusammengefaßt gilt, daß unsere Existenz nicht mehr ausreichend auf die Arterhaltung ausgerichtet ist. Unsere Loyalität gilt nicht der Menschheit, sondern der jeweiligen Gemeinschaft. Im Zeitalter der Atombombe kann dies allein schon zum Untergang der Menschheit führen. Mode und Willkür, d.h. eine Vielzahl von unterschiedlichen wie auch wechselnden Weltanschauungen, Religionen und Kulturen, die sich z.T. ausschließen und bekämpfen, dazu eine Überhöhung der Position und Macht der Regierenden und deren Streben nach Machterhalt kennzeichnen die Situation der Gemeinschaften. Die Entwicklung gleicht dem Fahren in einer Sackgasse, die zugleich Einbahnstraße ist: Die technischen Zivilisationen sterben aus, und in ihnen bevorzugt deren leistungsfähigere und erfolgreichere Mitglieder: Der Genpool verschlechtert sich.

In dem Film „Planet der Affen" wird eine Zukunft dargestellt, in der eine durch Krieg, Aussterben und reduzierte Intelligenz dezimierte menschliche Restgemeinschaft nicht mehr die eigene Technik beherrscht und als eine der letzten Verbindungen zur ehemaligen Zivilisation die „Heilige Bombe" in Gestalt einer noch vorhandenen Atomrakete anbetet. Dies könnte auch in der Realität das spätere Schicksal der derzeitigen sogenannten zivilisierten Menschheit sein.

Allerdings ist diese Perspektive eines Endes der Menschheit in der Sackgasse nicht unbedingt zwingend, und noch scheint eine Umkehr im Prinzip möglich. Wir sehen zwei Wege der Hoffnung, wovon sich einer auf Einsicht gründet. Er setzt den Willen voraus, unsere Gemeinschaft auf der Basis und im Sinne einer Fortentwicklung der gewachsenen Kultur zu erhalten und dem Geburtenschwund durch klare bevölkerungspolitische Maßnahmen zu begegnen. Die Möglichkeiten hierzu wurden in den Abschnitten 3.2.6 und 3.2.7 diskutiert. Ferner müssen wir dem Prinzip der natürlichen Evolution „Survival of the fittest" im Sinne eines Überlebens in den Nachkommen wieder Geltung verschaffen.

Indem wir auf diese Möglichkeiten verweisen, könnten wir allerdings den gleichen Fehler machen, den wir Karl Popper und Immanuel Kant angelastet haben: daß wir nämlich allein auf Vernunft setzen. Weder kann eine auf Vernunft gegründete offene Gesellschaft die deutschen Probleme lösen, noch bringt uns die Vernunft dem von Kant beschworenen ewigen Frieden näher. Die Vernunft könnte auch in Zusammenhang mit dem Aussterben und Untergang der technischen Zivilisationen scheitern, weil das menschliche Verhalten nur begrenzt durch Einsicht zu steuern ist.

Daher wenden wir uns der zweiten Möglichkeit zu und fragen nach den Ursachen der Vitalität und des Kinderreichtums in ideologisch ausgerichteten Diktaturen: Offenbar sind Gemeinschaften nicht ohne Pflege des Selbstbewußtseins und emotionale Grundlage überlebensfähig, unter Umständen nicht ohne einen ideologischen Unterbau. Ein moderates Nationalbewußtsein scheint erforderlich, wenn auch kein neuer Nationalismus. Zusätzlich bleibt legitim, an die Vernunft zu appellieren, wobei man deren Einflußmöglichkeit nicht überschätzen darf.

Als Vorbilder mit Selbstbewußtsein empfehlen sich die beiden Industrieländer mit den höchsten Geburtenraten von 2,1 bzw. 1,9, und zwar die Vereinigten Staaten und Frankreich. Die USA sind stolz auf ihre überlegene Technik und den American Way of Life; und die Franzosen fühlen sich nicht zu Unrecht als Grande Nation und verhalten sich danach.

Vergessen wir aber nicht, daß die Bevölkerungsentwicklung in diesen beiden Ländern statistisch aufgebessert wurde durch Einwanderung besonders von Hispanics in die USA und, weiter zurückliegend, von Muslimen aus Nordafrika nach Frankreich und hohe Geburtenraten in diesen Gruppen, was auf andere Weise zu Problemen führt (Kap. 5.1). Sorgen bereiten in Frankreich, ähnlich wie in Deutschland, die mangelnde Integrierbarkeit der Muslime (Anteil in Frankreich 9 %) und der in dieser Gruppe der Einwanderer aus Nordafrika vorhandene und sich verstärkende Antisemitismus. Insgesamt bleiben grundsätzliche Zweifel an der Überlebensfähigkeit der zivilisierten Welt.

Unsere Betrachtung wäre unvollständig ohne Beschäftigung mit der Frage, ob bei einem Untergang der heutigen technischen Zivilisationen nicht die Schwellenländer oder Entwicklungsländer an deren Stelle treten könnten. Wir sehen die Möglichkeit, daß einige Schwellenländer sich zu technischen Zivilisationen entwickeln, was diese aber in die gleiche Lage wie die der heutigen Länder mit hoher technischer Zivilisation brächte. Auch ihnen würde der Untergang drohen, durch Aussterben und Verfall des Genpools. Bei den Entwicklungsländern lehrt der Augenschein, daß diese voraussichtlich nicht zu Industrieländern werden können. Ein bis zwei Generationen Entwicklungshilfe haben keine Spuren hinterlassen, die auf eine solche Fähigkeit hindeuten.

Auch Darwin und Goethe haben sich zur Frage der Überlebensfähigkeit geäußert, siehe die Zitate am Anfang dieses Abschnitts. Darwin blickt mit Vertrauen auf eine Zukunft von unberechenbarer Dauer, allerdings unter der Bedingung der natürlichen Zuchtwahl. Diese vorausgesetzt, könnten wir Darwin nur Recht geben. Tatsächlich ist aber beim Menschen die innerartliche an die Stelle der natürlichen Evolution getreten. Die Ausrichtung der Evolution des Menschen am Menschen selbst entspricht aber dem Bemühen Münchhausens, sich am eigenen Schopf aus dem Sumpf zu ziehen; und nur bei Münchhausen konnte ein solches Verfahren Erfolg haben. Allerdings ist das Bild vom Sumpf, aus dem wir uns befreien müssen, nicht fern der heutigen Realität. Somit liegt unsere Vorstellung von der Situation der Menschheit deutlich näher bei dem ebenfalls zitierten Satz Goethes.

8.3 Überlebenschancen durch die technische Herausforderung?

Bei Ausbreitung der Technik hat man keine Sorge, sie hebt
nach und nach die Menschheit über sich selbst und bereitet
der höchsten Vernunft, dem reinsten Willen höchst zusagende
Organe.

Goethe
Wilhelm Meisters Wanderjahre

Tatsächlich gibt es eine intellektuelle Herausforderung, die die Gesellschaft vitalisieren und damit Stärke erzeugen kann. Sie geht von den Naturwissenschaften bzw. unserer technischen Zivilisation aus. Insbesondere Physik und Biologie dringen in die Grenzbereiche unserer Existenz vor. Im Blickfeld der Physik sind nicht nur die uns unmittelbar zugängliche Welt in unseren Dimensionen, sondern auch der Mikro- und der Makrokosmos. Wir untersuchen die Art und Eigenschaften der Elementarteilchen bzw. die Beschaffenheit und Gesetze des Weltalls. Auch die Biologie befaßt sich mit ultimaten Fragen, der Entstehung und dem Aufbau des Lebens und der Funktionsweise des menschlichen Gehirns. Die Erkenntnisse der Naturwissenschaften strahlen aus auf alle Bereiche unserer Gesellschaft. Sie haben unserer technischen Zivilisation zu einer Blüte verholfen, die noch vor hundert Jahren niemand für möglich gehalten hätte.

Pfeil und Bogen und später das Gewehr waren der verlängerte Arm des Jägers oder Soldaten, das Auto dann eine Art Siebenmeilenstiefel für die Mitglieder einer mobilen Gesellschaft. Heute gibt es auf allen Gebieten Prothesen, durch die der Mensch seine Fähigkeiten und Möglichkeiten vervielfacht. Jede Form von Potenz kann der Mensch verstärken, außer allerdings der

275

moralischen. Der Erkenntnisgewinn im Bereich der Naturwissenschaften und die Vermehrung unserer technischen Fähigkeiten sind an die Stelle kultureller Weiterentwicklung getreten; im weiteren Sinne sind sie eine neue Form kulturellen Fortschritts. Diese neue „Kultur" ist wieder lebendig und überwindet Erschlaffung und Zerfall. Von ihr profitieren besonders diejenigen Länder, die an der Spitze der Entwicklung stehen. Konkret sind das derzeit die Vereinigten Staaten von Amerika, erst in zweiter Linie Europa und Japan, wobei Deutschland und Japan nicht mehr im Vorderfeld zu finden sind.

Wie das Neugierverhalten der Tiere ist das Streben der Menschen nach Erkenntnisgewinn als Ergebnis der natürlichen Evolution genetisch in uns angelegt. Insoweit hebt es, im Sinne Goethes, die Menschheit über sich selbst. Als Teil unserer Kultur sind Naturwissenschaft und Technik jedoch auch eine Gemeinschaftsleistung: Unsere technische Intelligenz ist gleichzeitig ein Resultat der innerartlichen Evolution. Noch mehr als früher sind heute die allgemeine Technik und die Waffentechnik von großer Bedeutung für die Existenzbewältigung und Existenzerhaltung. Überlegenheit auf diesen Gebieten kann unmittelbar ein Selektionsvorteil sein.

Die technische Intelligenz des Menschen ist somit zweigeteilt. Goethe konnte zu seiner Zeit nur die eine Seite sehen, die auf die natürliche Evolution zurückgeht. Sie hat eine klare Richtung und führt zu immer mehr Einsicht und größeren Fähigkeiten. Es ist legitim, in diesem Sinne von Fortschritt zu sprechen. Der andere Teil der Technikbegabung, konzentriert in unserer Fähigkeit zu Arbeitsteilung und Zusammenarbeit und gesteuert durch Gruppeninteresse und Fragen nach der gesellschaftlichen Relevanz, ist Ergebnis der innerartlichen Evolution und als solches ohne vorgegebene Linie oder definierte Richtung. Zum Beispiel reicht die Spanne in der Beziehung der Menschen zur

Technik selbst von Begeisterung über Unbehagen bis zu Technikfeindlichkeit.

Allerdings sind die modernen Zivilisationen bereits so weitgehend von der Technik abhängig, daß allenfalls eine kleine Sekte wie die Amisch in den USA auf sie verzichten kann: Die Gesellschaften als Ganzes sind aber, auch im Wettbewerb untereinander, auf die Technik angewiesen, überlegene Technik macht Länder stark und fähig zur Selbstbehauptung. Die USA als einzige verbliebene Supermacht ist zugleich das Land mit der am weitesten fortgeschrittenen Technik. Aktuell und in bezug auf den „Kampf der Kulturen" zweifeln wir nicht an der Überlegenheit der westlichen Welt.

Überlegenheit durch Technik ist ein Wert an sich. Sie verhilft aber auch zu Selbstbewußtsein und stärkt den Zusammenhalt in den Gemeinschaften. Sie dient der Existenzbewältigung und fördert die Lebensqualität und Überlebensfähigkeit der Individuen. Dies wird aber erkauft durch die Nachteile einer artfremden Lebensweise, wie im vorigen Abschnitt dargelegt, siehe auch Kap. 2.2: Die Vitalisierung durch Technik erstreckt sich nicht auf das reproduktive Verhalten. Im Gegenteil geht von unserer technischen, d.h. nicht artgerechten Existenz ein direkter Einfluß auf das generative Verhalten aus ähnlich dem mancher Wildtiere in Gefangenschaft. Sie verweigern sich der Fortpflanzung, woran im Fall des Menschen auch Bierhefe und Potenzpillen nichts zu ändern vermögen.

Bereits auf mittlere Sicht (höchstens zwei Jahrhunderte) droht die abendländische Kultur in Europa und insbesondere die deutsche Kultur in Deutschland unterzugehen: Sie wird mit den Menschen aussterben, die sich zu dieser Kultur bekennen. Möglicherweise bleibt die westliche Kultur auf absehbare Zeit in Amerika erhalten; viele Elemente dieser Kultur (z.B. Musik) werden auch in anderen Teilen der Welt geschätzt und gepflegt.

Wir sehen aber keine natürliche, keine spontane Entwicklung, die den Untergang unserer Kultur in Europa verhindern könnte. Hoffnung besteht nur, wenn wir uns bewußt darum bemühen und das Überleben der Kultur und Gesellschaft zum Staatsziel machen, aus Einsicht oder Zuneigung. Die dann zu lösende Aufgabe ist schwer genug. Auch das „Dreikinderrecht" mit Privilegien für kinderreiche Familien unter Kaiser Augustus hat den Untergang des Römischen Reiches nicht verhindert.

Wir gehen davon aus, daß der Wunsch nach dem Weiterleben in unseren Kindern in den verschiedenen Menschen ungleich stark angelegt ist. Bei schwacher Ausprägung werden die Leute entsprechend früher aussterben. Übrig bleiben die Menschen mit einer größeren Reproduktionsneigung, mit mehr Liebe zu Kindern. In späteren Generationen würde sich daher auch in einer technischen Zivilisation die Überlebensfähigkeit der Gesellschaft wieder etwas verbessern. Dies könnte aber nur dann Anlaß zur Hoffnung geben, wenn die Konkurrenzkulturen eine ähnliche Entwicklung durchmachten und wir bis dahin nicht aufgrund zahlenmäßiger Unterlegenheit bedeutungslos geworden sind.

Einstweilen kann man nur auf bessere Einsicht bei Parteien und Gesellschaft und wachsende Zuneigung zu unserem Land sowie einen Staat hoffen, der Zuneigung verdient und erfährt. Bis diese einkehren, scheint eine Haltung angemessen, wie sie in dem Luther zugeschriebenen Bekenntnis zum Ausdruck kommt: „Und wenn ich wüßte, daß morgen die Welt untergeht, so würde ich heute noch mein Apfelbäumchen pflanzen."

Literatur

(Die Jahreszahlen beziehen sich auf das Erscheinungsdatum der betreffenden
Ausgabe oder Auflage, nicht auf die Originalveröffentlichung)

Chardin, Teilhard de
Der Mensch im Kosmos (C. H. Beck 1964)

Darwin, Charles
Über die Entstehung der Arten durch natürliche Zuchtwahl (Parkland 2000)

Eibl-Eibesfeldt, Irenäus
Die Biologie des menschlichen Verhaltens, Grundriß der Humanethologie (Seehamer 1997)
Grundriß der vergleichenden Verhaltensforschung (Piper 1999)

Friedman, Milton
Kapitalismus und Freiheit (Eichborn 2002)

Goethe, Johann Wolfgang von
Poetische Werke 1–10 (Weltbild)

Gosse, Philip
Omphalos, an attempt to untie the geological knot (1857)

Hartmann, Nicolai
Der Aufbau der realen Welt (de Gruyter 1964)

Herzog, Roman
Wider den Kampf der Kulturen (S. Fischer 1999)

Huntington, Samuel P.
Kampf der Kulturen (Europa Verlag 1996)

Jones, Steve
Wie der Wal zur Flosse kam (Hoffmann und Campe 1999)

Jütte, Robert
Geschichte der Abtreibung (C. H. Beck 1993)

Kant, Immanuel
Sämtliche Werke 1–6 (RM Buch und Medien 2000)

Kästner, Erich
Der kleine Grenzverkehr (Kiepenheuer 1949)

Keller, Achim
Die Abortiva der römischen Kaiserzeit (Dt. Apothekerverlag 1988)

Kishon, Ephraim
Essen ist meine Lieblingsspeise (Das Beste 1997)

Lessing, Gotthold Ephraim
Nathan der Weise (Diesterweg)

Lewis, Bernard
Der widerspenstige Andere – Zu einer Typologie des Gruppenhasses (Transit 16, Verlag Neue Kritik 1998)

Lorenz, Konrad
Die Rückseite des Spiegels (DTV 1973 a)

Die acht Todsünden der zivilisierten Menschheit (Piper 1973 b)

Das sogenannte Böse (DTV 1983)

Der Abbau des Menschlichen (Piper 1989)

Mishmar, Dan, u.a.
Forschung & Lehre (2, 2003)

Muntwyler, Rene E.
Ist der Homo Sapiens am Ende? (Panorama 1989)

Murdock, G. P. and White, D. R.
Standard Cross-Cultural Sample (Ethnology 8, 1969)

Picq, Pascal
Die Evolution des Menschen (Spectrum der Wissenschaft, Januar 2003)

Popper, Karl R.
Die offene Gesellschaft und ihre Feinde 1 und 2 (UTB; Mohr, Siebeck 1992)

Rudgley, Richard
Abenteuer Steinzeit (Kremayr & Scherian 2001)

Schiller, Friedrich von
Werke 1–12 (Reclam)

Schopenhauer, Arthur
Werke in zehn Bänden (Diogenes DTB 140, 1997)

Steinbuch, Karl
Falsch programmiert (Seewald 1968)

Sueton
Nero (Reclam 1997)

Tacitus
Annalen XI– XVI (Reclam 1997)

Zuckmeier, Karl
Des Teufels General (Fischer Taschenbuch 2001)

Zeitungsartikel:

Adam, Konrad
Die Welt vom 5. 10. 2002

Baring, Arnulf
Frankfurter Allgemeine Zeitung vom 17. 11. 2002

Schuller, Alexander
Frankfurter Allgemeine Sonntagszeitung vom 24. 11. 2002

www.ingramcontent.com/pod-product-compliance
Lightning Source LLC
Chambersburg PA
CBHW031921190326
41519CB00007B/372